JN261199

権者の化現

天神・空也・法然

今堀太逸著

佛教大学鷹陵文化叢書 15

思文閣出版

《口絵1》
日蔵上人、鉄窟地獄の延喜帝を訪れる
（『北野天神縁起』巻第5　守口市佐太天神宮所蔵　写真提供：守口市教育委員会）

《口絵2》
法然の弟子となった和尚、仁和寺の尼往生の夢を見る
（『法然上人行状絵図』巻19段5　京都市知恩院所蔵　写真提供：京都国立博物館）

佛教大学鷹陵文化叢書15

権者の化現——天神・空也・法然——＊目次

序……………………………………………………………………三

第一部 「天神」日本国の災害と道真の霊

第一章 日本太政威徳天と道賢……………………………………一〇

はじめに………………………………………………………………一〇

一 金峯山・蔵王菩薩・『法華経』……………………………一三

(1)道賢と冥途の金峯山……一三 (2)『本朝神仙伝』と金峯山……一三

二 真言僧貞崇と金峯山………………………………………一七

三 弥勒浄土と埋経……………………………………………二一

四 日本国の災害と天界…………………………………………二四

(1)日本国の災害と太政天……二四 (2)災害と国土守護……二七

(3)衆生と三十三天……二九

第二章　醍醐天皇不予と清涼殿霹靂……四〇
はじめに……四〇
一　『吏部王記』逸文……四三
(1)貞崇と稲荷明神……四三　(2)葬送と中陰・周忌の仏事……四四
二　『日本紀略』と『扶桑略記』……四五
(1)『日本紀略』……四五　(2)『扶桑略記』……四七
(3)道真の霊の出現……四九
三　雷公祭祀と天神堂……五一
(1)雷公祭祀と年穀豊饒……五一　(2)天神堂の造立……五三
第三章　北野廟堂の創建——鎮国と衆生守護——……五八
はじめに……五八
一　北野廟堂の創建……五九
(1)火雷天神の託宣と最鎮……五九　(2)多治比奇子への託宣……六一
二　菅原家と安楽寺の興隆……六四
(1)安楽寺廟堂の祭祀……六四　(2)氏寺安楽寺の興隆……六五
(3)冥途の道真と帝釈宮……六七
三　菅公像安置と衆生守護……七一

(1)雷公から現人神へ……七一　(2)北野宮と衆生済度……七四
四　『大鏡』時平伝と北野社……七八

第四章　北野天満宮の神罰と霊験――『北野天神縁起』の成立――……八四
はじめに……八四
一　天神の神罰と天台宗……八五
(1)天道と祭文……八五　(2)霊気と法験……八六
(3)災害と天皇……八九
二　冥途の道真と延喜帝……九一
(1)太政威徳天と浄土……九一
三　廟社北野宮の繁昌……九六
(1)託宣と北野社創建……九六　(2)北野社の霊験……一〇一

第五章　日本国の災害と善神捨国――日蓮と『選択集』――……一〇七
はじめに……一〇七
一　善神捨国と謗法……一〇八
(1)旅客と主人の災害観……一〇八　(2)災害と謗法の禁断……一一一
二　諸天善神と悪鬼……一一三
(1)護国経典と悪鬼神……一一三　(2)念仏の勧進と災害……一一七

まとめ……………………一二三

第二部「空也」 六波羅蜜寺の信仰と空也

第一章　六波羅蜜寺と道俗貴賤……………………一二七

はじめに……………………一二七

(1)六波羅蜜寺の創建……一二九　(2)改号と中信の興隆……一三〇
(3)講筵と定読師……一三一　(4)勧学会と為憲・保胤……一三四
(5)勧学会の会所……一三五

第二章　空也の生涯と活動……………………一三九

はじめに……………………一三九

(1)出自と修行……一四〇　(2)市聖空也と窮民……一四四
(3)天台僧空也と王城鎮護……一五一　(4)西光寺留錫……一五七
(5)禅定と「誄」……一六四

第三章　極楽往生――勧進と結縁――……………………一七一

一 『日本往生極楽記』空也伝……一七一
二 阿弥陀信仰の和歌と空也……一七五
三 阿弥陀聖と鹿杖・金鼓……一七九
四 造像起塔と空也……一八二

第四章 念仏の祖師空也……一八八

一 念仏の祖師空也……一八八
二 浄土宗の布教と空也……一九一
三 踊り念仏と日蓮の批判……一九四
四 六波羅蜜寺と空也像……一九八

第三部 「法然」浄土宗の布教と法然伝

第一章 女人教化譚の成立……二〇五

はじめに……二〇五
一 山門の念仏と善導……二〇七
(1)慈覚大師と善導……二〇七 (2)貴族社会と善導……二〇九
(3)『伝法絵流通』と大原談義……二一三
二 『伝法絵流通』と女性……二一四

(1)法然と母……二二四　(2)上西門院説戒……二二六
(3)法然の女人往生譚……二二八
三　浄土宗の布教と女性……………………………………二三一
(1)親鸞と法然の念仏……二三一　(2)祖師伝の成立……二三六
(3)浄土宗と女性……二三九
四　法然の大仏殿説法……………………………………二三三
(1)法然と重源……二三三　(2)『漢語燈録』と『無量寿経釈』……二三四
(3)鎮西義の祖師伝……二三五
五　女人教化譚の成立……………………………………二三八
(1)覚如と浄土宗……二三八　(2)覚如と女人往生願……二四一
(3)女人教化譚の成立……二四三

第二章　老病と臨終の絵解き——東国布教と女性——……………二五二

はじめに……………………………………………………二五二
(1)老病と死苦……二五二　(2)祖師の生涯……二五四
一　老病と臨終の絵解き…………………………………二五六
(1)老病と弟子の看病……二五六　(2)臨終と慈覚大師の袈裟……二六二
(3)『知恩講私記』の成立……二六六
二　法然の夢告と女性……………………………………二七一
(1)往生の夢告と女性……二七一　(2)墓所・七條袈裟・尼往生の夢……二七四

三　鎌倉幕府と浄土宗……………………………………二七八
⑴伊豆山と「浄土宗」……二七八　⑵北条政子――不例と死――……二八三
四　東国女性の念仏往生……………………………………二八六
⑴「鎌倉の二品比丘尼への御返事」……二八六　⑵東国女性の往生……二八九
初出一覧
あとがき

第一部「天神」

日本国の災害と道真の霊

天神名号および束帯天神像
(神号)後陽成天皇(画)黒田綱政筆
太宰府天満宮所蔵

筑前福岡藩の第四代藩主黒田綱政が天神の御影を写し、それに江戸で求めた後陽成院宸翰と伝承される天神宮の神号「南無天満大自在天神」を貼り、元禄４年(1691) １月25日に太宰府天満宮に寄進したもの。天満宮においては連歌会の本尊として使用された。

序

従来の仏教史研究にとらわれないで、日本の歴史のなかで仏教がいかなるあり方をしていたのか、日本人の信心・信仰としての仏教がどのようなあり方をしていたかという問題を深く掘り下げていくための方法が模索されている。

そのなかで、最も重要で有効な手がかりの一つに「女性と仏教」というテーマの中にあるとして、大隅和雄・西口順子の両氏を中心に研究会「日本の女性と仏教」が発足し、その研究成果が刊行されている。その「刊行にあたって」において、日本の仏教は宗派単位で存続してきたことから、宗派史・教団史の研究は日本仏教を理解する上で重要であるが、宗派・教団を超えて総体的な把握をすることがむずかしい。そのなかで、教団史研究では教団を成り立たせている人々の生活や意識の面まで掘り下げて検討すること、教理史の研究では知的に整理された教理の背後にかくされている信仰の実態はなにであるかを考える必要があることを課題としてあげられている。そして、日本仏教史研究における「仏教」というもののとらえ方を再検討し、もっと柔軟に宗教としてとらえなおす必要を喚起された。[1]

そうして、このような新しい視点からの研究成果が生まれている。[2] 佛教大学総合研究所において組織された研究班「一切経の歴史的研究」も、日本仏教史研究の新たな一面に光をあてるための研究活動であった。[3] 最新の研究としては神田千里氏と上田さち子氏の研究がある。十五世紀から十七世紀初頭にかけての土一揆を研究されている神田氏は、島原の乱をして、武士に率いられた民衆の武装蜂起である土一揆の最後をかざる、中世から近世への移行を象徴する出来事だと位置付けられる。神田氏はその著『島原の乱』において、これまでの宗教史研究が宗派・教団、俗人の宗教心の強い人についての研究が中心となっているのに対し、宗教に素人の俗人たちの信仰・信心、彼らの宗教を強く意識した行動を紹介して、民衆が宗教に強く規定されて行動してきた事実を鮮やかに描き出されている。また上田氏の『修験と念仏』は、教団の布教の歴史でも支配者の宗教政策の歴史でもない、民衆の宗教意識とその変遷を探ろうとした野心的な好著である。[4]

さて、天空や地上に起こる異常現象やそれによってもたらされる災害は、「天変地異」と総称される。火山の噴火・地震・津波、異常気象による旱魃・冷害・虫害・暴風雨・火事、それに流行病などをあげることができる。自然現象により起こることから自然災害とも称されるが、自然の脅威の前には予防対策は無力なものである。有効なのは被害をいかに最小限にくい止めるかという防災対策だけである。

災害を予知して未然に対策をとることは、科学技術が発達した現代においてもいまだ不可能に近い。しかし、天変地異が災い、すなわち災厄と考えられていた時代には——効果はなく、もっぱら事後対策に追われることになるのであるが——その原因をさぐり、除去する手だてがさまざまに創出され実施されていた。[5]

筆者は、日本人の精神生活を形成した庶民信仰は本地垂迹《ほんじすいじゃく》信仰によるものであったとして、仏教思想が神祇信仰の展開に与えた影響を考察する中で、その課題の一つとして『北野天神縁起』にみられる本地垂迹信仰について論じてきた。『北野天神縁起』をくり返し読んでいて、日本人の信仰としての日本仏教の特質を検討するのに「災害と仏教」という視点も有効ではないかと考えるようになり、北野天満宮の成立について取り組んでみた。[6]

第一部「天神」ではその成果をふまえて、道真の霊が「天満大自在天神《てんまだいじざいてんじん》」「日本太政威徳天《にほんだいじょういとくてん》」と神格化されて崇敬される背景に、護国経典の災害観が影響を与えていることを、以下の五章から考察することにしたい。

第一章「日本太政威徳天と道賢《どうけん》」では、(一)『道賢上人冥途記《めいどき》』の道賢と冥途の金峯山《きんぷせん》についての記事と『本朝神仙伝《ほんちょうしんせんでん》』の日蔵《にちぞう》伝とを検討した上で、(二)醍醐天皇の加持《かじ》に活躍した真言密教僧貞崇《じょうすう》と金峯山の信仰、(三)院政期の法華弥勒《ほっけみろく》信仰に基づく金峯山埋経《まいきょう》から、『冥途記』の蔵王菩薩の信仰の成立時期を考えてみたい。そして(四)『冥途記』の太政天や満徳天の語る日本国の災害の原因と対策が、護国経典である『金光明最勝王経《こんこうみようさいしようおうきよう》』に説く災害観から導きだされたもので、真言密教僧により、道真の霊を日本太政威徳天として尊崇する物語が創られたことを明らかにする。

第二章「醍醐天皇不予《ふよ》と清涼殿霹靂《へきれき》」では、延長八年（九三〇）六月の清涼殿落雷と醍醐天皇崩御のさいの真言・天台僧の祈禱と仏事について考察する。(一)『吏部王記《りほうおうき》』逸文では貞崇の祈禱と真言僧の中陰《ちゆういん》・周忌《しゆうき》の仏事への出仕、(二)『日本紀略《にほんきりやく》』と『扶桑略記《ふそうりやつき》』の真言・天台僧の記事の増減に注目し、『扶桑略記』における天台座主《ざす》尊意の加持、醍醐天皇の崩御の予兆と祈禱記事にくらべ、真言僧による葬送と中陰仏事の記事の簡略なことを読み取る。また「道真の霊」が「天神」と呼ばれていないことから、(三)雷公《らいこう》祭祀と天神堂において、北野における雷公祭祀と道真の霊を「天神」として祭祀することとは直接には結びつかないこと、京都における天神祭祀の一所としての北野寺が創建されるのは、地域における天神祭祀としては祇園等よりも遅れていたことを指摘したい。

そのうえで、第三章「北野廟堂の創建——鎮国と衆生守護——」において天神（道真の霊）の託宣《たくせん》を考察する。(一)北野廟堂《びようどう》の創建では、①火雷天神《からいてんじん》の託宣と最鎮《さいちん》による北野寺の創建、②『創建縁起』にみえる多治比奇子《たじひのあやこ》が天慶五年（九四二）に西京七条に構えた「禿倉《ほくら》」を天暦元年（九四七）に北野に遷したとの二説を紹介し、その後、廟堂を中心に堂舎が整備され、護国三部経《ごこくさんぶきよう》（『金光明経』『仁王般若経《にんのうはんにやきよう》』『法華経』）が安置され鎮護国家《ちんごこつか》の法楽《ほうらく》が盛んとなる経過を明らかにする。また(二)菅原家と安楽寺の興隆では、「永観二年託宣記」「正暦二年託宣記」から、廟堂祭祀と氏寺安楽寺の仏法興隆について考える。安楽寺託宣で重要なのは、道真が没後に無実を帝釈宮に訴えて、自在の身である「天神」となったと語ることであり、天神信仰が帝釈天の支配下にある「仏教の神」であることから出発していることである。そして(三)菅公像安置と衆生守護では、「天慶九年天満天神託宣記」を検討する。衣冠束帯《いかんそくたい》の菅公像が廟堂創建当初より安置されていたとすることより、宮寺としての歴史が語られること、北野天神を帝釈天《たいしゃくてん》と同等の立場まで神格をあげることで、北野宮における衆生済度《しゅじょうさいど》を説いていることを紹介したい。(四)『大鏡《おおかがみ》』時平《ときひら》伝と北野社では、藤原時平やその子孫に怨霊として被害を与える北野天神の物語は、北野社創建以後に語られる怨霊譚《おんりょうたん》であり、京都において死亡直後より天神が怨霊として活躍する物語が展開するのは『大鏡』からであることを考察する。

道真の霊に対する信仰が世間に流布するなかから、北野廟堂においては天神信仰の新たな全国への展開を意図して『北野天神縁起』が制作される。第四章「北野天満宮の神罰と霊験——『北野天神縁起』の成立——」では、道真の霊に対する信仰の成長・展開に注目しながら(一)天神の神罰と天台宗について、天道と祭文《さいもん》・霊気と法験・災害と天皇から検討し、(二)冥途の道真と延喜帝では、『冥途記』において、真言密教の立場から主張された日本国の災害を支配する太政威徳天の信仰が、『北野天神縁起』においては、天台宗の立場から北野社の天満天神の霊験・利益《りやく》譚として書き換えられていることを指摘する。(三)廟社北野宮の繁昌では、先に紹介した天神の託宣による北野社創建が叙述され、北野社が衆生を守護するにふさわしい起請文《きしょうもん》の神となり、後宇多天皇が国家鎮護と人民安穏のため

『金光明最勝王経』を書写奉納し、一切経会《いっさいきょうえ》・万部経会《まんぶきょうえ》が年中行事として催されるようになる迄の経過をたどる。

そして第五章「日本国の災害と善神捨国《ぜんじんしゃこく》――日蓮《にちれん》と『選択集《せんちゃくしゅう》』――」では、日蓮や法然門下の護国経典の災害観に基づく布教活動を㈠善神捨国と謗法《ぼうほう》、㈡諸天善神と悪鬼《あっき》において紹介することで、結論として、日本人の災害観が仏教経典の災害観により形成されて展開し、日本人の神仏に対する信仰を創成していったことを明らかにしたい。

(1) 大隅和雄・西口順子編『シリーズ女性と仏教』四巻（平凡社、一九八九年）、第一巻「刊行にあたって」参照。西口順子編『中世を考える　仏と女』（吉川弘文館、一九九七年）、西口著『中世の女性と仏教』（法藏館、二〇〇六年）、同著『中世の女性と仏教』（法藏館、二〇〇六年）。

(2) 阿部泰郎『聖者の推参』（名古屋大学出版会、二〇〇一年）、吉田一彦『日本古代社会と仏教』（吉川弘文館、一九九五年）、勝浦令子『女の信心』（平凡社、一九九五年）、同『日本古代の僧尼と社会』（吉川弘文館、二〇〇〇年）、同『古代・中世の女性と仏教』（山川出版社、二〇〇三年）、西口順子『平安時代の寺院と民衆』（法藏館、二〇〇四年）、大隅和雄『信心の世界、遁世者の心』（中央公論新社、二〇〇二年）、同『中世仏教の思想と社会』（名著刊行会、二〇〇五年）。

(3) 佛教大学総合研究所紀要別冊『一切経の歴史的研究』（二〇〇四年）。宮崎健司「奈良時代の一切経――勘経の意義をめぐって――」、牧伸行「古代東国の仏教と一切経」、斉藤利彦「一切経と芸能――平等院一切経会と舞楽を中心に――」、田中夕子「往生人と一切経」、貝英幸「室町期における地域権力と大蔵経」、萩野憲司「讃岐国水主神社蔵『外陣大般若経』と『北野社一切経』について」等を収録し、日本仏教の総体的把握の一助となる。

(4) 神田千里『島原の乱——キリシタン信仰と武装蜂起——』(中公新書、二〇〇五年)、上田さち子『修験と念仏』(平凡社選書、同年)。

(5) 荒川秀俊・宇佐美龍夫『災害』(日本史小百科、近藤出版社、一九八五年)、笹本正治『中世の災害予兆——あの世からのメッセージ——』(吉川弘文館、一九九六年)。

(6) 拙著『本地垂迹信仰と念仏』第一章「北野天神縁起にみる本地垂迹信仰の展開」(法藏館、一九九九年)。拙稿「天満天神信仰の成立と変遷——鎮国と衆生守護——」(伊藤唯真編『日本仏教の形成と展開』法藏館、二〇〇二年)、同「日本太政威徳天と災害——『道賢上人冥途記』の成立——」(大隅和雄編『文化史の構想』吉川弘文館、二〇〇三年)、同「国土の災害と悪鬼神——災害と俗信——」(院政期文化論集第五巻『生活誌』森話社、二〇〇五年)。

第一章　日本太政威徳天と道賢

はじめに

『扶桑略記』は神武天皇から堀河天皇の嘉保元年（一〇九四）までの編年体の仏教史を中心とした歴史書である。鎌倉後期の図書目録である『本朝書籍目録《ほんちょうしょじゃくもくろく》』に三十巻、「皇円抄《こうえんしょう》」とみえることより、比叡山功徳院《くどくいん》の顕密《けんみつ》に通じた学僧皇円（嘉応元年〈一一六九〉没）の撰といわれているが、確証はない。

『扶桑略記』には、六国史《りっこくし》以下の史書、僧侶の伝記、寺院縁起などを出典を明示したうえで抄録しているが、その天慶四年（九四一）春三月に「道賢上人冥途記云」として、『道賢上人冥途記』（以下『冥途記』と略記）が収載されている。(1)

『冥途記』は冒頭で道賢をして、延喜十六年（九一六）二月、十二歳で初めて金峯山に入り、発心《ほっしん》門椿山寺《もんちんざんじ》で剃髪《ていはつ》、衣を改めた。鹽穀《えんこく》を絶ち山に籠り六年が経過した延喜二十一年（九二一）三月に母の病気により下山入洛するが、その後も年中一般の蹈攀《とうはん》はかかさず、天慶四年秋まで金峯山勤修は二十六年に及ぶ山岳修行僧であると紹介している。

そして、その道賢が、天下国土の災難が続き、物怪《もののけ》・夢想が紛紜《ふんうん》して休むことなく、天文道・陰陽道が頻りに不祥《ふしょう》を告げていることから、霊験の助を蒙ろうと、万事をなげ捨て金峯山に登攀することを決意したという。道賢は、先ず天下を鎮護し、後に身上誓念のために金峯山の深きより深きに入り、強信の精進を企てた。三七日《さんしちにち》を結び、無言断食、一心に念仏していた天慶四年八月一日午時、壇に居し作法のあいだに命過ぎ出でて「冥途」の世界に入っていったというのである。「冥途」の世界での道賢の体験を通して、日本国にうち続く災害の原因とその対策を解き明かしていくのである。すなわち、道賢と道真の霊である日本太政威徳天との金峯山浄土での出会いが物語られる。

『冥途記』は、道真の霊を災害を支配し統御する神として神格化し、以後の北野天神信仰の展開に大きな影響を与えていることより、多くの研究者により取り上げられてきた。ただ、『平安時代史事典』に「承平・天慶の不穏な世相を背景に出現したこの書は一種の怪文書というべきもので、菅原道真の神格化と北野社の草創とに大きな役割を果たした」と解説されているが、天慶四年の出来事として語られることに疑問を持つことはあっても、一種の「怪文書」であるとの評価が定着していることもあってか、その宗教思想についてに本格的に考察されることはなかった。(2)

本章では、災害の予防と対策の視点から『道賢上人冥途記』の仏教思想とその信仰の成立する背景

を検討することにしたい。(3)

一　金峯山・蔵王菩薩・『法華経』

(1)道賢と冥途の金峯山

『道賢上人冥途記』によると、冥途の金峯山は、黄金の光輝く「日本国金峯山浄土」であった。金峯山浄土は釈迦牟尼仏《しゃかむにぶつ》の化身である蔵王菩薩《ざおうぼさつ》の住居であり、菩薩は人間の寿命を支配していた。また窟《いわや》には執金剛神《しゅうこんごうじん》が住み釈迦の遺法を守護していた。道賢が経典を担い窟の前に立っていると、僧の姿となって執金剛神が現れ、道賢の法施を感謝して雪山の水を呑ませてくれた。また、数十の天童子たちが大蓮の葉に種々の飲食を盛り持ち、傍に侍り立っているのを「彼らはいわゆる二十八部衆《にじゅうはちぶしゅう》である」と紹介した。

蔵王菩薩は宿徳の和上《わじょう》となって現われて、道賢に寿命が短いことを教えた。驚いた道賢が「余算を示し、また何仏に帰依し、何法を修したなら寿命を増すことができるのか」と質問すると、菩薩は八文字の短札「日蔵九々年月王護」を授けるとともに、山に籠り修行したなら長遠となるが、里に住み怠ると縮まる、と忠告してくれた。

後に、道賢は道真の霊である日本太政威徳天の住居である太政天城を訪問するが、太政天からも短命の相があることを教えられるとともに、蔵王菩薩から授けられた短札が寿命増長の呪札（大日如来《だいにちにょらい》に帰依し胎蔵《たいぞう》の大法を修すと余算が延びて八十一年となり、その間、蔵王菩薩の守護を蒙ることができる）と説明された。また、この尊い法により日蔵と改名して勇猛精進して懈怠《けたい》することのないようにと諭された。

(2)『本朝神仙伝』と金峯山

『本朝神仙伝』は承徳二年（一〇九八）の頃に大江匡房《おおえのまさふさ》が著した本朝の神仙と目される人びとの伝記説話集である。完本が伝わらないのでその全体像は不明だが、沙門日蔵も「神仙《いきぼとけ》」としての生涯が紹介されている。(4) ただ匡房の編纂した『本朝神仙伝』に収録されていたかについては、よく検討しなければならず、増補収録された伝記の可能性も十分考えられる。

それによると、

一、沙門日蔵の出自は不明だが、東寺に止住し、後に大和国宇多郡の室生《むろう》竜門寺に住した。学は真言を究め、神験は極《きわ》まりなかった。後に土を掘ると、前身のときに瘞《うず》めた鈴杵《れいこ》を得たので、二世（過去と現世）の人である。室生山に到ったとき、足が腫れて行歩できなくなったのは、山の神が臻《いた》るところに他行できなくしたためであった。

二、あるとき仁海《にんかい》僧正が密教を習うため日蔵の廬《いおり》を訪れたが、日蔵は「すみやかに帰るように、逗留することはない。我をもって鑑誡《かんかい》（手本）とせよ」と語った。

三、「別記」には、昔金峯山において深い禅定《ぜんじょう》に入り、金剛蔵王《こんごうざおう》ならびに菅丞相《かんじょうしょう》の霊に見《まみ》えたとの記載がある。

四、日蔵は、声明《しょうみょう》ならびに管弦《かんげん》にもすぐれ、期頤《きい》（百歳）になってもなお小《おさな》き容《かたち》（姿）であったので、人は数百歳の人ではないかと疑った。かつて松尾《まつのお》社に詣でてその本覚（本来の姿、本地のこと）を知ることをのぞみ、三七日の間、夜に練行念誦すると、竟《おわり》の日に雷電霹靂《へきれき》して毘婆尸仏《びばしぶつ》（本覚）が老父となって現れた。一旦帰泉《きせん》（黄泉《よみ》に帰ること、死）したが、棺に入れた屍が無くなったので、或る人は「尸《かばね》が解けて去った」と語った。

というものである。

このように『本朝神仙伝』の日蔵伝では、東寺に学び、室生竜門寺に住し山の神が守護する真言僧であるとする。金峯山で禅定に入り道真の霊に見えたことが「別記」にみえるというので、日蔵伝が執筆されたときには、すでに『冥途記』が流布していたことがわかる。

注目したいのは、『本朝神仙伝』においては、『冥途記』を別記として、金峯山修行や日蔵という名が、道真の霊である日本太政威徳天の命により道賢から改名した僧名だとしないことであり、密教を習うため仁海が日蔵のもとを訪れたとすることである。

仁海（永承元年〈一〇四六〉没）は、幼くして高野山に登山し、東寺・醍醐寺を中心に活躍、小野に曼荼羅寺《まんだらじ》（随心院）を開き、真言宗小野流の祖となった著名な真言僧である。後朱雀《ごすざく》天皇・藤原実資《さねすけ》・道長らの貴紳より厚い帰依をうけた。宮中真言院と東寺長者勤仕の御修法《みしゅほう》の整備に努め、また祈雨の請雨経法はたびたび効験《こうけん》があったことより雨僧正とも呼ばれた。仁海との交渉は事実ではなく、日蔵を真言僧とすることより成立した説話である。(5)

興味深いのは、『本朝神仙伝』においても、前身のときに瘞めたところより鈴杵を得たので二世の人であるといい、松尾社の本覚(毘婆戸仏)と練行念誦して対面したと述べて、前世や来世を知る神仙だとすることである。このことは『冥途記』において、冥途で蔵王権現や日本太政威徳天と対面したことと共通する神験である。

ともあれ、『冥途記』『本朝神仙伝』において一致するのは、真言密教を究め、山で修行し死後の世界(冥途、仏の世界)を知ることのできる神仙だと紹介していることである。『冥途記』には山で密教修行すると長生できると、蔵王菩薩や日本太政威徳天が語っていたが、『本朝神仙伝』の諸伝では仏道修行により長生できるとして、密教修行に特定していない。『本朝神仙伝』日蔵伝では、日蔵の金峯山修行については言及していないのであるが、収録する諸伝においては吉野山や金峯山が神仙となるための修行の霊場として頻繁に登場していて、山窟修行においては『法華経』が読誦《どくじゅ》されていた。(6)

日蔵はまた松尾社において本覚を問うているが、第七番目に掲載されている「泰澄大徳」の伝記においても、泰澄が稲荷社・阿蘇社《あそしゃ》で問うていて、それぞれの本覚が観音・千手観音であることが明ら

図２　金銅　蔵王権現像　平安後期　奈良県大峯山寺所蔵　写真提供：大阪市立美術館

現在の大峯山寺本堂である金峯山山上の蔵王堂は17世紀末の再建である。その床下から発見されたと伝える26軀の蔵王権現の１軀。

図１　木造　蔵王権現像　鎌倉時代　奈良県金峯山寺所蔵

像は４メートルを超える巨像で、明治の廃仏棄釈までは「吉野奥の院」安禅寺蔵王堂の本尊として崇敬されていた。現在は金峯山蔵王堂の外陣奥に祀られている。

かになったと記されている。(7)神社の本覚を問うのに念誦されたのが『法華経』「如来寿量品」自我偈の一節「常在霊鷲山　及余諸住所……」である。本覚とは、神々の本地仏のことであるので、仏菩薩と対面（結縁）することを意味する。

後には金峯山における法華信仰から、大隅《おおすみ》八幡宮石文御託宣として流布した「昔於二霊鷲山一　説二妙法蓮華経一　為レ度二衆生一故　示二現大明神二」と類似する次の蔵王権現の託宣が流布する。

昔於二霊鷲山一　説二妙法蓮華経一　今在二金峯山一　示二現蔵王身一、

一例をあげれば、『神道集《しんとうしゅう》』巻第三の九「鹿嶋大明神事《かしまだいみょうじんのこと》」には、日本国に生れた一切の衆生は神道を仰ぐが、その神明の本地《ほんじ》は仏菩薩であり、諸仏が世界を利益するために神明となって現れたものである。そのことは『悲華経《ひけきょう》』『憂利曼陀羅経（ママ）』『宝積経《ほうしゃくきょう》』『大宝積経』『般若経』『真言教（ママ）』等の経文からも明らかだと説いている。そして、これらの経文とともに八幡大菩薩・日吉山王《ひえさんのう》七所明神のなかの十禅師《じゅうぜんじ》・賀茂明神の託宣とともに蔵王権現の託宣を、

金剛象（蔵）王権現モ託宣シテ言ハク、昔在二霊鷲山一、説二妙法花経一、今在二金峯山一、示二現象王身一云々、

と紹介している。(8)

二　真言僧貞崇と金峯山

道賢の生涯を論じるのに真言僧貞崇《じょうすう》の経歴が注目される。貞崇は諸伝によると、俗姓三善氏、

聖宝《しょうぼう》より灌頂《かんじょう》をうけ、東寺長者・醍醐寺座主にもなり、天慶七年（九四四）七月に七十九歳で寂している。(9)　貞崇は醍醐天皇の邪気《じゃき》退散の祈禱と仏事に活躍したのであるが、この貞崇と金峯山との関係を述べる記事が『吏部王記《りほうおうき》』『扶桑略記』にみえる。

『吏部王記』（『李部王記』とも書く）は、醍醐天皇の皇子重明《しげあきら》親王（九〇六〜九五四）の日記であり『重明親王記』とも呼ばれている。原本・写本は伝わらないが、延喜二十年（九二〇）から天暦七年（九五三）までの逸文が諸家の日記や史書、説話集に引用されている。(10)

『吏部王記』逸文には、承平二年（九三二）二月十四日に「貞崇禅師、金峯山神區之古老相伝を述べて云う」として金峯山の故事を語ったとの話がある。この故事は、鎌倉中期に古今の説話を幅広く集録した説話集である『古今著聞集《ここんちょもんじゅう》』巻第二（釈教第二）に、「吏部王の記に曰く、貞崇禅師、金峯山の神変を述べて曰く」として掲載されている。(11)　その内容は、

一、醍醐天皇皇子の重明親王の日記には、貞崇禅師が金峯山の神変について語ったことが記載されている。

二、古老の伝えるところによると、昔、漢土に金峯山があり金剛蔵王菩薩が住んでいた。かの山を滄海より移してきた。(12)　金峯山には「阿古の谷」と呼ばれる捨身の谿《たに》があり、そこには八体（一頭八身）の龍が住んでいる。

三、阿古の谷と呼ばれているのは、昔、本元興寺に阿古という賢い童子がいて、試経《しきょう》（読経の試験）

に合格したのに、師僧は何度か他人を先に得度させた。阿古はそのことを恨み恚《いか》って谷に身を捨てたが、龍身となった。身を捨て龍と化したことに驚き悲しんだ師僧が訪れると、頭はまだ人面のままであった。龍が光り師僧を害するのを、金剛蔵王菩薩は石を崩して（龍を閉じこめ）冥護《みようご》したので難から救われた。

四、貞観年中（八五九～八七七）に観海法師が龍身に見えんと谿を訪れた。夢中で龍に祈請すると、夜明けに雲を興し雷を降して、二丈ばかりの一頭八身の龍が現れた。観海は龍に「八部の『法華経』を写し、汝の苦を救うので、我を害するな」と祈った。龍がなお害するので、心神迷惑した観海は蔵王菩薩に帰依して『法華経』を書写して祈った。すると雲霧が除かれ龍は失せ（夢から覚めると）菩薩の御在所（蔵王権現堂《ざおうごんげんどう》）にいた。観海は『法華経』供養の講師に善祐法師を請じようとして固辞されたが、菩薩が善祐の夢に現れ「我れ汝を請ず、推辞することなく、方便品に至るまで漢音にて読むように」と告げた。善祐が起請し方便品を読誦していると、経が大風で飜《ひるが》えり行方知れずになり今に一巻のみ伝わる。

との話である。

『扶桑略記』においては、天慶四年に『冥途記』が掲載されていて、貞崇の上表文《じようひようぶん》が天慶六年に掲載されている。『扶桑略記』天慶四年・五年・六年の記事を次に列挙してみる。

天慶四年

三月の『冥途記』につづき、十一月八日に太政大臣藤原忠平が関白となるとの記事がある。

天慶五年

四月二十七日石清水臨時祭、同二十九日朱雀天皇の賀茂行幸を記し、これ賊乱の間、宿賽《しゅくさい》なりと記す。ついで或記に云くとして、仏滅後一千十六年を歴て仏法はじめて漢土に伝わる。その後四百八十六年、本朝に伝わり以後、今天慶五年に至り三百九十一年。如来滅後、惣計一千八百九十一年已上。との記事を掲載する。

天慶六年

七月五日の記事（欠落）、同年、延暦寺に大日院が建立され十禅師《じゅうぜんじ》を置くに続いて、次の「少僧都貞宗（崇）上表」を掲載している。

右、貞宗、昌泰二年（八九九）東寺廿僧を謝し、本願あるにより金峯山の辺に籠もり、一新の草堂を結構し、三十余年。更に出山の思いを絶ち、一生の間臥雲の志を遂げんと欲す。而るに延長五年（九二七）頻りに恩詔を蒙り、俄に禁闈《きんい》（宮中）に候じ、その後十七年、二代（醍醐・朱雀天皇）の明時に奉じた。（中略）齢八十におよび、本山（金峯山）に罷り帰り、余喘《よぜん》（残り少ない余命）を送ることを望……〈真言宗、東大寺、左京人、三善氏〉。

との内容である。

『扶桑略記』において貞崇に関する記事はこの「上表文」のみである。『扶桑略記』には『吏部王記』を出典とした「道真の霊」に関する記事がある。『扶桑略記』の編纂者は、当然に、『吏部王記』逸文として諸書に紹介されている真言密教僧貞崇の護持僧《ごじそう》としての活躍は承知していた筈である。掲載していないのは、編者の天台僧としての王法仏法観によるもので、天台座主尊意の活動を伝記を引き讃歎することとは対照的となっている。

中野玄三氏は上記のような金峯山と貞崇の記事より、『冥途記』の道賢の物語が仮託されたのではないかと述べられている。[13] 筆者は醍醐天皇の祈禱に活躍する貞崇の功績からして、むしろ『冥途記』や『本朝神仙伝』等の日蔵伝から、真言密教の貞崇と金峯山の物語が成立したと考えている。それというのも、道真の霊に対する天台僧の祈禱の効験が喧伝されたのに対抗して、醍醐天皇の子息重明親王の日記に貞崇の活躍が記載されていることから、その逸文に見えるとして貞崇と金峯山の物語が創作されたのではないかと考察するからである。

三　弥勒浄土と埋経

『冥途記』では、道賢と道真の霊である日本太政威徳天は金峯山で出会った。太政威徳天が金峯山にやって来たのは、金峯山が黄金の輝く浄土だからである。道賢と太政天との出会いの場面が設定されるためには、道賢が冥途の世界を知ることのできる神仙であるとともに、金峯山において他界信仰、浄土教の信仰が成立していることも必要である。

周知のように、金峯山が弥勒浄土として貴族に信仰され、釈迦の垂迹《すいじゃく》としての蔵王権現（菩薩）の霊験が文献に登場するのは十一世紀初頭からである。

寛弘四年（一〇〇七）八月十一日、藤原道長は山上蔵王堂ならびに子守社に参詣して、法華弥勒信仰に基づき山上に経塚《きょうづか》を築いている（経塚の最古の例）。

金峯山経塚出土の金銅経筒の筒身側面銘文によると、南瞻部洲《なんせんぶしゅう》大日本国の左大臣正二位藤原朝臣道長が『妙法蓮華経』（以下『法華経』に統一）一部八巻とその開経《かいきょう》と結経《けつきょう》である『無量義経』『観普賢経』各一巻（いわゆる法華三部経）、『阿弥陀経』一巻、『弥勒上生経』『弥勒下生経』『弥勒成仏経』各一巻、『般若心経』一巻、合せて十五巻を銅篋《どうきょう》に入れて、その上に金銅の灯籠を建立した。

『法華経』『阿弥陀経』『弥勒経』を埋経したことを、

法華経者、是為レ奉レ報二釈尊恩一、為レ値二遇弥勒親近蔵王一、為二弟子无常菩提一（中略）阿弥陀経者、此度奉レ書、是為下臨終時身心不二散乱一、念二弥陀尊一、往生極楽世界上也、弥勒経者又此度奉レ書、是為下除二九十億劫生死之罪一、証二无生忍一遇中慈尊之出世上也、仰願当二慈尊成仏之時一、自二極楽界一往二詣仏所一、為三法華会聴聞、受二成仏記其庭一、此所奉レ埋之経巻自湧出、令三会衆成二随喜一矣、

と記し、仏弟子道長が南無教主釈迦蔵王権現の知見証明《しょうみょう》を祈願している。[14]

寛治二年（一〇八八）には、藤原師通《もろみち》が金峯山に詣でて埋経している。

蔵王宝前に奉じた願文によると、堀河天皇・白河上皇・父師実・母・妻・長男のために『金剛寿命

経』『仁王経』『法華経』『観世音経』『般若心経』『八名普蜜陀羅尼経』『天地八陽経』を写経し、金泥『法華経』八巻、『無量義経』『観普賢経』『般若心経』『金剛寿命経』各一巻を釈尊一乗の遺教と弥勒三会の来縁値遇のために埋経することを記して、

奉レ仰二金剛蔵王之霊験一、兼攘二八九之厄一、奉レ馮二三十八所之神恩一、縦有二五鬼之妖気一、八大竜王除レ之、縦有二幕下之災蘖一、山内諸神消レ之（中略）仰願蔵王大菩薩、三十八所八大竜王、山内諸神護法善神等、各施二神霊之玄感一、必照二弟子之素心一、功徳無量、利益無辺、敬白、

と金剛蔵王の霊験と山内の諸神、護法善神の神恩による仏弟子師通の素願成就を祈願している。(15)

寛弘四年（一〇〇七）の埋経と考えられる金峯山出土の紺紙金字『無量義経』『法華経』各巻の長徳四年（九九八）の奥書には、

願以書此経功徳命終「　」土随従弥勒慈尊聴聞「　」行同引摂法界衆生「　」、

といった祈願文がみえる。(16)

寛治二年の埋経である紺紙金字『法華経』巻八師通奥書には、「法華一乗の功をもって必ず竜華《りゅうげ》三《さん》会《ね》の縁となさん」とみえる。(17)

平岡定海氏は道長の埋経供養には天台の慈覚大師円仁の如法経《にょほうきょう》供養の影響があり、天台密教的な多仏信仰、『法華経』信仰を基盤とする弥勒信仰、往生極楽思想がみられることを指摘された。また、師通の願文からは陀羅尼《だらに》を中心とする延寿祈願と、蔵王権現の信仰が金剛界曼陀羅《こんごうかいまんだら》の金剛蔵王菩薩と

して密教的理解が深まっていることを読みとられている。(18)

『本朝神仙伝』都藍尼《とらんに》伝では、「金峯山には黄金が地に敷かれていて、慈尊《じそん》（弥勒菩薩）の出世を待つために金剛蔵王が守っている」とみえる。

『冥途記』において、金峯山が弥勒浄土《みろくじょうど》であることに言及しないのは、真言密教の立場から編纂されたものであるためなのか、法華弥勒信仰の成立する以前に編纂されたものであるためなのか等について検討する必要がある。なお『北野天神縁起』諸本においては、金峯山における弥勒浄土信仰を前提とする話となっている。

四　日本国の災害と天界

(1)日本国の災害と太政天

金峯山に還った日蔵（道賢を改名）は太政天城での出来事を蔵王菩薩に報告した。蔵王菩薩は日蔵に「世間の災難の根源を知らしめるために遣わすのみ」と語った。また満徳天も、道賢に災害について次のように教示した。

(a)「災害と国土旧善神」

彼の日本太政天とは菅公のことである。その眷属十六万八千の毒龍・悪鬼・水火・雷電・風伯・雨師・毒害・邪神等、国土に遍満し大災害を行なうが、国土の旧善神は遮止することはできない。

(b)「延長八年の霹靂」

去る延長八年（九三〇）の夏、藤原清貫・平希世朝臣らが震害にあったが、この天火は第三の使者、火雷天気毒王の所作であり、我が延喜王も身肉六腑を爛壊《らんえ》して、これが原因となり命終えた。

(c)「諸大寺院の焼亡」

また崇福・法隆・東大・延暦・檀林等の諸大寺院等の焼亡も、太政天の使者である天の所作である。

(d)「悪神の罪と延喜王」

このように悪神らには、法を滅ぼし、生を害した罪があるのであるが、その殃《わざわい》を延喜王ひとりが受けている。たとえれば衆川の水を一大海が呑むようなものである。

(e)「災害と金峯・八幡・満徳天」

また、太政天の自余の眷属の勢力も、彼の火雷王と同じである。山を崩し、地を振るわし、城を壊し、人物を損なう。また、暴風を吹かせ、疾雨を降らせ、人と物をあわせて損害し、さらには疫癘・夭死の疾を行ない、謀反・乱逆の心を発させる。しかし金峯・八幡等、我が満徳天は、堅く執りてこのことを許さないので、彼らは自由を能《あた》えられずにいる。

「宣授すでに畢んぬ。仏子は、重ねて帰路を教えられ、巌窟に入る。すなわち蘇生を得る。時に天慶四年八月十三日寅時である。死門に入り畢って、すでに十三ケ日を経る。わずかに再生を得て、冥土の事を記すのみ」という。

『冥途記』には、日本太政威徳天やその眷属、満徳天など、日本国の災害の原因となる悪神と、それを守護する善神たちが登場しているが、これらの神々の住所は天界にある。天界の悪神と善神が日本国に示現しており、日本国は天界の神々に支配されているのであった。つまり、道真の霊のような怨心により仏法を焼き滅ぼす悪神が日本に出現すると、国土に災害をもたらし人民に損傷を与えるのである。

ところで、四天王寺・国分寺・東大寺の造立、大仏建立は『金光明最勝王経』の教えに基づいたものである。国分寺・国分尼寺の創建の詔において、聖武天皇は、

頃者年穀《このごろねんこく》豊かならず、疫癘《えきれい》頻りに至る。慙懼《ざんく》交々集まりて、唯《ひと》り労して己を罪す。是を以て広く蒼生（人民）の為に遍《あまね》く景福を求む。

と諸国に命じて、七重塔一基を造り、『金光明最勝王経』『法華経』各々一部を写させ、天皇自身が別に金字で『金光明最勝王経』を写して、塔ごとに一部ずつ置くことを詔している。(19)

御霊会においては『仁王経』とともに『金光明最勝王経』も読誦された。国王による仏法興隆を説く護国経典を読誦し国土の平安を祈っているにもかかわらず、日本国では国土の災害がうち続いた。災害がうち続くのは、日本国王である延喜帝に罪があるからであり、そのため地獄の住人となってい

ると主張する道真の霊に対する信仰が成立したのである。

(2)災害と国土守護

この天界の悪神の仕業とする『冥途記』の災害観は、護国経典である『金光明最勝王経』の災害観と一致する。(20)

巻五「四天王観察人天品第十一」は、多聞天王・持国天王・増長天王・広目天王がともに座よりたち、右肩を袒《かたぬ》ぎ、右膝を地につけ、合掌して仏に向かい、仏足を礼しおわり、

世尊、この『金光明最勝王経』は一切諸仏の常に念じ観察し、一切の天・龍の常に供養し、諸の天衆の常に歓喜の生じるところ、一切護世の称揚讃歎し、声聞・独覚の皆ともに受持するものである。悉くよく明らかに諸天の宮殿を照らし、一切の衆生に殊勝の安楽を与え、地獄・餓鬼・傍生・諸趣の苦悩を止息し、一切の怖畏を悉くよく除殄《じょてん》し、あらゆる怨敵が退散し、飢饉の悪事をみな豊稔とし、疾疫病苦をみな蠲愈《けんゆ》し、一切の災変、百千の苦悩はみな悉く消滅させる。

と言上したことから始まる。

四天王ならびに諸の眷属は『金光明最勝王経』の甘露法味を聞くことで、気力充実し威光増益し、精進勇猛、神通がますます勝れるのである。その結果として、

諸悪を遮去し、あらゆる鬼神、人の精気を吸うもの、慈悲なき者、悉く遠く去らしめん。

と述べられている。『金光明最勝王経』を恭敬供養し、受持・読誦するときには、四天王以下天界の神々が皆共に一心に、瞻部洲の人王とその国の人民をあらゆる災難から護り安穏ならしめることが説かれている（『大正蔵』第十六巻、四二六下〜四二七上頁）。

巻六「四天王護国品第十二」においては、国王が『金光明最勝王経』を信仰し国内に流布させると、天衆が国土と人民をいかに擁護するかが繰り返し説かれている。

また、その一方で『金光明最勝王経』が国内にあるにもかかわらず流布せず、捨離の心が生まれて聴聞を楽《ねが》わず、持経の人がよく尊重供養されずにいると、我ら四天王及び余の眷属、無量の諸天は甚深の妙法を聞くことが得られず、甘露味に背き正法の流れを失い威光及び勢力あることがなくなってしまう。よって、ついには悪趣を増長し人天を損減し、生死の河に墜ち、涅槃の道に背かせることになってしまうとする。

瞻部洲の国々の無量の国土を守護する諸大善神の存在を明らかにし、「世尊、我ら四王、及び無量百千の天神、并に国土を護る諸の旧善神、遠く離れ去る時、是の如き等の無量の百千の災怪と悪事とを生ぜん」とし、国土守護の善神が去ると悪神がはびこり災害が頻発すると災害の由来を次のように明かしている。重要なので原文で紹介しておく。

世尊、我等四王并諸眷属、及薬叉等見ニ如レ斯事一、捨ニ其国土一、無ニ擁護心一、非ミ但我等捨ニ棄是王一、亦有ニ無量守護国土諸大善神悉皆捨去一、既捨離已、其国当下有ニ種種災禍一、喪中失国位上、一切人衆皆無二善心一、惟有二繋縛一、殺害瞋諍互相讒諂抂及二無辜一、疾疫流行、彗星数出、両日並現、薄蝕無レ恒、黒白二虹、表二不祥相一、星流地動、井内発レ声、暴雨悪風、不レ依二時節一、常遭二飢饉一、苗実不レ成、多有二他方怨賊侵掠一、国内人民、受二諸苦悩一、土地無レ有二可楽之処一、世尊、我等四王、及与無量百千天神、并護国土諸旧善神、遠離去時、生二如レ是等無量百千災怪悪事一（同四三〇上頁）、

巻八「堅牢地神品第十八」でも、瞻部洲の国王が支配する国々において「堅牢地神」が国土を守護することを説く（同四四〇上中頁）。

災害をもたらす悪神を慰諭する『金光明最勝王経』の「無量国土守護諸大善神」「護国土諸旧善神」「堅牢地神」が、『道賢上人冥途記』では仏菩薩が日本国に身を変えやってきた「神明」「金峯・八幡・満徳天等」の神々として叙述される。

災害の原因となる悪神たちを、日本太政威徳天の十六万八千の眷属である毒龍・悪鬼・水火・雷電・風伯・雨師・毒害・邪神等であるとし、天界から日本国にやって来て、国土に遍満して大災害を行い、仏法を滅ぼして国土と人民を害しているとするのである。

(3)衆生と三十三天

また『冥途記』では道真が死後天界に生まれ日本太政威徳天となったと語られた。「堅牢地神品」には衆生が命終のち、来世には三十三天及び余天に成仏することが説かれている。

世尊、告二堅牢地神一曰、若有二衆生一、聞二是金光明最勝王経乃至一句一、命終之後、当レ得レ往二生三十三天及余天處一、若有二衆生一、為レ欲レ供二養是経王一故、荘二厳宅宇一乃至張二一傘蓋一、懸二一絵幡一、由二是因縁一、六天之上如レ念受レ生、七宝妙宮随レ意受用、各各自然有二七千天女一、共相娯楽、日夜常受二不可思議殊勝之楽一（同四四〇下頁）、

巻八「王法正論品第二十」でも、悪業を作れば三塗《さんず》に堕ちることを「若し人善行を修すれば、当に天上に生ずることを得べし。若し悪業を造れば、死して必ず三塗に堕す」と説いている（同四四三中頁）。

巻九「長者子流水品第二十五」では「若衆生ありて、命終の時に臨んで、宝髻《ほうけい》如来の名を聞くことを得れば、即天上に生ず」「願わくば十方界所有の衆生、命終の後、三十三天に生ずることを得ん」と述べている（同四四九下頁）。

このような来世観により、『冥途記』の道真が命終ののち天神となり、その福力により太政威徳の天となるとする話、延喜王には国王としての五罪があり鉄窟地獄の住人となっている話が成立していることは明らかである。

（1）新訂増補国史大系『扶桑略記』。神道大系『北野』（校注真壁俊信）には、『北野天神御託宣文』（香川県大川郡白鳥町の恩頼堂文庫蔵、鎌倉期成立、室町初期書写本）抄録の『日蔵夢記』、北野天満宮蔵

『北野文叢』巻十一所収の大和石上神宮の神宮寺永久寺（明治初年廃寺）所蔵、嘉永四年（一八五一）書写の奥書のある『日蔵夢記』が収録されている。神道大系の解題によると、『日蔵夢記』として伝来の諸本は広本と略本の二系統に大別でき、前者は略本、後者は広本系とのことである。これら『日蔵夢記』の諸本はいずれも中世以降の伝承史料であり、金峯山での太政天との出会いを語る『北野天神縁起』成立以前の道賢伝としては、『扶桑略記』所収本以外にはない。永久寺本の内容については、真壁俊信氏が道真の御霊と三善氏との関係で紹介されている（同『天神信仰史の研究』、続群書類従完成会、一九九四年、四二四頁以下）。竹居明男編著『天神信仰編年史料集成――平安時代・鎌倉時代前期篇――』（国書刊行会、二〇〇三年）、同「『道賢上人冥途記』・『日蔵夢記』備考」（『人文学』第一七六号、二〇〇四年）参照。また、村上学「縁起以前――『日蔵夢記』の言説の戦略――」（同『中世宗教文学の構造と表現――佛と神の文学――』三弥井書店、二〇〇六年、所収）は、『平家物語』諸本への影響を指摘した上で、『日蔵夢記』の興味深い読み解きがなされている。

（2）最近の刊行である河音能平『天神信仰の成立――古代から中世への移行――』（塙書房、二〇〇三年）においても、天慶四年に作成されたとし、「重要なことは天神の神学書（『道賢上人冥途記』『日蔵夢記』）が最初から北野天神社にそなえられていて、公開されていたと推定されることである」（一四五頁）、「北野天神社が成立すると、『道賢上人冥途記』『日蔵夢記』は天神信仰の根本縁起（神学）として社殿に安置され、希望者には語って聞かせたものと考えられる」（一六三頁）との指摘は、本稿における考察とはまったく異なる見解である。

（3）『道賢上人冥途記』（『扶桑略記』所収）の内容を五段に分けて紹介するが、段名や（一）（二）……の節名、（a）（b）……の項目とその説明文などは、すべて筆者が考察の便宜上付けたものである。

第一段　道賢と金峯山

（一）「道賢の金峯山登山」

道賢上人冥途記云、弟子道賢今名日蔵、以㆓去延喜十六年春二月㆒、年十有二、初入㆓此金峯山㆒、即於㆓発心門椿山寺㆒、剃髪改㆑衣、断㆓絶鹽穀㆒、籠㆑山六年、爰得㆓風伝㆒云、母氏頻沈㆓病痾㆒、恋泣不㆑休云々、因㆑之以㆓同廿一年春三月㆒出㆑山入㆑洛、自後年中一般、蹈攀不㆑倦、自㆓彼入山之春㆒、至㆓于今年之秋㆒、此山勤修既及㆓廿六箇年㆒也、

（二）「国土の災難と金峯山精進」

年来天下国土災難非㆑一、随㆑見触㆑聞身半如㆑死、加以為㆓私物怪夢想㆒、紛紜不㆑休、天文陰陽頻告㆓不祥㆒、仍為㆑蒙㆓霊験之助㆒、抛㆓万事㆒、攀㆓登此山㆒、従㆑深弥深入、企㆓強信精進㆒、是則先為㆘鎮㆓護天下㆒、後誓㆗念身上㆖也、更結㆓三七日㆒、無言断食、一心念仏、于㆑時天慶四年八月一日午時許、居㆑壇作法之間、枯熱忽発、喉舌枯燥、気息不㆑通、竊自思惟、既言無㆑言、何得㆑呼㆑人、泣喉作㆑息、思惟之間、出息已断也、

第二段　冥途の金峯山

（一）「執金剛神と二十八部衆」

即命過出立㆓崛外㆒、□負㆓荷仏経㆒、如㆓入山時㆒、眼廻㆓四方㆒、見㆓可㆑行方㆒之間、自㆓崛内㆒、一禅僧出来、手執㆓金瓶㆒、盛㆑水与㆓弟子㆒令㆑服、其味入㆓骨髄㆒、甚甘善也、其禅僧云、我是執金剛神也、常住㆓此窟㆒、釈迦遺法守護、我感㆓上人年来法施㆒、忽往㆓雪山㆒、取㆓此水㆒而施而已云々、又有㆓数十天童子㆒、種々飲食盛㆓大蓮葉㆒、捧持侍立、禅僧云、是所㆑謂廿八部衆也、

（二）「蔵王菩薩」

須臾之間、従㆓西岩上㆒、一宿徳和上来下、即申（伸）㆓左手㆒、授㆓弟子㆒令㆑執、相導直道攀㆓登於岩上㆒、窮雪数

(十)千丈、適至二其頂一見、即一切世界皆悉下地也、此山極最勝、其地平正純一、黄金光明甚照、北方有二一金山一、其中有二七宝高座一、和上至畢、坐二其座一、大和尚曰、我是牟尼化身、蔵王菩薩也、此土是金峯山浄土也、汝余命非レ幾、競レ命修レ善、人身難レ得、誤莫二邪行一、仏子言、愚暗之身不レ惜二命盡一、但恐建三立道場一、未レ究二竟一命過哉、願示二其余算一、又帰二何仏一修二何法一、当レ得レ増二寿命一、菩薩取二短札一、記二八字一賜レ之、其文云、日蔵九々、年月王護、菩薩曰、仏子、汝命如二浮雲一、懸レ山離散、浮レ空易レ断、汝命亦爾、在レ山修行長遠也、住レ里懈怠短促也、日蔵者、所レ聞尊与レ法也、依二尊之法一、早改二汝名一、九々者余命也、年月者長短也、王護者加被也、汝護法菩薩為レ師、重受二浄戒一、

(三)「日本太政威徳天」

于レ時、有二自然光明一照耀、其光五色、菩薩曰、日本太政威徳天来也、須臾之間、従二西山虚空中一、千万人衆来、宛如二大王即位行幸之儀式一、侍従眷属異類雑形不レ可二勝計一、或如二金剛力士一、或如二雷神鬼王夜叉神等一、甚可二怖畏一、各持二弓箭桙矟無量鎌杖一也、太政天欲二退出一時、見二仏子一云、此仏子欲下相二示我所一レ住大威徳城上還遣如何、菩薩許レ之、

第三段　日本太政威徳天の教命

(一)「日本太政威徳天城」

即相共乗二一白馬一、行数百里、有二一大池一、其池中有二一大嶋一、広百里許、其内有二八肘方壇一、々中有二一蓮華一、其花上有二宝塔一、々内安二置妙法蓮華経一、東西懸二両部大曼陀羅一、仏経之荘厳不レ可二称盡一、又見二北方一、有二一大城一、光明照耀、是太政天宮城也、無数眷属皆入二侍護其中一、

(二)「日本国の災害の原因」

太政天曰、我是上人本国菅相府也、三十三天呼レ我字二日本太政威徳天一、我初相二当愛別離苦之悲一、非レ

不レ動二我心一、故我欲下悩二乱君臣一、損二傷人民一、殄中滅国土上、我主二一切疾病災難事一、我初思念、用二我生前所レ流之涙一、必滅二彼国一遂為二水海一、経二八十四年一後、成二立国土一為二我住城一也、

（a）「怨心と密教」

然而、彼所レ有二普賢龍猛等一、盛流二布密教一、我素愛二重此教一、故昔日怨心十分之一心息也、

（b）「神明の慰諭」

加以、化身菩薩等悲願力、故仮二名神明一、或在二山上林中一、或住二海辺河岸一、各盡二智力一、常慰二喩〔論〕我一、故未レ致二巨害一也、

（c）「眷属と損害」

但我眷属十六万八千悪神等、随レ處致二損害一、我尚難レ禁、況余神乎、

（三）「火雷天神・太政天の祭祀と災害」

仏子言、我本国之人、上下倶称二火雷天神一、尊重猶如二世尊一、何故有二此怨心一乎、太政天曰、彼国我為二大怨賊一、誰人尊重、而彼火雷天気毒王、我第三使者名也、自三我不二成仏一之外、何時忘二此旧悪之心一也、若有下居二我在世時所レ帯官位一者上、我必令レ傷二害之一、但今日為二我上人一遺二一誓言一、若有レ人信二上人一、伝二我言一、作二我形像一、称二我名号一、有二慇懃祈請者一、我必相二応於上人祈一耳、但上人有二短命相一、慎精進莫二懈怠一云々、

（四）「太政天と金峯菩薩の短札」

仏子言、金峯菩薩賜二此短札一、未レ知二其意一、太政天釈曰、日者大日也、蔵者胎蔵也、九々者八十一也、年者八十一年也、月者八十一月也、王者蔵王也、護者守護也、帰二依大日如来一、修二行胎蔵大法一、余算八十一也、但如レ説修行、延為二九々年一、無懺懈怠、促為二九々月一、即蒙二蔵王守護一也、自二今日一後、改二本名一称二日蔵一、勇猛精進、不レ得二懈怠一、仏子、奉二教命一已畢、

第四段　満徳天の宣授

（一）「満徳天と道賢」

還二至金峯一如レ上披陳也、菩薩曰、我為三汝令二知世間災難根源一、故遣而已、又満徳天曰、

（a）「災害と国土旧善神」

彼日本太政天者、菅公是也、其眷属十六万八千毒龍悪鬼水火雷電風伯雨師毒害邪神等、遍満二国土一、行二大災害一、国土旧善神不レ能二遮止一、

（b）「延長八年の霹靂」

又去延長八年夏、震二害清貫希世朝臣等一、即此天火第三使者、火雷天気毒王之所レ作也、我延喜王身肉六府悉爛壊也、因レ爾彼王遂命終、

（c）「諸大寺院の焼亡」

且焼二亡崇福法隆東大延暦檀林等諸大寺一、即是使者天所レ作也、

（d）「悪神の罪と延喜王」

如レ是悪神等、滅レ法害レ生之罪、我延喜王独受二其殃一、譬如三衆川之水容二一大海一也、

（e）「災害と金峯・八幡・満徳天」

又自余眷属勢力与二彼火雷王一同、或崩レ山振レ地、壊レ城損レ物、或吹二暴風一降二疾雨一、人物併損害、或行二疫癘夭死之疾一、或令レ発二謀反乱逆之心一、然金峯八幡等我満徳天堅執不レ許、故不レ能二自由一也、宣授已畢、重教二帰路一、

（二）「日蔵の蘇生」

仏子赴二入巌穴一、即得二蘇生一、于レ時天慶四年八月十三日寅時也、入二死門一畢、已経二十三个日一、僅得二再生一、記二冥途事一而已、

第五段　鉄窟地獄の延喜帝

(一)「延喜王と太政天」

又追註下記入二死門一間夢上事、金峯菩薩令三仏子見二地獄一時、復至二鉄窟一、有二一茅屋一、其中居二四箇人一、其形如二灰燼一、一人有レ衣、僅覆二背上一、三人裸袒、蹲三踞赤炭一、獄領曰、有レ衣一人、上人本国延喜帝王也、余裸三人、其臣也、君臣共受レ苦、王見二仏子一、相招云、我是日本金剛覚大王之子也、而今受二此鉄窟之苦一、彼太政天神以二怨心一焼三滅仏法一、損三害衆生一、其所レ作悪報、惣来二我所一、我為二其怨心之根元一故、今受二此苦一也、太政天者、菅臣是也、此臣宿世福力、故成二大威徳之天一、

(二)「延喜王の五罪」

我父法王令二険路歩行心神困苦一、其罪一也、予居二高殿一、令下聖父坐二下地一焦心落涙上、其罪二也、賢臣無レ辜、誤流、其罪三也、久貪二国位一、得レ怨滅レ法、其罪四也、令三自怨敵害二他衆生一、其罪五也、是五為レ本、余罪枝葉無量也、受レ苦無レ休、苦哉悲哉、汝如二我辞一、可レ奏二主上一、我身辛苦早可二救済一云々、又摂政大臣可レ告下為二我抜苦一、起中一万率都婆上已上、

(4)『本朝神仙伝』「二九、沙門日蔵伝」(日本思想大系『往生伝　法華験記』、二七四頁)。上田さち子『修験と念仏』(序の注4)は、筆者とは引用文献の成立年代や個々の問題では見解を異にするが、山岳宗教者の信仰世界を斬新に描き出していて多くのことを学んだ。

(5)速水侑『弥勒信仰』(評論社、一九七一年、九一頁以下)、同『平安貴族社会と仏教』(吉川弘文館、一九七五年)。土谷恵「小野僧正仁海像の再検討——摂関期の宮中真言院と醍醐寺を中心に——」(『日本古代の政治と文化』吉川弘文館、一九八七年)、同著『中世寺院社会と芸能』(吉川弘文館、二〇〇一年)。

(6)日本古典文学大系本(漢数字は配列番号)により、その例を紹介しておく。

◇金峯山との関係が語られる神仙。
［五　都藍尼］　大和国の人で「仏法を行ひて長生することを得たり。幾百年といふことを知らず」。吉野山の麓にすみ日夜精勤し、金峯山によじ上ろうとするが、雷電霹靂して果たせず。「この山（金峯山）黄金をもて地に敷けり。慈尊の出世を待たむがために、金剛蔵王守りたまふ。兼ねて戒地となす。女人を通はしめざるが故なり」。
［一一　陽勝］　能登国の人、俗姓紀氏、十一歳の元慶三年（八七九）比叡山に登り宝幢院に住み、空日律師に仕え法華・瑜伽・摩訶止観に通じる。一生喜怒せず睡眠せず、担石の貯えなしといえども衣食を飢寒の人に与えた。「後に金峯山に登り、牟田寺に止り住む。三年苦行して、毎日粟一粒のみ服ふ」。翼なくして飛ぶことができ、延喜元年（九〇一）登仙した。同十八年、東大寺の僧は、神仙の峰に詣で、米・水共に断ち殆に命を殞そうとしたとき『法華経』の声を聞き、陽勝と対面した。
［一二　陽勝弟子の童］　もと比叡山西塔千光院の延済和尚の童子であったが、陽勝の弟子となり「仏道を修行して、遂に長生することを得た」。元興寺の僧「金峯山の東南の崛を占め、一夏安居し『法華経』を誦した。霖雨旬に渉りて、飲食日を厮つ」が、黄昏に青衣の童子（陽勝の弟子）と対面した。
◇山窟の修行により神仙となった俗人・仙。
［一五　白箸を売る翁］　洛陽の人で、年は幾ばくか知らず。その後、一旦に逝去するが、後に人あり山の窟にて対面したが、香を焚き経を読んでいた（『本朝文粋』「白箸翁詩序」では『法華経』）。
［一六　都良香］　国史に伝あり、今異聞を記すとして「菅丞相は良香が問ひしところの秀才なり。丞相後に越えて加級に預れり。良香大に怒りて、官を棄てて山に入りぬ。仙を覔め法を修して、大峯に通ふこと三ケ度、終る所を知らず。百余年の後、或人山の窟の中にして見えたり。顔色変らずして、なお壮年のごとし」。

［二四　中算上人の童］　中算は興福寺の楚才、この童は叡山楞厳院より偸み、愛寵したがのち疎遠となる。すなわち計絶え小童は「山に入りて経（『法華経』）を誦せり。食を絶つこと数月に及びて、適羽服備はりて、已に自在なることを得たり」。のち中算が尋ねると童曰く「神仙を得たれば、敢へて近づくべからず」と。

（7）　泰澄の生涯と伝記については、本郷真紹『白山信仰の源流——泰澄の生涯と古代仏教——』（法藏館、二〇〇一年）参照。

（8）　赤木文庫本『神道集』（角川書店、一九六八年、一〇七頁）。拙著『神祇信仰の展開と仏教』第二部第二「大明神号の成立と展開」（吉川弘文館、一九九〇年）参照。

（9）　中野玄三「北野天神縁起日蔵六道廻りの段の成立について」（『仏教芸術』四九、一九六四年。のち同『悔過の芸術』収録、法藏館、一九八二年）。貞崇の伝記については『大日本史料』天慶七年七月二十六日条、及び『平安時代史事典』等参照。

（10）　『吏部王記』逸文の引用は、史料纂集『吏部王記（増補）』（続群書類従完成会、一九八〇年）による。

（11）　日本古典文学大系『古今著聞集』、七九頁。ほぼ同文の記事が『諸山縁起』（日本思想大系『寺社縁起』、一一〇頁）に「式部卿重明親王の記事〈延喜の御子なり〉」として掲載している。

（12）　この金峯山峯飛来伝説については池上洵一『修験の道——三国伝記の世界——』（以文社、一九九九年、一一五頁以下）参照。

（13）　中野氏前掲「北野天神縁起日蔵六道廻りの段の成立について」（注9）。

（14）　『平安遺文』金石文編（第八六号）。『経塚遺文』（第一〇号）。大阪市立美術館編『役行者と修験道の世界』、図版二三三（毎日新聞社、一九九九年）。首藤善樹編『金峯山寺史料集成』第一〇号（総本山金峯山寺、二〇〇〇年)。
(15)『経塚遺文』(第二九号)。『役行者と修験道の世界』、図版二四一。
(16)長徳四年七月『無量義経』奥書(『経塚遺文』〈第一号〉、『金峯山寺史料集成』第三号)。
(17)寛治二年七月『法華経』巻八師通奥書(『経塚遺文』〈第三〇号〉、『金峯山寺史料集成』第一六号)。
(18)平岡定海『日本弥勒浄土思想展開史の研究』第三章第四節「平安時代に於ける弥勒浄土思想の展開」(大蔵出版、一九七七年、復刊版)。
(19)『続日本紀』天平十三年三月乙巳条。尼寺においても『金光明最勝王経』の読誦が命じられた(本郷真紹『律令国家仏教の研究』法藏館、二〇〇五年、一四頁以下)。
(20)『金光明最勝王経』(義浄訳、『大正蔵』第一六巻)。勝浦令子「『金光明最勝王経』の舶載時期」(『続日本紀の諸相』、塙書房、二〇〇四年)。以下の解説においては田村圓澄『古代国家と仏教経典』(吉川弘文館、二〇〇二年)を参考にした。

第二章　醍醐天皇不予と清涼殿霹靂

はじめに

『道賢上人冥途記』の物語は、護国経典に基づく災害の予防と対策を探っていた真言密教の僧侶により創作されたが、その成立時期は金峯山が密教の霊場となり蔵王菩薩が釈迦の垂迹神として信仰され、二世を知る道賢と冥界の道真の霊との対面の場として「金峯山浄土」がふさわしいものと意識された後のことである。

『冥途記』では、醍醐天皇は延長八年（九三〇）夏、太政天の第三の使者火雷天気毒王のおこした清涼殿霹靂が原因となり死去し、冥途では道真の眷属の悪神たちが仏法を滅ぼす罪を一身にかぶり地獄に堕ちたとされている。同記には「また、追って死門に入った間の夢の事の註記」として、地獄の醍醐天皇の様子を次のように語っている。

金峯菩薩が仏子（道賢）に地獄を見せたときのことである。鉄窟地獄に至ると一茅屋《ぼうおく》があった。

なかにいた四人は灰燼のようで、一人は衣で背上をわずかに覆っているが、あとの三人は裸袒であった。赤炭に蹲踞《そんきょ》した獄領が「衣ある人は上人の本国の延喜帝王、裸の三人はその臣である。君臣共に苦を受けている」と教えた。

延喜王は仏子を見ると招き、「地獄に堕ちたことと太政天」「天皇自身の五罪」について語った。

一、我は日本金剛覚大王（宇多天皇）の子である。にもかかわらず、鉄窟の苦を受けているのは、彼の太政天神《(ママ)》が怨心により仏法を焼き滅ぼし衆生を損害したために、その所作の悪報がすべて我が所に来たためである。というのも、我はその怨心の根本であるからである。太政天とは菅臣のことであるが、この臣は宿世の福力のゆえに大威徳の天となったのである。

二、我が父法王を険路歩行させ心神を困苦させたこと、その罪一である。自身は高殿に居し、聖父を下地に坐し心を焦させ涙を落とさせたこと、その罪二である。賢臣を辜《つみ》無く誤り流したこと、その罪三である。久しく国位を貪って、怨を得て仏法を滅したこと、その罪四である。自らの怨敵を他の衆生に害させたこと、その罪五である。この五を本となし、余罪は枝葉無量にある。

三、苦しきかな、悲しきかな、汝、我が辞のごとく主上に奏上して、我が身の辛苦を早く救済するようにと云々。また、摂政大臣（忠平）に我が抜苦のために、一万卒塔婆《そとば》を起てることを告げるように。已上。

本章では、はたして延長八年の清涼殿落雷、醍醐天皇崩御にさいして道真の怨霊が強く意識されていたのが事実なのか、また、臨終に出家し死後は懇ろな作善《さぜん》の仏事が修されている醍醐天皇を地獄に堕とす物語がどうして成立したのか、その事情等を探ってみることにしたい。

一　『吏部王記』逸文

(1)貞崇と稲荷明神

延長八年七月十五日に醍醐天皇御悩、八月二十日に醍醐天皇御悩平癒を長谷寺《はせでら》の観音に祈願したとの記事とともに、醍醐天皇不予と清涼殿霹靂・稲荷明神との関係を語る『吏部王記』逸文が伝来する。(1)すなわち、一条兼良《いちじょうかねよし》の『源氏物語』の注釈書『花鳥余情《かちょうよせい》』には『李部王記』に見えるとして、

延長八年、清涼殿霹靂之後、貞崇法師候二清涼殿一之時、聞二大人足音一、是邪神所為也云々、見二李部王記一（同三「夕顔」）、

大般若御読経、焼三損邪気足一之由、稲荷明神告二貞崇法師一給事、見二延長八年李部王記一（同二十「若菜」）、

と。また、近世の『密宗血脈鈔《みつしゆうけちみやくしよう》』には「重明親王記云」として、

延喜天皇不予、為二護持一貞崇参二一間一、有二物語之音一、天皇聞三食之一、以二蔵人一令レ見レ之、僧都外又不レ見レ人、奏二此旨一、後令レ問二貞崇一、稲荷明神、示二天皇御薬今度大事之由一給云々、

と、貞崇が醍醐天皇の不予の御加持のため参仕した際に、天皇が貞崇が誰かと物語している声を聞か

れた。蔵人に相手を確かめさせると、貞崇のほか見えないと報告した。後に貞崇に問うと、稲荷明神と天皇の御薬（病気）につき物語していたとのことであったというものである。貞崇が稲荷明神と物語したのは、稲荷明神による弘法大師の密教守護が説かれ、真言宗寺院の伽藍鎮守《がらんちんじゅ》の神として崇敬されていたためである。

『古今著聞集』巻第一（神祇第一）には「貞崇法師が勅により念仏のとき、稲荷明神託宣の事」として伝えている。(2)

六月二十九日の夜、貞崇が勅により清涼殿に候じ念仏しているとき、小人となって現れた稲荷明神が「先度、汝、大般若経読誦のさいには験《しるし》があった。邪気がこの経により足をやけ損じて調伏された。後度の金剛般若経の読経奉仕の時には験がなかった。この由を奏聞して大般若の読経につとめよ。我は稲荷の神である」と託宣したので、貞崇が奏聞した（要旨）。

との話である。

貞崇は醍醐天皇不予の邪気退散の祈禱に活躍したのであるが、天皇の病気は祈禱の効果もなく次第に悪化した。九月二十二日には譲位、寛明親王が受禅《じゅぜん》（朱雀天皇）、藤原忠平が摂政となり、二十六日には醍醐上皇は五事の遺誡《ゆいかい》をした。

四辻善成《よつつじよしなり》の『源氏物語』の注釈書『河海抄《かかいしょう》』には「李部王記云」として、延喜御門の最後の御薬の間、春宮（寛明親王）の供として舅の左大臣藤原忠平が参内のときのことだとして遺誡を、

一者可レ専二神事一、二者可レ仕二法皇（宇多）一、三者可レ聞二左大臣訓一、四者可レ哀二古人一、其外一ケ条御忘却、

と伝えている。

以下、『吏部王記』によると、九月二十八日には宇多法皇が見舞われ御加持があり、「誘霊」と記す。二十九日には上皇の病大漸、諷誦《ふじゅ》を七カ寺で修し、大赦《たいしゃ》があった。臨終が間近くなると急ぎ上皇の落飾・受戒が準備された。「尊意法師」（天台座主）が三帰戒及び三聚浄戒《さんじゅじょうかい》を授け御髪を剃り、法名は宝金剛とつけられた。そして、午四刻に西首右脇にて崩御された。

(2)葬送と中陰・周忌の仏事

延長八年十月十日に醍醐天皇御葬送の儀があり、導師は天台（延暦寺）西塔院主仁照、興福寺の基継僧都が呪願《じゅがん》を勤めた。十一日の辰四刻、醍醐寺北山陵に到り埋葬された。山陵においては醍醐寺と勧修寺の僧が念仏を奉仕した。翌十二日には山陵に卒塔婆三基が立てられ、二七日の諷誦が修された。また、二十五日には宇多法皇は御夢想により、抜苦得道《ばっくとくど》のために七カ寺で諷誦を修された。

十一月十五日、中宮藤原穏子が醍醐寺で醍醐天皇の七七日の法会を設けた。御斎会に准じて白銀の阿弥陀仏が造像され、紺紙金泥水晶軸の『法華経』の写経が納められた。七僧《しちそう》を請じ法服が施された。七僧には講師《こうじ》尊意・読師《とくし》貞崇・呪願《じゅがん》基継・三礼《さんらい》仁照・唄《ばい》基増・散華《さんげ》済春・堂達《どうたつ》延賀が出仕して勤めた。

醍醐天皇の御周忌は、翌承平元年九月二十四日、朱雀天皇が醍醐寺において御斎会《ごさいえ》を修せられた。

本堂御前に金彩阿弥陀仏・観世音菩薩・得大勢菩薩等の諸仏が祀られ、本堂南庇には金字の『法華経』『阿弥陀経』が納められるとともに、堂中及び礼堂には二百の僧座が設けられた。その請僧は、講師に済高律師、読師に貞崇、呪願は会理律師といった真言僧であった。

二　『日本紀略』と『扶桑略記』

(1)『日本紀略』

□清涼殿落雷と不予

『日本紀略』における清涼殿落雷・醍醐天皇不予・葬送・仏事についての記事を見てみる。

『日本紀略』延長八年六月の記事は、六月は雨が降らず、また昨春より今夏に至るまで疾疫が止まることがないことを記し、二十六日の一日しかない。

二十六日、諸卿が殿上において請雨《しょうう》の事を議した。愛宕《あたご》山上より黒雲起こり、俄《にわか》に雷声大鳴して、清涼殿に落ちた。その神火により藤原清貫《きよつら》・平希世《まれよ》が亡くなり、紀蔭世《きのかげよ》は悶乱した。これより醍醐天皇不予《ふよ》と記す。

七月は三日間(二・十五・二十一日)と今月相撲(相撲節会《すまいのせちえ》)無しとの記事がある。

二日、去月の雷震の事により天皇は清涼殿を避けて常寧殿《じょうねいでん》に移坐、十五日に天皇が咳病を発したので、二十一日には天台阿闍梨《あじゃり》五人を請じて常寧殿で五壇法《ごだんほう》が修された。

八月は三日間（十三・十九・二十五日）の記事がある。

十三日、中宮穏子と春宮《とうぐう》寛明が宣耀殿《せんようでん》に移御。十九日、天皇御息災の祈りにより度者《どしゃ》一千人を給わり、二十五日に御不予の祈りのため、右大臣藤原定方は天台山（比叡山）において『金剛般若経』一百巻を読誦させた。

九月の記事は七日間（九・二十一・二十二・二十六・二十七・二十八・二十九日）である。

出家落飾と崩御については、二十七日に醍醐上皇は朱雀院に遷坐を望まれたが、御病甚だ重く右近衛大将の曹司に移坐された。二十九日には上皇の不予により天下に大赦が行われた。卯刻、父の宇多法皇が右近衛府に幸し、未一刻に上皇崩じ給うと記すとともに、

　或云、落二御髪一、尊意為二戒師一、法皇還御、天下諒陰、法名宝金剛、見二重明記一

と尊意を戒師として落髪されたことを、「或云」として『吏部王記』を典拠として述べている。

□葬送と中陰

十月の記事は二日間（十・十一日）である。

葬送と中陰については、十日、山科陵に葬す、遺詔により倹約。十一日、辰刻御輿山陵に到着、百官素服。

十一月は十五日の一日。十五日、中宮穏子、先皇のため中陰斎会を修せらると記載している。

翌承平元年九月の記事は七日間（五・八・九・十六・二十・二十四・三十日）である。

醍醐天皇の周忌仏事の記事が十六・二十四日の両日にみえる。十六日「奉ㇾ為先帝ㇾ、修ㇾ周忌御斎会ㇾ、中宮於ㇾ天台山西塔院ㇾ、被ㇾ修ㇾ先帝御法会ㇾ」、二十四日「於ㇾ醍醐寺ㇾ、修ㇾ先帝周忌法会ㇾ」と叡山西塔院・醍醐寺の両寺で修せられたことを記している。

(2)『扶桑略記』

□天台座主尊意の加持

国史大系本『扶桑略記』の本文「醍醐天皇編」の延長八年の記事は、この年春夏疫癘甚だ盛んと記すほか、記事の掲載は、四月一日の東丹国使が過状《かじょう》を進ずとの記事・六月二十六日の左記の記事・九月二十二日の受禅と遺誡の記事の三日間である。

その六月二十六日条に、未時、藤原清貫・平希世、近衛二人、落雷により清涼殿で震死。主上惶怖、玉躰不予、常寧殿に遷幸され、天台座主尊意が勅により禁中に候じ、毎夜加持をしたとして、

皇帝夢云、不動明王火焔赫奕、威猛厲声、加ㇾ持聖躰ㇾ、夢内尊重、覚後聞ㇾ陀羅尼声ㇾ、此則天台座主尊意也、勅ㇾ左大臣ㇾ曰、朕夢如ㇾ斯、台山座主此不凡人、已上伝、

と記している。また、「裡書」の六月二十六日条にも清涼殿落雷について詳しく記載している。(3)

□死の予兆と祈禱

興味深いのは、七・八・九月の裡書記事で、醍醐天皇の死の予兆と対策の祈禱を記載していること

である。

七月　五日に「天晴、雷電殷々」、八日に「午刻、月見レ顔」、十五日に「酉刻、流星差二艮方一渡、俗云二人魂一也」、二十日に「雷鳴風雨殊烈」と予兆の記事を載せて、二十一日に、

　於二延暦寺一、被レ造二始白檀五大尊一、高五寸、依二天皇御薬一所レ被レ行也、

との祈禱記事を載せている。

八月　十一日に「定二来十三日諸社奉幣使一、依二御薬一也、准二弘仁七年九月・元慶二年三月例一也」、十二日に「弁官西戸梁上鳩集、寮占云、凶也」、十七日に「広瀬社祭、廃朝也」との記事を載せ、十九日に「依二修験之聞一、召二河内国志貴山寺住沙弥命蓮一、令レ候二左兵衛陣一、為二加持一候二御前一」、二十一日に「自二今日一七ケ日、有二御修法事一、依二御薬一也、僧二十三人」との対策としての祈禱記事を載せている。

九月　七日に「天皇不予、左右大臣夜居」、十六日に「烏咋祓時杭二枚、陰陽寮占凶由」と載せ、二十二日に「有二御譲位事一、依二御薬危一、俄当二此事一、人々拭レ涙」、二十九日に、

　依二御悩危一、遂二落飾帰真一、未刻、崩二于右近衛府一、御年四十六、

と占いのとおり崩御され、その予兆の正しかったことを記している。

□葬送と中陰仏事

「朱雀天皇」編の延長八年九月二十九日に「太上天皇崩、醍醐四十六」、十月十日に「葬二後山科山

陵二」、十日裡書にも「太上天皇出二右近衛府一、奉レ葬二醍醐寺辺山陵一、出御之後、閇二宮門諸門一、但開二陽明・殷富門一、左大臣及両二諸卿候二内裡一、天皇及近侍者着二素服二」と山陵を記載するのみで、中陰・翌年の周忌の仏事については記事がない。

(3)道真の霊の出現

以上、延長八年の清涼殿霹靂について検討した。『吏部王記』逸文の記事からも明らかなように、醍醐天皇不予の祈禱、中陰、追善の仏事においては、東寺・醍醐寺の真言僧が勤仕していたのは明らかである。

また、醍醐天皇の不予を、『日本紀略』には清涼殿霹靂のさいの邪気によるとは記すが、道真の怨霊の仕業とは述べていない。父宇多法皇との関係も、醍醐天皇の臨終の記事や「五事の遺誡」が事実とするなら親子間に対立した関係はない。その作善には卒塔婆供養もなされているし、真言僧を中心に懇ろな仏事が修されていたことは間違いない。

したがって、『冥途記』において地獄で醍醐天皇が道賢（日蔵）に語った内容は、事実とはまったく異なることが明らかとなる。

『扶桑略記』においては、醍醐天皇不予の祈禱に天台座主尊意が活躍したことを「已上伝」として、彼の伝記より引用しているが、『吏部王記』逸文にみえる臨終出家の戒師をつとめたことには言及しない。天台宗の立場からは座主が臨終出家の戒師をつとめたにもかかわらず、その天皇が地獄に堕ちているとの説明がつかなかったためだろうか。(4)

『吏部王記』逸文、『日本紀略』『扶桑略記』において、道真の霊が登場するのは次の記事からのようである。

一、道真の霊については、『扶桑略記』延長五年(九二七)十月条に、是月訛言《かげん》甚だ多し、或は云くとして、

故太宰菅帥霊、夜到二旧宅一、語二息大和守兼茂雑事一云、朝廷応レ有二大事一、其事応レ起二大和国一、汝須三好慎行二其事一、自余事甚多云々、但他人不レ得レ聞レ之、彼朝臣秘不二他語一矣已上、出二式部卿重明親王記一、

と『重明親王記』、すなわち『吏部王記』を出典として、菅原道真の霊が旧宅に現れ、子息兼茂に朝廷の一大事が大和国に起こると語りかけたとの伝聞を記載している。

二、『日本紀略』における道真の霊の記載を見てみる。醍醐天皇第三皇子保明親王は、藤原穏子を母とする。時平・忠平は母の兄、伯父である。延長元年(九二三)三月二十一日に二十一歳で亡くなった。

依二皇太子臥一レ病、大二赦天下一、子刻皇太子保明親王薨年廿一、天下庶人莫レ不二悲泣一、其声如レ雷、挙レ世云、菅帥霊魂宿忿所為也、

と記載していて、親王の死は道真の霊魂の仕業であるとの噂を紹介するものである。そして、四月二十日条に、

詔、故従二位大宰権帥菅原朝臣、復二本官右大臣一、兼二贈正二位一、宜レ棄二昌泰四年正月廿五日詔書一、

と右大臣正二位が道真に贈られたことを記す。

なお、『吏部王記』逸文（『西宮記』所引）では、同日「為レ救二太子病一、詔書大二赦天下一」「薨去」と記すのみである。

それが『扶桑略記』になると、皇太子保明親王は病無くして薨じたとして、

依二皇太子穢一、停二賀茂祭一、妖怪見二宮闈一、訛言満二閭巷一、主上恐懼、臣下驚動、勅二請大僧都増命一、参内奉レ護二一人一、……霊験著顕、天下無事已上伝、

と、前年に天台座主を辞任した増命《ぞうみょう》の祈禱を褒めている。

このように道真の霊が登場することはあっても、その霊に「天神」号が使用されていないことを改めて確認しておきたい。

三　雷公祭祀と天神堂

(1)雷公祭祀と年穀豊饒

北野に火雷天神として道真の霊が祀られたことについて、喜田貞吉《きだていきち》は「北野神社鎮座の由来管見」において、北野において雷公を祀り年穀豊饒、豊年が祈願されていたことによるという。この雷公の祭祀が「道真の霊」として祭祀されることにより、北野における雷公祭《らいこうさい》が「神社」信仰として新たな展開をすることになったのであろうと指摘した。[5]

その典拠として引用しているのが、延喜四年（九〇四）の『西宮記《さいぐうき》』裏書に引く『延喜御記』である。

延喜四年十二月十九日　此日使ニ左衛門督藤原朝臣一、令レ祭ニ雷公北野一、此祭本意訪ニ左大臣一、曰、此故太政大臣昭宣公元慶年中（八七七〜八八五）為ニ年穀一祈ニ雷公一有ニ感応一、因毎年秋祭レ之、仁和年中（八八五〜八八九）不レ祭、寛平初年（八八九〜八九八）頻不レ登、彼時奏下元慶祭ニ雷公一故事上、太上法皇因レ之臨時令下ニ諸司一祭上、自レ爾以来、祭レ之不レ絶、今因レ之為ニ豊年一可レ祭、又不レ可下以ニ季冬一祭上之、此度事、俄爾故因ニ年来之例一、

この延喜四年の北野における雷公祭祀については『日本紀略』には記事がみえない。[6]『日本紀略』によると、穀物の豊作を雷に祈ったのは旱魃による不作のためである。延喜年間（九〇一〜九二三）の京都は旱《ひでり》のため穀物が稔らず、また疫病が毎年のように発生していた。そのため伊勢以下諸社への奉幣、諸寺における読経、神泉苑《しんせんえん》における陰陽道の五龍祭《ごりゅうさい》や密教の祈雨法《きうほう》が年中行事として、臨時の修法としてさかんに修されていた。また、その反対に雨が止まず洪水をおこすこともたびたびであっ

た。

そのため雷鳴は大層に恐れられた。上記の保明親王死去の記事中に「天下の庶人悲泣せざることなし、その声は雷の如し」と見えたが、『日本紀略』では恐怖の例に「雷」がたびたび引かれている。昌泰元年・二年の記事を例にあげると、

昌泰元年（八九八）五月　七日、地鳴三度、其声似レ雷。同八日、祈雨奉幣十六社。同九日、大雷雨。
同十五日、祈雨奉ニ幣伊勢大神宮一。同十八日、御井有レ声如レ雷。
十月十一日、空中有レ声、其鳴宛如ニ地震一。同十四日、空中有レ声ニ一度一如レ雷。
十二月十七日、艮方有レ音如レ雷。同廿一日、天東南方有ニ雷光一、炫ニ燿四方一、又有ニ迅風一。

昌泰二年（八九九）二月　一日、日蝕、廃務、未時星出レ自ニ空中一、南東歴行、遂殞ニ于地一、其声如ニ雷落一乎。

といった具合にである（傍点筆者）。北野において雷公祭祀が復活したのは、諸社寺において祈られても旱魃がつづき祈禱の効果がなかったためであり、道真の霊を雷公として祭祀するためではなかったのである。

(2)天神堂の造立

北野の右近の馬庭が興宴地であったことは、『日本紀略』の「北野」御幸の記事からも推察できる。

延喜十七年（九一七）閏十月十九日、天皇幸㆓北野㆒、為㆓遊覧㆒云々。

同十九年（九一九）十月十九日、天皇幸㆓北野㆒、遊覧。

延長　四年（九二六）十一月六日、天皇幸㆓北野㆒、有㆓狩猟之御遊㆒。

北野社が『日本紀略』に登場するのは、天延元年（九七三）の火災の記事が初見で、三月十三日「子時、天満天神北野宮御在所幷礼殿焼亡」と記している。

次いで正暦四年（九九三）五月十三日に「奉㆓幣伊勢・石清水・賀茂・平野・稲荷・北野等㆒」と奉幣の記事、同二十日に「贈㆓故右大臣正二位菅原朝臣左大臣正一位㆒」、閏十月二十日に「重贈㆓故正一位左大臣菅原道真太政大臣㆒」と追贈の記事。長徳二年（九九六）十一月六日「今夜北野社焼亡」の記事。寛弘元年（一〇〇四）閏九月十三日「有㆓行幸点地㆒、依㆑可㆑行㆓幸松尾・平野・北野㆒也」、同十月二十一日「行㆓幸平野・北野両社㆒」との一条天皇行幸の記事と続く。

『日本紀略』では道真の神号は「天満天神」であるが、これは寛和二年（九八六）七月二十日付「慶滋保胤願文」に「其一願曰、就㆓天満天神廟㆒、会㆓文士㆒献㆓詩篇㆒」とみえ（『本朝文粋《ほんちょうもんずい》』巻第十三）、永延元年（九八七）八月五日を一条天皇官祭日と定めた際の宣命《せんみょう》には「天満宮天神」と記載されている（『本朝世紀』）。

ところで、天徳二年（九五八）五月十七日、朝廷は、疾疫多発し死者が多く出たため「般若《はんにゃ》の斎《さい》会《え》」を修したが、いまだ病悩の消除がないため、長引く病気が除愈することと、年穀の豊稔を祈るため、寺社に詣でて『仁王経』を転読することを僧綱所《そうごうしょ》に命じている。そのなかに西寺御霊堂《にしでらごりょうどう》・上出雲《かみいずも》御霊堂とともに祇園天神堂の名はあるが、北野の記載はない（『類聚符宣抄《るいじゅうふせんしょう》』第三疾疫事）。

この宣旨が「諸社」ではなく「寺社に詣でて」となっているのは、諸社（十一社）に西寺御霊堂・上出雲御霊堂が加えられているためである。西寺御霊堂・上出雲御霊堂に詣でることを「寺社に詣でて」としているのは、「御霊堂」「天神堂」が西寺・上出雲寺・祇園寺という寺に建立されていたためである。

祇園天神堂については、『日本紀略』延長四年（九二六）六月二十六日条に「供養祇園天神堂」との記事がある。『本朝世紀』長保元年（九九九）六月十四日条に「今日祇園天神会也」「于時天神大忿怒」とみえるように祇園（寺）感神院《かんじんいん》の祭神は「祇園天神」とも呼ばれていた。卜部兼方《うらべのかねかた》は『釈日本紀』において祇園は行疫神《ぎょうやくじん》にして「武塔《むとう》天神」の名は世に知るところであると述べている。(7)

諸氏の研究によると稲荷神も御霊神であり「天神」として祭祀されていたとのことである。(8)天神（道真の霊）の託宣では北野において「天神」として祭祀されることを望んでいることからしても、十世紀の後半になり祇園や稲荷における天神信仰に対抗するかたちで、京都における天神祭祀の一所として北野寺が創建されたと推察できる。

(1) 史料纂集『吏部王記（増補）』、延長八年。

(2) 日本古典文学大系『古今著聞集』、五一頁。

(3) 「是日、申一刻雲薄雷鳴、諸衛立レ陣、左大臣以下群卿等起レ陣、侍二清涼殿一、々上近習十余人連レ膝、但左丞相近二御前一、同三刻、旱天暄々、陰雨濛々、疾雷風烈、閃電照臨、即大納言清貫卿、右中弁平希世朝臣震死、傍人不レ能二仰瞻一、眼眩魂迷、或呼或走云々、先レ是、登二殿之上一、舎人等倶於二清涼殿一逢二霹靂一、右近衛忠兼死、形躰如レ焦、二人衣服焼損、死活相半、良久遂無レ恙、又雷火着二清涼殿南簷一、右近衛茂景独人撲滅、申四刻、雨晴雷止、臥二故清貫卿於蔀上一、数人肩昇、出二式乾門一、載レ車還レ家、又荷二希世一出二脩明門外一、載レ車将去、上下之人観如二堵墻一、如レ此騒動未二嘗有一矣」。

(4) 『扶桑略記』に「已上伝」として引用されている尊意伝とは、十世紀の中頃成立した「尊意贈僧正伝」のことだと推定されていて、『続群書類従』第八輯下、及び『大日本史料』一の七「尊意卒伝」に収録されている。この「尊意贈僧正伝」には、尊意が二十九日に頭髪を剃り菩薩戒を授け、法号を献じたとの記載がある（『続群書類従』第八輯下、七二八頁、及び『大日本史料』一の七、六九二頁、所収）。竹居明男氏の御教示による。

(5) 喜田貞吉「北野神社鎮座の由来管見」（『國學院雑誌』二〇―四、一九一四年。のち村山修一編『天神信仰』収録、雄山閣出版、一九八三年）。

(6) 『日本紀略』の天文記事は、細井浩志「『日本紀略』後編の史料的構造と『新国史』の編纂過程について――天文異変・地震記事による『紀略』後篇の検討――」（『史学雑誌』第一一一編第一号、二〇〇二年）に詳しい。

(7) 拙著『本地垂迹信仰と念仏』第三章「牛頭天王と蘇民将来の子孫」（序の注6）参照。

(8) 直江廣治編『稲荷信仰』（雄山閣、一九八三年）、五来重監修『稲荷信仰の研究』（山陽新聞社、一九八五年）、大森恵子『稲荷信仰と宗教民俗』（岩田書院、一九九四年）等参照。

第三章　北野廟堂の創建——鎮国と衆生守護——

はじめに

第一章では、『扶桑略記』所収の『道賢上人冥途記』における国土の災害と仏教との関係を中心に、『本朝神仙伝』の長生思想、真言僧貞崇の金峯山信仰、金峯山埋経にみられる弥勒浄土観の影響の有無を調べてみた。第二章では『吏部王記』『日本紀略』『扶桑略記』にみえる延長八年の清涼殿霹靂と醍醐天皇不予の記事を考察した。

『大鏡』時平伝においては、雷としての清涼殿示現や時平とその子孫への祟りが語られているが、それは道真の霊を「北野」と称しているように、北野宮における祭祀を前提としている。道真の霊を怨霊として恐れる信仰が創作され浸透するのは、北野における天神祭祀に始まると考えられる。

本章においては、道真の霊が北野において天神として祭祀される経過を考察したい。

一　北野廟堂の創建

(1)火雷天神の託宣と最鎮

道真の霊を「天神」として祭祀する廟堂が北野に造営されたのは、道真の霊である「天神」の託宣による。そのことを伝えるのが、『最鎮記文』と『北野天満自在天神宮創建山城国葛野郡上林郷縁起』である。

『最鎮記文』では「火雷天神」の託宣を、

北野寺僧最鎮記文云、当宮者、是近江国高島郡比良郷居住神主良種来着申云、火雷天神託宣云、右近馬庭興宴地也、欲レ移二坐我彼馬庭之辺一者、爰最鎮・法儀・鎮世等馬庭乾通朝日寺住也、答云、以二何處一、可二在所一哉者、良種云、託宣云、可レ生レ松云々、相二議此由一之間、一夜内数十本松生也、即随二身其託宣文一通一、因レ茲驚恐初以結二於草創一状間、菅家人々、両都上下勤二仕二季之礼奠一、致二種種之祈禱一、霊験日新、漸経二年序一之間、寺家焼失、氏人・住僧等、謹構二造玉殿一、
如レ故欽仰、

と紹介している。北野寺の僧最鎮が記載した文によると、近江国比良郷居住の神主良種《よしたね》が上京して語るには、火雷天神が託宣して云うには、右近の馬場は興宴の地であり、彼の馬場の辺に移りたい。最鎮・法儀・鎮世は馬場の乾《いぬい》の通りにある朝日寺の僧侶である。どこを在所としたらよいのかと良種に

尋ねると、託宣によると松を植えるべしとのことであった。この託宣について相談していると、一夜のうちに数十本の松が生えた。よってその託宣文にしたがい宮を草創した。北野において宮を草創することを「火雷天神」が託宣したというのである。(1)

ついで天徳三年（九五九）に、時平の弟忠平の子である九条師輔が屋舎造増、宝物供進したさいの「祭文」を掲載する。祭文には「天神」としてしか記載されていない。

そして、貞元元年（九七六）の太政官符を引いて、

貞元々年十一月七日太政官下山城国符云、氏長者式部権大輔文時朝臣奏状偁、准ニ大宰府安楽寺例一、以ニ氏人一可レ令レ領ニ知北野寺一、是則称ニ僧増日一者出来、称ニ寺司一諍論、爰最鎮称ニ造立之功一、増日者陳ニ持印之由一、蒙ニ官裁一領ニ知寺家一、永絶ニ彼此諍論一者、権大納言正三位源朝臣雅信宣、奉レ勅、依レ請者、因レ茲以ニ最鎮一令レ知ニ寺務一、仍最鎮等為ニ後代一記レ之、

と結論を述べている。すなわち、造立の功ある最鎮と、寺印を相伝する増日とが北野寺の支配を争ったが、勅により最鎮が寺務を認められたというのである。

『群書類従』所収の『最鎮記文』には、これに加えて次のような文面の「太政官符」が掲載されている。(2)

一、文章博士菅原文時《ふみとき》ら菅原氏の氏人の奏上によると、大宰府の安楽寺は延喜年中に味酒安行《うまざけのやすゆき》が建立したが、安行没後、天徳三年（九五九）より、菅原氏の氏人の解状《げじょう》をもって太政官に言上し、

寺司が補任される例になっている。
一、北野寺は最初は僧最珍・狩弘宗《かりのひろむね》が造立した。次にまた僧満増が修治した。弘宗・満増死去の後、天延元年（九七三）に焼亡したので、重ねてもって検校僧最珍が造立した。
一、今年、貞元元年になって僧増日というものが現れ、満増の異父兄星川秋永より寺印を伝得して、自ら寺司を称している。最珍は造立の功、増日は寺印所持を主張し、二方に分かれて寺の支配権を諍論している。よって天裁を蒙り、宣旨《せんじ》を下されて、彼の安楽寺の例にまかせて件《くだん》の寺を領知して、彼の諍論を制止し、国家を鎮護することを奉ず。
というものである。

(2) 多治比奇子への託宣

『北野天満自在天神宮創建山城国葛野郡上林郷縁起』（『創建縁起』）では、「天神」が天慶五年（九四二）七月十二日、西京七条二坊に住む多治比奇子《あやこ》に、右近の馬場に禿倉《ほくら》を構えてほしいと託宣したことに始まる。

御託宣云、我昔在世之時、屢遊二覧右近馬場一多年、城辺《みやこのほとり》閑勝之地、何如二彼場一哉、因レ茲遇二虚任之禍一、被レ左二降鎮西一之後、遠雖レ思二宿報一、中心結レ恨之報、還作二焦肝之燼一、得レ涼无レ期、適潜向二彼馬場一之時、胸炎頗有レ薄、既得二天神之号一、有二鎮国之思一、須三早進二発彼界一、聊結二構我

禿倉一、令レ得二潜寄便一者、

この託宣文で注目したいのは、「既に天神の号を得て、鎮国の思いあり」と記載していることである。ただ、いつ「天神」の号を得たのか、また誰から得たのかについての記載はないのであるが、北野において「天神」として祭祀してほしいと要求しているのである。ところが、奇子は「憚二賤妾之不一レ重」り、自身の住居の辺に五年の間「禿倉」を構え安置して崇めていた。久しく託悩（マヽ）を蒙りついに天暦元年（九四七）六月九日北野に移した。すると「其後松種忽生、成二数歩之林一、神妙在レ眼、如二万人之殖一」とたちまちのうちに松林ができたとのことである。

この建立造営の後、天徳四年（九六〇）までに十四年経過したが、その間、五度の造営があったといい、最後の造営について、

最後所二構造立一、是三間三面桧皮葺也、所レ用之色、不レ可レ盡二筆端一、奉レ造二御影像一、幷奉三為法楽増長一、奉レ写二法華経十部・金光明経一部・般若経二部一、奉レ立二率兜婆四本一、亦依二託宣一建三立三間堂一宇一、安三置観世音菩薩像一體一……、

と記している。三間三面の桧皮葺《ひわだぶき》の廟堂には影像が安置され、法楽増長のため『法華経』『金光明経』『般若経』（『仁王般若経』）が納められ、卒塔婆四本が立てられた。筆者は北野寺を北野宮寺と呼ぶようになるのは、この神廟の建立によると考えている。[3] また託宣により観音菩薩を安置する堂が建立され、五間の僧坊が二宇あった。

そして『創建縁起』は、最後に、

由レ茲言レ之、万物必有二根源一、棄レ根者何得二花実之栄一、絶レ源者何継二宗海之流一、後代若旋二踵於此宅辺一之輩、不レ撰二僧俗一、不レ論二貴賤一、触二奇子之子々孫々一、可レ趣二其進止一、況於二大小所司一乎、伝領之旨、就レ之不レ可レ失、若或所司存二阿容之情一、施二偏党之判一者、強好以望二天神之幽罰一乎、

仍今為二後代一勒二縁起之旨一、而請二随近在地証判一如レ件、

と述べている。天徳四年六月十日の日付があり、根本建立禰宜《ねぎ》多治記とみえる。

なお『北野天神御託宣記文』では、根本建立禰宜多治比・三男寺主大法師満増と満増の一男権禰宜麗《(ママ)》川秋末・二男祝《はふり》橘康明・女佐伯安町子、姪出雲親弟子丸の六名連署《れんしょ》となっている。近在地の証判のなかに、

件天神御社、以二去天暦元年六月九日一、自二彼禰宜私宅一、奉レ移二山城国葛野郡上林郷一、幷建立縁起之由、尤有レ実、仍当郡刀禰加レ署、

というものもあるように、その支配をめぐって、最鎮らと奇子の一族との間に深刻な対立があったことがわかる。

いずれにしても、『最鎮記文』『創建縁起』より、北野において道真の霊が「天神」として祭祀されるのは、少なくとも天暦元年（九四七）以降、また、堂舎が整備され護国経典が奉納され鎮護国家のための法楽が盛んとなるのは、天徳四年の頃からではないだろうか。

二　菅原家と安楽寺の興隆

大宰府安楽寺の廟堂禰宜藤原長子への託宣に「永観二年（九八四）六月廿九日戊申辰時以禰宜藤原長子託宣記」（以下「永観二年託宣記」と略記）と「正暦元年（九九〇）十二月四日御託宣記」（以下「正暦元年託宣記」と略記）がある。もちろん「託宣記」の年号が託宣の成立した年代ではない。

(1)安楽寺廟堂の祭祀

「永観二年託宣記」によると、廟堂の奉仕は禰宜長子と二、三人の宮司法師によりなされていた。その特色をあげておく。

一、「黄昏の錫《しゃくじょう》杖の音、後夜の懺法《せんぼう》の響き、念仏読経」とみえることからも、日常の廟堂祭祀は道真供養のための仏事であった。

一、「我れ及び眷属、尤もその益あり」との記載から、廟堂には「眷属《けんぞく》」も祀られていた。

一、廟君は長子に託宣する理由を「三摩耶形《さんまやぎょう》は皆釈衆《しゃくしゅ》（仏弟子）なり、この人を用は法威無かるべし」、よって「愚昧の女をもつて軽々に言はしむ」と述べている。廟堂禰宜（託宣巫女）の役目は、廟君の意向を宮司（僧）に伝達することにあった。廟君を慰められるのは仏法であり僧侶であった。参考までに述べると、太宰府天満宮所蔵『天満宮安楽寺草創日記』（永禄二年〈一五五

九〉筆写）では、康和三年（一一〇一）になってはじめて御神事の施行をするという。(4)
一、託宣のある予兆を「雷公大鳴し大雨が降る。その間、電光日の如く、雷の響きは地を振わせた」と記すので、廟君は雷公として化現すると意識されていた。

(2)氏寺安楽寺の興隆

この二つの「託宣記」が期待しているのは、道真子孫による氏寺安楽寺の仏法興隆である。

「永観二年託宣記」では次のように記されている。

一、昔日、讒言により我れ（道真）を放つの日、藤原時平・源光・藤原定国・藤原菅根朝臣らは勅宣と称して陰陽寮の官人を召した。我れとその子孫が永く絶え相続できないようにと、皇城の八方の山野に雑宝を埋め置き厭術《えんじゅつ》し、神祭（陰陽道祭）をした。我れはこれを絶つ術を構えるが、姓名を指された人はみな短命となった。次々の子孫の官位が高くなく、家が貧しく才が乏しいのはこの厭術のためである。
子息高視《たかみ》・淳茂《あつしげ》朝臣等は我れに切々に「子々孫々の家業断ち給わざれ」と祈念する。我が家の文殿の書物等が空廃することなく、淳茂―在躬《ありつね》―輔正《すけまさ》と子孫相続できているのは、一向に我が加護の力による。呪詛・厭術を妨げているためである。
一、大弐朝臣（輔正）が式部大輔《しきぶたいふ》を兼ねるのは希有のことだと語り、菅家の人々が深く仏法に帰依し、安楽寺の造塔・写経の大願を成就することで、道真の加護による子孫繁栄が約束されることになる。また、合力の人々も現世・後生の大願等の成就が約束されると告げている。「正暦元年託宣記」においても、道真が末孫輔正による我が寺安楽寺の興隆を喜び、彼の不信を許したことを、

大弐になりし時に、我が寺に一基の多宝塔を造立し、千部の『法花経』を書写して、安置供養するに、その善は無量なり。国土を鎮護し、沙界(ママ)を所益す。これによりて彼の朝臣の不信をは不勘《ふかん》なり。

と託宣している。

安楽寺別当の初代は道真の子息淳茂の子息平忠である。二代は淳茂の兄兼茂の子鎮延で、氏 牒《うじのちょう》により天暦九年(九五五)に任命、天徳三年(九五九)改めて太政官符による任命となり、官寺的性格が付与された(5)。

ところで、『吾妻鏡』文治二年(一一八六)六月十五日条によると、安楽寺別当安能が平家に同意するとの聞こえにより、頼朝が憤り改替しようとした。そのとき関東に「安能寺務の後、始めて置く仏神事」、永久六年(一一一八)正月十二日の起請、保延七年(一一四一)六月二十日の大宰府に下した宣旨を提出している。宣旨には大治年中(一一二六~一一三一)に北野聖廟《しょうびょう》に進納した起請文に偁《いわ》くとして「件《くだん》の寺は、天満天神終焉《しゅうえん》の地」であり、その別当は器量の氏僧のなかから任じるのが慣

例だと主張されている。

安能は日常の天神宝前の勤行については、拝任ののち新たなる信心をもって勤行する所として、毎日御供えを調味（古来この事なし）し、毎月二十五日の天神御月忌には、もとは『阿弥陀経』を転読するばかりであったのを、碩学《せきがく》八口による法華八講《ほっけはっこう》を修すとともに、毎月十口の僧による如法経書写供養をし、銅筒に入れて宝殿に納めていると報告している。

両「託宣記」が道真の霊を「神」とみなしていることは疑いない。だが、「廟君」「我」とはみえるが、「天神」の称号（神号）は使用されていない。禰宜長子が登場するが、安楽寺廟堂は天神道真の墓堂であり、その勤行は祖霊祭祀の仏事（神前法楽）であった。

(3)冥途の道真と帝釈宮

「永観二年託宣記」では、冥途の道真は自在の身であり救済者である。

一、「我れ一時の間に三界を廻る。常の住所は済度衆生の界なり」と語り、此の界に普賢・文殊・観音・地蔵四体の菩薩たがいに来りて化度す。我れ毎日に帝釈宮・閻羅王宮・自在天宮・五天竺の国・大唐の長安城并に西明寺・青龍寺・新羅国祥武城・当州の皇城并に当府、及び諸国の所々に往詣し、帰依して別宮等を占むるなり。

と説明する。また「我れが随身の伴党は一万二千八百余人。惣じて恨を含み世に背く、貴賤の霊界皆悉く集まり来たる。但し、理無く恨を含むの輩は、専ら相共(伴)なわず」という。

一、道真が無実の罪を負ったまま亡くなると、帝釈宮に日本鎮国の明神達が召し集められ、勘糺された。そのため日本国においては種々の災害が起こった。公家《こうか》（朝廷）はその譴《せめ》に堪えられず、延長と改元し、本官に復し、左遷の文書を焼却し、太政大臣を追贈した。

しかし、それは無益のことだとし「我れが皇城に向かう度に焼亡度々なり。我れ更に不屑《ふせつ》にして伴類の中に成す所なり。公のために常にもって嘲弄す。大なる費を致さしむ。後々に又断たざる歟。上は崇道天皇《すどうてんのう》、下は菅家の小臣、帝釈宮を去らず、愁緒《しゅうしょ》断ち難し」と、道真が内裏に向かうたびに伴類中が火災を引き起こしているが、このような災害は帝釈宮にいる限り、絶えることはないという。

「正暦元年託宣記」でも、

一、昌泰三年（九〇〇）の朱雀院行幸における宇多院と醍醐天皇の密議と道真の優遇、時平讒言による大宰府左遷ののち、「その事に同心の人々等、いくばくの程を経ずして皆ことごとくに死亡き、子孫各絶たり」とする。

一、また、死去の後、清涼殿において醍醐天皇に対面し、つぶさに古事を奏じると、天皇は「合掌して涙を流し給て、彼の時の事を宣らる。しかして臣下に知らしめず、皇威無きによってなり」と語る。

一、復官、延長改元、左遷文書の焼却、大臣追贈を語り、時平の弟忠平が兄の謀計に与せず、左遷ののちも慇懃の交流があったことにより、忠平子孫の繁栄を喜び、故入道摂政が北野宮社を通過するのを悦び見ていたこと。「我がために志ある輩をは、何て守らざらん哉。……末世の事、皆よく慎むべし」と託宣するとともに、

我れ毎日に三たび帝釈天に参謁て、愁訴の後、頗る自在の身を得たり。我が心に思う所を、帝釈天暗に知り給はず。我が昔の名を損し時に、心中に五言絶句を思き「家を離れて三四月、落る涙は百千行、万事は皆夢の如し、時々彼蒼を仰ぐ」。この句、口の外に未だ出ざるに、帝釈天これを知りて、またもって感歎す。後集（『菅家後集』）の中に載りてあり。頗る憐むべき詩なり。大唐の人皆暗に誦る事あり。我れ今、一の絶句を懐て、寺僧等に示す「家門一たび閉じて幾の風煙ぞ、筆硯抛ち来りて九十年、我れ蒼天を仰ぎ古事を懐み、朝々暮々涙連々たり」。寺僧等これを奉り、感歎あり涙を拭う。

と結んでいる。

一、そして、最後に輔正下向の際には他の善事のために果たすことができなかったとして、

一切経論を書写せしむるを欲す。道心の人にあい難し。我が家の末孫の此願を遂ぐべき人、忽に以てあり難し。向後に出で来るべし。

と一切経の書写供養を望んでいる。

この二つの安楽寺託宣では、道真は「没後」に無実を帝釈宮に訴えて自在の身である「天神」となったとされている。帝釈天の支配下にある「仏教の神」である天神の祭祀は、仏事でなければならない。廟堂宮司を僧侶が勤めるのは当然のことである。氏寺安楽寺においては仏典に基づいて冥途の道真が語られたのである。

『天満宮安楽寺草創日記』によると、別当基円は承暦元年（一〇七七）に一切経蔵を建立し、十月二十七日に経供養が行われたという。安楽寺一切経会については、大江匡房編『続本朝往生伝』源忠遠の妻の往生伝にみえる。夫忠遠の大宰府下向に従った妻が産生の後、四十余日で念仏往生をとげたが、ある人の夢に菩薩の装束を着て安楽寺の一切経会の舞人の中にいたとの記載がある。この伝では、妻は中品下生に往生したが、師僧の『観無量寿経』四十八遍読誦により上品に転じたことの証として、一切経会が語られている。藤原頼通による平等院一切経会《びょうどういんいっさいきょうえ》の始まりが延久元年（一〇六九）であることからも、安楽寺一切経会は一族の繁栄を願う仏事作善としても注目される。(6)

大江匡房の談話を筆録した『江談抄《ごうだんしょう》』第六長句「聖廟《しょうびょう》の西府《さいふ》の祭文《さいもん》、天に上る事」に、

「聖廟（道真）、昔西府（大宰府）において無罪の祭文を造り、山において山の名尋ぬべし訴へしに、
祭文漸々天に飛び上れり」と云々。

と山上で天道に訴えたところ、祭文が天に昇っていったとみえるのも、上記の安楽寺託宣により創作したものであろう。(7)

三　菅公像安置と衆生守護

(1)雷公から現人神へ

『北野天神縁起』の天神観となり、北野天満宮において重んぜられたのが「天慶九年（九四六）三月二（あるいは三）日酉時天満天神御託宣記」（以下「天慶九年天満天神託宣記」と略記）である。「北野天神」が天慶九年に比良宮禰宜神良種の子息太郎、生年七歳の童に、「我れ云べき事あり。良種ら聞け」と託宣したとする。

図3　束帯天神像　室町時代　鎌倉市荏柄天神社所蔵　写真提供：鎌倉国宝館

一、その目的の第一は「我が像《かたち》を作るを、笏《しゃく》は我が昔持しあり、それを取らしめよと仰せ給なり」と、我が束帯天神像の造像であった。

良種らが笏の所在を尋ねると、「筑紫より北野に来住の際に仏舎利・玉帯・銀造の太刀・尺の鏡などを持参し、宮前の少し小高い所の地下三尺ばかりに入れておいた。笏は従者老松、仏舎利は富部に持たせて来たもので、二人は甚だ不調のものだが我が左右に置いている。年来は像も無かったので告げることはなかったが、これからは笏により言うぞ」と託宣している。

一、この託宣により北野天神が示現する際の姿が、雷神ではなく、生前の道真となったのである。また、宮草創の当初から衣冠束帯の菅公像が廟堂に安置されていたとの宮寺の歴史が語られることになる。笏とともに仏舎利が強調されているのは、その菅公像祭祀も僧侶による仏教儀礼であったことを物語っている。北野宮の崇敬が現人神《あらひとがみ》の信仰に展開しているのである。

後述の『大鏡』時平伝においても道真を「現人神」と紹介している。ただし怨霊であり人に被害を与えるばかりで仏教との関係も説かれないので、衆生を守護する神ではない。本託宣では衆生を守護する神、仏法の神として説かれていることから、神社における「現人神」祭祀の成立を考察するうえで重視すべき託宣であり、中世の社寺縁起に与えた影響は大きい。

一例を紹介すれば、『諏訪縁起《すわえんぎ》』は口承文芸としても注目される甲賀三郎《こうがのさぶろう》を主人公とする諏訪大社の物語縁起である。その『天文本』には、「あら人神」となった三郎と姫宮大明神は、二人して天竺に赴くが、天竺では垂迹を崇めることがないので、日本に帰ってきたという。そのことを

てんちくの人あかめ参らする事おろかなりけれは、あら人神おほせられけるは、此国はひろしといへとも、人の心かいぬにて、すいしゃくをあかめ奉らぬなり。我朝日本国は小国なれとも、人こゝろかしこくて、すいしゃくをあかめまいらするなり。おなしくは我朝をまもらむとて、又日

本国へかへらせ給ふ。

と述べて、諏訪の上社・下社として鎮座したことを物語っている。(8)

「天慶九年天満天神託宣記」では、現人神である北野天神が眷属と世間の災難のことについて、次のような託宣をしている。

我れ瞋恚《しんい》の焰《ほむら》となりたり。その瞋恚の焰天に満たり。諸の雷神鬼は皆我が随類となれりて、惣じて十万五千になりたり。只我が所行の事は、世界の災難の事なり。帝釈も一向に任せ給たり。その故は、不信の者、世に多くなりたり。疾病の事をも行と宣へば、此に我が随類をなむ所々に使て行はしむるなり。今は只不信にあらむ人をは、雷公・電公等に仰せてたちまちに踏殺しむそ。無瘖そ吉物にてあんめる。汝等も我がために不信ならば、子孫ながら絶てんするそ。

図4　帝釈天半跏像　京都市東寺所蔵
撮影：便利堂

「永観二年託宣記」では随伴の伴党は一万二千八百余人。それも無実の罪に亡くなった人びとの霊であった。それが、随類の雷神鬼などは十万五千という。帝釈天に訴えて自在の身を得たとされていたのが、北野天神は世界の災難の事を支配する神であり、随類の眷属たちを使い不信のものたちを懲らしめる主神である。このことを帝釈天より一向に任されてのことだと説明するので、北野天神は帝釈天と同等の立場にまで、神格を上げている。

(2)北野宮と衆生済度

「天慶九年天満天神託宣記」は、賀茂・八幡といった神社よりも霊験があらたかであることを、生前における冤罪の苦しみの体験により慈悲深い神となることができたとして、北野宮への帰依、崇敬を勧めるのである。

あはれかく云う許ぞや。世界に侘《わ》び悲しむ衆生共をみれば、何で救むとのみぞ思ふ。我れ筑紫にありし程に、常に仏天を仰て祈願せし様は、もし命終なば、当生に我が如き慮外の災に遇《あわ》む人、惣じて侘び悲む者をば、助け救ひ、人を沈《しずめ》損せむ者をば、糺《ただ》す身とならむと願て、思の如くになりたり。我が敵はようやく無くなりたり。今少ぞある。それは我を切に帰依すれば、暫く免《まぬかれ》たるなり。我が宮を今年造たるこそ喜びはなはだ面目なる所なり。

生前に筑紫において仏天を仰ぎ祈願したように、死後は邪悪を糺《ただ》す神となることができた。我が宮が今年造営されたことは喜びだと述べ、天慶九年(九四六)の造営だとする。

北野には天神(雷神)の託宣により「北野寺」が創建されたのではなく、天満天神菅公(現人神)

の託宣により「北野宮」が創建されたとの歴史が主張されるようになる。

その北野宮には「賀茂・八幡・比叡なむとも常に座し給へり。便無きにいと善し。自余の神達も常に来り座し給也」と諸神が常座されていて、常座の諸神よりも衆生守護の思いが深いことを説き明かしている。(9)


終わりに、良種が「己か身の上あるべき事、また天下にあるべき事、あらば仰せ」と問うと、

　我れ此界にありし間に、公事を勤とて、仏物をなむ多く申止たる。その中に天台の堂寺の燈分をなむ申し止たりし。その罪惣じて深くして、自在の身と成たれとも、苦しき事はなはだ多し。彼の代に此辺に法華三昧堂を立て、大法の螺を時毎に吹せよ。さらは何に喜《うれ》しからむ。一大事の因縁は、不可思議なり。


と宣《のたま》うて、童が覚めた。

よって見聞の人々（「禰宜神良種、神主善浦満行、見聞人六人皆在二署名一、但略レ之」）はこのことを記した。北野社が天台宗の支配の下で、その信仰を展開させようとしていることが読み取れる。

寛和二年（九八六）七月二十日付「慶滋保胤願文」に、

　其一願曰、就二天満天神廟一、会二文士一献二詩篇一、以三其天神為二文道之祖・詩境之主一也。某暮年出家、一旦求レ道。今老沙弥、無レ便レ営二風月之賽一、此一乗教（『法華経』）、有レ心レ展二香花之筵一。嗟乎、花言綺語之遊、何益二於神道一。希有難解之法、可レ期二其仏身一。

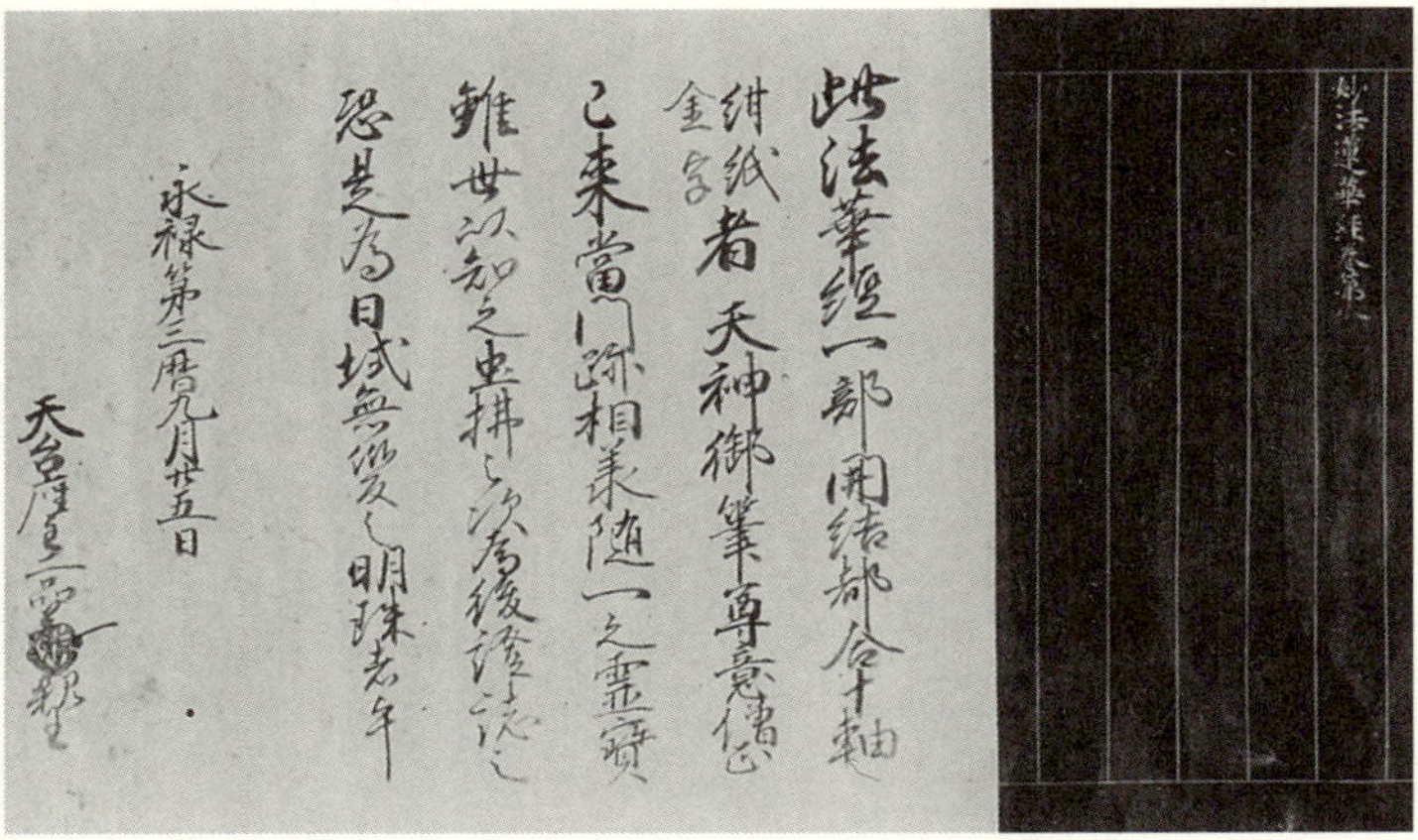

『法華経』巻第八巻末跋文

此法華経一部、開結都合十軸
紺紙金字者、天神御筆、尊意僧正
已来当門跡相承随一之霊宝、
雖世以知之、虫払之次、為後証誌之、
恐是為日域無双之明珠者畢、

永禄第三暦九月廿五日

天台座主二品（花押）親王

（✓）王（梶井門跡応胤親王）の跋文によると、道真の真筆、天台座主尊意僧正以来の霊宝として梶井門跡において相承された。また、北野寺務四品親王（曼殊院良恕親王）の跋文によると、元和４年（1618）金沢藩主源利光（前田利光）が武運繁栄を願い天満宮に寄進したことがわかる。

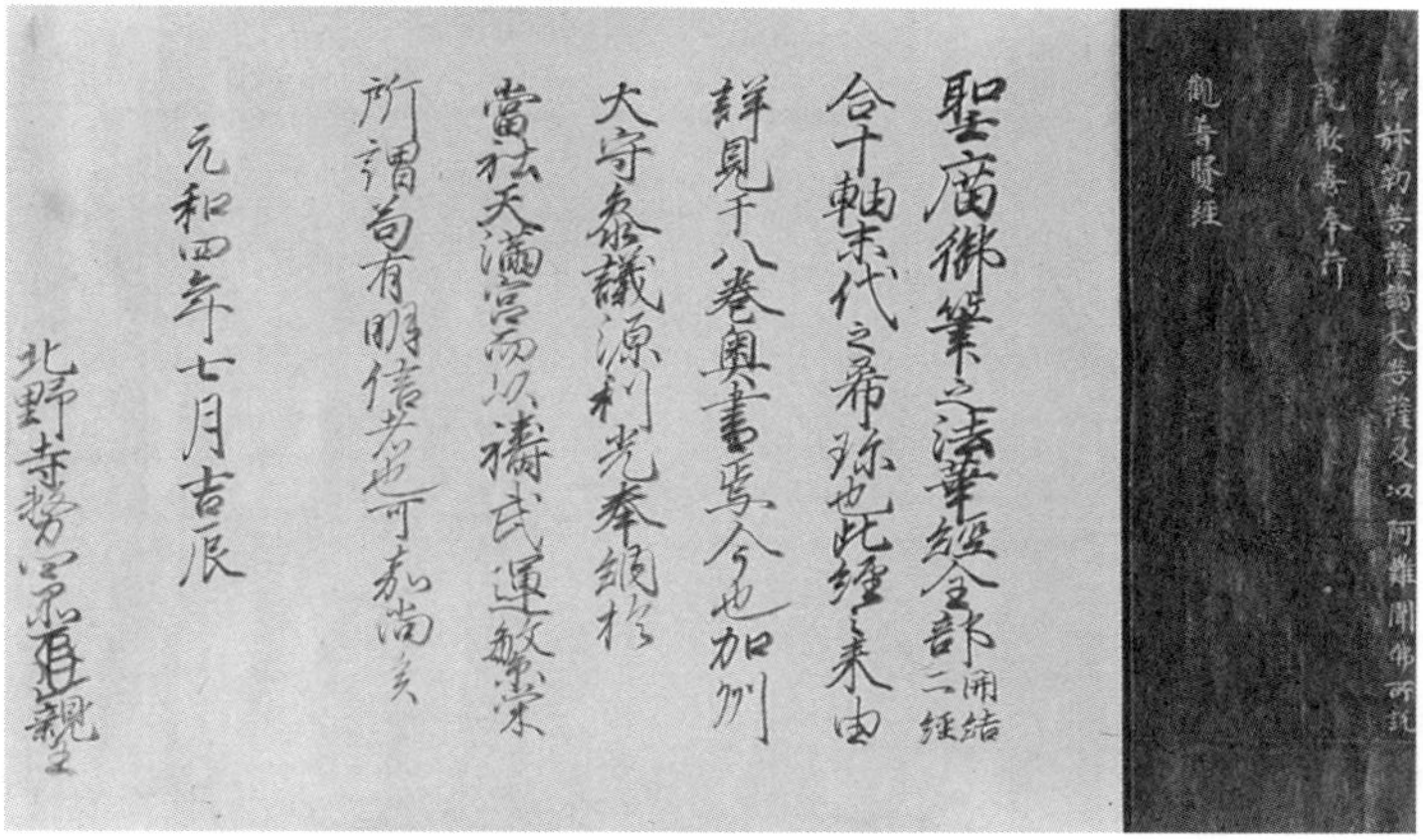

『観普賢経』巻末跋文

聖廟御筆之法華経全部開結二経

合十軸、末代之希珍也、此経之来由、

詳見于八巻奥書、焉今也加州

大守参議源利光、奉納於

当社天満宮、而以禱武運繁栄、

所謂苟有明信者也、可嘉尚矣、

元和四年七月吉辰

北野寺務四品（花押）親王

図5　紺紙金字『法華経』開結共　10巻のうち2巻(巻第8・『観普賢経』)跋文　京都市北野天満宮所蔵

平安時代後期に盛んに書写された紺紙金字経の遺品であるが、中世には道真の真筆として伝承されていた。永禄3年(1560)の天台座主二品親(↗)

とみえるように、保胤は廟社において文道の祖、詩境の主として崇敬するとともに、自身の仏道成就を祈ったが、その信仰は『法華経』を中心としたものであった。(10)

北野天満宮の本殿西側に経塚の遺構があるが、「青銅経筒」一口(十二世紀)と「陶製甕」一個(同)が掘り出され伝来する。経筒に納められた紙本経残塊は十巻分で、『法華経』八巻、『無量義経』一巻、『観普賢経』一巻のいわゆる法華三部経と推定されている。界上・界下に金銀箔砂子を散らし、紙背に銀小箔を散らした料紙の『法華経』(書写年代、十二世紀)も伝来する。(11)

『百練抄』永久三年(一一一五)六月一日条には、ある聖人が北野廟前において一切経を供養した際に、天下の貴賤が結縁したとの記事がみえるように、北野廟堂は、鎮護国家の祈禱の道場となり、仏道成就を願う人々の信心により興隆していったのである。

四 『大鏡』時平伝と北野社

また、その一方で、説話文学においては北野社における天神(怨霊)の物語が成立した。道真の学才を賛美してその左遷を不当なものとして、道真の恨みを強調し、生前の恨みのため「現人神」として時平の子孫に祟ったことを強調するのが『大鏡』第二巻「左大臣時平」である。以下、その物語を紹介する。(12)

醍醐帝の御時、右大臣(道真)は「才よにすぐれめでたくおはしまし、御こゝろ(心)をきて(掟)

もことのほかにかしこくおはします」のにと、年若い左大臣時平がそれに比べて格段に劣っていると評する。そして、道真の方が天皇の寵遇も格別なために時平が心穏やかでなかったと語る。左遷の理由についての記載はないが、「みかどの御をきて、きはめてあやにくにおはしませば」と醍醐天皇の処置がきわめて厳しかったとする。

道真は宇多法皇に「流れゆくわれはみくず（水屑）となりはてぬ　君しがらみ（柵）となりてとどめよ」との歌を差し上げ、山崎より船で旅立つに際し「出家」を遂げた（文献上の初出）。筑紫に到着後も、「夕暮れに」「浮き雲の漂うのをみて」「月の明るく照る夜に」「雨の降るのをうち眺めて」などを題目として詠んだ和歌を紹介し、流罪を恨んだ無念の死であることを強調し、北野に「現人神」として祀られていることを、

> やがてかしこにてうせ給へる、夜のうちに、この北野にそこらの松をおほしたまひて、わたりすみ給をこそは、只今の北野宮と申て、あら人神におはしますめれば、おほやけも行幸せしめ給ふ。いとかしこくあがめたてまつりたまふめり。

と叙述している。

道真自身の濡れ衣（無実の罪）は乾くすべもないのだとの歌とともに、北野宮に祀られていることを語るので、読者は恐ろしい怨霊神が北野に祀られていることを知る。

『大鏡』は、道真の霊が北野宮において祭祀され、天皇の行幸があったのちの成立であるから、読

者は以下の怨霊譚も北野社の怨霊譚として理解することになる。

内裏が焼けてたびたび造営されたのであるが、円融天皇の御宇（九六九～九八四）、工たちが裏板に丁寧に鉋《かんな》をかけたのに、一夜のうちに虫が文字のように喰っていた。その文字は「つくるともまたもやけなんすがはらや、むねのいたまのあはぬかぎりは」と読めたので、「それもこの北野のあそばしたるとこそは申めりしか」という。

道真が亡くなって七年ばかりのち、時平が延喜九年（九〇九）四月四日、三十九歳で亡くなり、時平の娘の宇多天皇女御（京極御息所）、御孫の春宮（慶頼王）、一男八条大将保忠卿も亡くなった。保忠が「物の怪」に悩まされ苦しみ亡くなったときの状況等を紹介して、「これよりほかの君達皆三十余・四十にすぎ給はず。其故は、たの事にあらず、この北野の御なげきになんあるべき」と、北野の神（道真の霊）の怨霊による一族の衰退を語る。

また、清涼殿に現れた北野の神は、姿が雷神であった。この清涼殿化現は延長八年（九三〇）の霹靂をモデルにして創作されたものであろう。

又、きたの丶神にならせ給ひて、いとおそろしくかみなりひらめき、清涼殿におちか丶りぬとみえけるが、本院のおと〻（時平）、大刀をぬきさけて、「いきても、我つぎにこそものし給しか。今日、神となり給へりとも、このよには、我にところをき給べし。いかでかさらではあるべきぞ」と、にらみやりて、のたまひける。一度はしづまらせ給へりけりとぞ、世人申はべりし。さ

れど、それは、かのおとゞのいみじうおはするにはあらず、王威のかぎりなくおはしますにより
て、理非をしめさせたまへるなり。

清涼殿化現と関連して興味深いのは、上記文中の「やがてかしこにてうせ給へる、夜のうちに、この北野にそこらの松をおほしたまひて、わたりすみ給」との叙述である。『最鎮記文』の「北野寺僧最鎮記文云」によるものであるが、『最鎮記文』『創建縁起』では道真が北野に住むのは天暦元年（九四七）からである。それに対して『大鏡』では、道真が延喜三年（九〇三）に亡くなってまもなくより北野に「神」として住んでいるとすることで、京都において死亡直後より怨霊として活躍する物語を展開させているのである。

（1）以下、北野天神の託宣の考察は、託宣を集大成した恩頼堂文庫蔵『北野天神御託宣記文』（神道大系『北野』）によるが、文意の通じないところは荏柄天神社蔵『北野天神弁御託宣等』（同）、『最鎮記文』（『群書類従』第二輯神祇部）、『天満宮託宣記』（同）、『北野文叢』巻一一・一二、『扶桑略記』等を参考にした。諸本の比較対照には竹居明男編著『天神信仰編年史料集成』（第一章注1）が便利である。

（2）『群書類従』第二輯神祇部。西田長男「北野天満宮の創建」（同『神社の歴史的研究』、塙書房、一九六六年）、真壁俊信『天神信仰史の研究』（続群書類従完成会、一九九四年）参照。

（3）吉原浩人「八幡神に対する『宗廟』の呼称をめぐって」（『東洋の思想と宗教』一〇号、一九九三年）参照。

（4）『天満宮安楽寺草創日記』（神道大系『太宰府』三頁以下）。『古今著聞集』巻第四「大江匡房夢想によりて安楽寺祭を始むる事」（日本古典文学大系本、一二七頁）によれば、大江匡房が神祭を創始したとする。『本朝続文粋』巻第八「七言秋日陪安楽寺聖廟同賦神徳契遐年詩一首」（新訂増補国史大系本、一三六頁）、田鍋美智子「草創日記からみた宮寺の世界」（『太宰府の歴史』四、一九八五年）、味酒安則「太宰府天満宮の創建と発展」（上田正昭編『天満天神』、筑摩書房、一九八八年）等参照。

（5）『天満宮安楽寺草創日記』では、延喜五年（九〇五）八月十九日、味酒安行が御殿を建立し、永観二年（九八四）に輔正が中門廊一宇、廻廊四十六間を造営（件の差図、御宝殿にあり）したとする。田鍋・味酒氏前掲書（注4）参照。

（6）日本思想大系『往生伝　法華験記』二五二頁。田中夕子「往生人と一切経」、及び斉藤利彦「一切経と芸能——平等院一切経会と舞楽を中心に——」（佛教大学総合研究所紀要別冊『一切経の歴史的研究』序の注3）参照。

（7）『群書類従』第二十七輯雑部、六二一頁。新日本古典文学大系『江談抄・中外抄・富家語』、二三五頁。大江匡房の康和二年（一一〇〇）八月の「参安楽寺詩」に「皇居頻有火、製造課班倕。虫成三十一字、板上著其詞」（『本朝続文粋』巻一）とみえるのは、後述『大鏡』時平伝と同内容である。匡房の道真崇敬については、吉原浩人「説話文学に見る菅原道真——『江談抄』と天神縁起の形成——」（『国文学解釈と鑑賞』第六七巻四号、二〇〇二年）参照。

（8）伝承文学会編『神道物語集（二）』（三弥井書店、一九六六年）、拙著『神祇信仰の展開と仏教』第二部第一「神社と悪人往生——諏訪信仰の展開——」（第一章注8）参照。

（9）「皆人は賀茂・八幡とのみ云ひて、我れをは不屑なり。我を憑む人をば守らむと思ふ心深し。（中略）都に良き友但一人そある。筑紫にて我が居所に人を送りて祈願せし人の思ひ叶わぬと云ひて、近くあるも不問めり。又賀茂・八幡とのみぞ祈める。何れの神も我をはえ押し伏せたまはじ。吾に違はむ云う人の宅をは焼き払てむ」（「天慶九年天満天神託宣記」）。

(10) 新日本古典文学大系『本朝文粋』巻第十三、三五一頁。

(11) 図録『北野天満宮神宝展』（京都国立博物館、二〇〇一年）参照。

(12) 日本古典文学大系本によるが、新編日本古典文学全集『大鏡』（小学館、一九九六年）を参考にした。

第四章　北野天満宮の神罰と霊験──『北野天神縁起』の成立──

はじめに

道真の霊に対する信仰が世間に流布するなかから、十二世紀末から十三世紀になると、北野廟堂においては天神信仰の新たな全国への展開を目指して『北野天神縁起』が制作された。

『北野天神縁起』は、道真が観音の垂迹である権者《ごんじゃ》であるとして文道の祖・詩文の神として讃歎する序文、現人神《あらひとがみ》（権者〈観音〉の化現）としての事績を讃歎しその流罪が冤罪《えんざい》であるとする「在世」の部、死後祟り神として活躍する「怨神」部前半、種々の悪神の棟梁《とうりよう》とされる後半、天神・北野社の利生譚《りしようたん》である「霊験」の部から構成されている。

筆者は、かつて和光同塵《わこうどうじん》・本地垂迹信仰により仏菩薩の応迹示現の神道として説かれる天神信仰の特色を検討し、天神絵巻制作の目的が、諸国の惣社や荘郷の鎮守として勧請された天神社への奉納であることを考察した(1)。

本章では、災害と祈願の視点から、前章において考察した道真の霊に対する信仰の成長・展開に注目しながら、その神罰と霊験を読み解きたい。

一　天神の神罰と天台宗

(1)天道と祭文

『北野天神縁起』（『建久本』）によると、筑紫に流罪になった道真は、我が身に罪がないことを天道に訴えた。無実の祭文を作り高山に登り七日間訴えると、祭文は天に昇り雲をかき分け帝釈宮、梵天までもと昇っていった。

　すなわち、釈迦は底沙仏のもとで七日七夜足の指をつまたてて、

　　天地此界多聞室《てんちしかいたもんしつ》　逝宮天処十方無《せいくうてんしょじっぽうむ》　丈夫牛王大沙門《じょうふごおうだいしゃもん》　尋地山林遍無等《じんちせんりんへんむとう》。

と讃歎すると、九劫《くごう》を超越して弥勒に先立ち仏となった。道真は現身《うつせみ》（現世に生きている身）に七日七夜蒼天を仰ぎ、身を砕き心を尽して、恐ろしい天満大自在天神になったという。生きながら「天満天神」となった道真は、延喜三年（九〇三）二月二十五日、大宰府の榎木寺《えのきでら》で亡くなる。五十九歳であった。筑前国四つ堂の辺りに墓所を点じたのが、今の安楽寺であるという。

　この死亡記事においても「十二因縁にやどされたる五陰《ごおん》の姿をすてつとは示し給ける」として、釈迦入滅と比較して、昔、中天竺国沙羅林の如月《きさらぎ》の中の五日の悲しみは、五十二類、血の涙を流した。

今の大宰府の榎木寺の如月の下の五日の別には、六十余州身の毛こそよだつものであると述べ、十号世尊も非滅現滅には闍維《じゃゆい》（荼毘）の煙に咽《むせ》ぶことなればと、火葬されたことを語っている。

《参考》安楽寺の託宣や匡房の『江談抄』第六による叙述であるが、道真と釈迦とをくらべながら、天満天神となったことを説明しているのが、『北野天神縁起』における新たな展開である。(2)『創建縁起』の奇子への託宣では「天神の号を得て、鎮国の思いあり」と語るように、道真の霊「天神」は悪神ではなかった。また、安楽寺の二つの託宣では、無実を帝釈宮に訴えて自在の身である天神となったのは、死後の世界（冥途）においてである。天慶九年の託宣においても、生前に仏天を仰ぎ、死後は邪悪を糺す神となることを祈願したとするので、天神になったのは死後のことであり、天神は悪神ではない。

北野に祭祀された天神を悪神として物語るのは、前述の『大鏡』時平伝であるが、没するとその日の夜に北野に渡ってきたとした。「現身」に悪神「天満天神」となったとするのは『北野天神縁起』においてである。

(2)霊気と法験

没後、幾日もたたない内に、天満天神（道真の霊）は、延暦寺第十三代座主の尊意を訪れた。尊意が持仏堂《じぶつどう》へ招き入れると、天神は、われ梵尺のゆるされも蒙りたり。神祇のいさめも有まじ。花洛にいりて鳳城にもちかづき、愁をものべ怨をも報ぜんとおもふに、禅室ばかりぞ法験をほどこして、おさへ給べき。たとひ勅宣なりとも、あなかしこうけかへし給へ。年来の師檀《しだん》の契はこれにあり。

と依頼する。尊意の「師檀のむつびは一世の契にあらねば、眼をぬくとも何かいたからん。たゞし天下はみな王土なり。地の上にすみながら勅宣三度にいたらば、いかゞ」とのつれない返事に、天神の血相が変わり、喉の乾きにとすすめられた柘榴《ざくろ》を妻戸《つまど》に吐きかけると炎となり妻戸に燃えついた。しかし、尊意が灑水《れいすい》の印を結ぶとその火は消えた。焦げた妻戸はいまに本坊に残っているという。

その間に、尊意は三度の宣下を蒙り、比叡山より北闕《ほっけつ》（禁裏）に馳せ向うことになる。ときに鴨川は大洪水であったが、尊意の前では洪水も去りのき、陸地となった。このことをして『建久本』は、

法験も目出たく、皇威もおそろしき。その後にぞしばし天神をばなだめ奉り給ける。

と記している。

延喜八年（九〇八）十月の頃、天満天神は都を滅ぼすため清涼殿に雷となり化現した。道真の推挙により春宮時代の醍醐天皇の侍読になったにもかかわらず、道真左遷のとき宇多上皇の左遷反対の意志を天皇に奏上しなかった藤原菅根は、天神の神罰により亡くなった。

同九年三月の頃には、道真左遷で権力を掌握した藤原時平が病に臥せた。「老域《(ママ)》（耆婆《ぎば》・仏弟子で古代インドの名医）か方薬なむれと験なく、安賀二家の秘術いたつらに祭物をつゐやす」ばかりで、氏

神春日大明神からも見捨てられたような様態となった。これは菅丞相の霊気に違いないと心中さとった時平は、法験（仏法の力）のほか助かるべき手だてはないと、浄蔵貴所《じょうぞうきしょ》を招請した。

浄蔵は清涼房の玄照律師の弟子で、善相公《ぜんしょうこう》（三善清行《みよしきよゆき》）の息子である。年こそ二十歳に満たないが、十歳の頃より護法をつかい、顕密の修学は群を超えていた。そのうえ悉曇《しったん》・文章・管弦・天文・易道・卜筮・占相・教化・験徳・医道・忿怒声《ふんぬのこえ》の音曲、種々の才芸は世上に並ぶものがなかった。四月四日に招かれ祈っていると、その日の午時、父が見舞いに訪れた。すると時平の左右の耳より青竜が頭を出して、

われ申文《もうしぶみ》を作りて、梵天・帝釈に訴え申により、はやくことはりを蒙りて、怨敵を報ぜんとするほどに、尊閣《（ママ）》の男浄蔵たちまちに降伏せんとす。制せられよ。

と語りかけた。このことを伝え聞いた浄蔵が夕方になり退出すると、時平はまもなく亡くなった。(3)

時平の子孫は、四十迄に若死にする人が多く、まるで子孫がいないような状態となった。ただ、彼家の人でも、仏道に入った君達に限ると僧都・法印・僧正にも昇った。三井寺の心誉、興福寺の扶公、石蔵《いわくら》（岩倉）の文慶などである。この末で立派なのは敦忠の三男兵衛佐佐理《すけまさ》である。彼は一家のありさまを思い続け、世の中あじきなしと出家し往生をとげた。

《参考》天満天神は、梵天・帝釈天の許しがなければ復讐できない怨霊であり、天台座主の法力にはかなわず退散せねばならない悪神なのである。天神の神罰の恐ろしさを説くとともに、その対

策として天台宗を中心とした仏法による祈禱とともに、怨霊から逃れるのに出家が有効であることを説くのである。

⑶災害と天皇

延喜二十三年（九二三）卯月の頃、小松天皇の孫で延喜帝の従兄弟にあたる右大弁源公忠《みなもとのきんただ》は頓死するが両三日をへて蘇った。公忠は、その頓死中の体験を延喜帝に奏達した。

その内容は、冥宮の門の前にいたると、身のたけ一丈余り衣冠麗しい人が、金の申文を文挟《ふみばさみ》に差し上げて訴えていた。耳をそばだてると、延喜の聖主の仕業どもやすからざることを詞をつくし訴えているので、菅丞相であることを悟った。朱や紫を纏った冥官三十四人が並び居るなか、第二の座の人が少し嘲笑い「延喜の帝こそすこぶる荒涼なれ、もし改元もあらばいかゞ」と語ったとの体験である。(4)

聖主（延喜帝）は限りなく恐れられた。四月二十日に菅丞相を右大臣とし、一階を加えて正二位を贈るとともに、昌泰四年（九〇一）二（正）月二十五日の宣旨を焼き捨てた。この奏上により五月十二日（閏四月十一日）には延長と改元された。この頃には、菅丞相が清涼殿に化現し延喜帝にまみえ、昔のことを述べたこともあったとのことである。

また部類神等の面々が災い変化したのもこの頃のことだと、清涼殿落雷のことと延喜帝崩御について記している。

延長八年（九三〇）六月二十六日、清涼殿の坤《ひつじさる》の柱の上に霹靂による火災があった。大納言清貫は上衣が燃え、火が消えなかった。右中弁希世は顔に火傷を負い柱の下に倒れた。弓をとり立ち向かった是茂は、たちどころに蹴殺され、近衛忠包は鬢《びん》が焼けて死亡し、紀蔭連は焔《ほのお》に咽び悶絶した。これは天満天神の十六万八千の眷属のなか第三の使者火雷火気毒王の仕業である。

図 6　天満天神の眷属、第三の使者火雷火気毒王と清涼殿霹靂（『松崎天神縁起』巻三　山口県防府天満宮所蔵　写真提供：京都国立博物館）

図 7　醍醐天皇の落飾（『松崎天神縁起』巻三　山口県防府天満宮所蔵　写真提供：京都国立博物館）

毒気が延喜の聖主の身の内に入ったのもその日のことであった。玉体ようやく例に背き、九月二十三日、御位を皇子朱雀天皇に譲られ、九月二十九日、御年四十六歳にて出家、崩御された。

《参考》天台座主尊意や浄蔵の祈禱の効験を強調していながら、醍醐天皇に対する天台・真言僧の祈禱や尊意が臨終出家のさいの戒師であったことにはふれない。天台宗の立場からも、『冥途記』における地獄に堕ちた醍醐天皇の説話を変更することができなかった。十六万八千の眷属は「日本太政威徳天」の眷属であるのを、「天満天神」としているのは、「日本太政威徳天」が真言密教の立場から尊称した尊号であるためである。

二　冥途の道真と延喜帝

(1)太政威徳天と浄土

「怨神」部後半は、日蔵が金剛蔵王菩薩の方便により、冥途の太政威徳天と延喜帝を訪問する話である。そのはじめに説明しているように、あくまでも北野宮の祭神「天満大自在天神」として描くため、太政威徳天は天満天神の別名にすぎないとしている。

『冥途記』において、真言密教の立場から主張された日本国の災害を支配する太政威徳天の信仰が、『北野天神縁起』においては、天台浄土教の立場から北野社の天満天神の霊験に吸収され唱えられたのである。

『建久本』における天台宗の立場からの省略・変改・増補に着目しながら紹介したい。

一、『建久本』では、道賢の話は、

其比に日蔵上人と申す人がいた。本名は道賢だが金剛蔵王大菩薩の教えにより日蔵と改名した。彼の人は承平四年（九三四）四月十六日より金峯山笙《しょう》の窟《いわや》に籠るが、八月朔日午時に頓滅し十三日に蘇る。その間に金剛蔵王の善巧方便《ぜんこうほうべん》により三界六道を見て廻った。天満大自在天神の住所、都卒《とそつ》の内・外院、閻魔王宮、地獄などを巡るが、地獄と都卒との依正二報《えしょうにほう》の苦楽のありさまは正（聖）教（仏典）に記載されているのと露も違うところはない。

と述べることから始まる。

《参考》『冥途記』では金峯山登山は天慶四年（九四一）のことであり、日蔵との改名は太政天の教命によった。災害の原因を尋ねるために道真の霊を訪問する話を六道巡りに作り変えている。

二、太政天の住所を「花鳥樹林の荘厳、阿弥陀経等に極楽世界をとけけるにことならず」「（妙法蓮華経の）金字の玉軸なるものをおほく申とゞめたる。その中に天台の堂寺あり」として、太政天の住所には、天台宗の寺院があることを増補する。

《参考》『冥途記』と『北野天神縁起』の編纂された時代の信仰の変化、現世祈禱から浄土教信仰への展開が窺われる。『冥途記』では宝塔には『法華経』が安置、左右に両部曼荼羅《りょうぶまんだら》が掛けてあった。

三、太政天の怨心を慰めた仏法を「普賢《ふげん》・竜猛《りゅうみょう》等の仏教をひろむる国なれば、教法を愛する心かろからず。顕密聖教の力にてむかしの怨心十分が一はやすまりぬ」と「仏教」「顕密聖教の力」を強調する。

《参考》『冥途記』の密教の流布と愛重を告白していたのを変改している。

もと相模国大山寺《だいせんじ》宝寿院什物でメトロポリタン美術館所蔵の『北野天神縁起絵巻』(『メトロポリタン本』)は「かの国に普賢・龍猛・天台・伝教等の法花・真言の大正法流布せるゆえに、われもとこの教を愛重せしゆえに、叡山王等の有智の僧侶の正法の法楽になためられて、昔の怨心十分の一はとゝまれり」とする。

この太政天の怨心を慰める仏法についての叙述や、延喜帝の日蔵への伝言、天神の廟堂建立における法華三昧堂建立の託宣等は、『北野天神縁起』の制作者、伝搬者を考察する上で参考史料となる。

四、神々により慰められたことについては、「其上に往古の如来、法身の大士たち、悲願力のゆへに名を明神にかりて国土にみち給へる」という。

《参考》『冥途記』の化身の菩薩が「神明」に仮し「山上林中」「海辺河岸」に住み、我を慰めるとして山岳密教僧を守護する神から、国土守護の鎮守神信仰に展開させる。

五、眷属の悪神の損害については「われ猶とゞめがたきなり」で終わり、「まして余神では不可能」

を省略する。

《参考》『冥途記』「人信心ありて、わが形像をつくり、わが名号を唱へて念比に祈こふ事あるならば、われ感応をたれんこと、響のこゑにしたがふごとくならん」との道賢の祈禱（真言密教僧の祈禱）には応えるとの誓言、それにつづく蔵王菩薩の短札の解釈を省略する。

六、延喜帝と地獄

延喜帝の述懐を増補して、

さらにわれをうやまうことなかれ。冥途には罪なきを主とする、貴賤を論ぜず。

とある。そして、死後の世界では、道真が極楽、延喜帝が地獄に住しているという。また、

我位にありし事ひさしかりしに、その間種々の善を修し、種々の悪をつくりき。悪報先感して苦をうくる事ひまなし。善法愛重の故には、後には化楽天《けらくてん》に生ずべし。

として、延喜帝も地獄に常住するのではなく化楽天に生まれるとする。この化楽天（六欲天の一）に生まれるとすることは、霊験譚において観音の垂迹である天神は現世ばかりでなく後世も守護し、北野社参籠による浄土往生を勧めることからも、天皇を地獄に留めておくわけにはいかなかった。

《参考》『建久本』には、延喜帝の五罪については「此生前の五罪、没後に多苦の報をえたる也。其苦をまぬかれん善根をば、日蔵上人にぞ言付け給ひける」というが、一万卒塔婆建立についての

記載はない。しかし諸本においては、その制作目的から詳しく記載するものもある。(5)

七、災害と天神の眷属

金峯山に帰った道賢に、国土の災害について語った満徳天は登場しない。

『建久本』では金剛蔵王菩薩が説明したこととして、およそ大（太）政威徳天の十六万八千の水火・雷電・風伯・雨師・毒竜神等が、国土に遍満して大災害を行ずるのを、諸天善神も力及ばずと、金剛蔵王菩薩も仰せられた。山を崩し地を震い、城を破り物を損じ、疾病も乱逆もこの眷属の所作と見えている。

延喜十四年（九一四）五月二日の京中に六百十七烟の焼亡、同十七年十二月一日の東大寺の講堂・僧房が焼けたこと、同二十一年の崇福寺炎上、延長三年（九二五）の法隆寺の火災、承平五年（九三五）の延暦寺の中堂等の焼失、純友・将門の兵乱も「天神の使者の所作と社《こそ》はしめし給けれ」と語っている。

《参考》『冥途記』で悪神たちの振舞を、国土の旧善神には遮止できない。しかし金峯・八幡や満徳天には、彼らを阻止できると記載していたのを、「諸天善神も力及ばす」との簡単な記述にする。

『建久本』では、この記事につづいて「さきをとりて後をおもふに」と、貞任・宗任の合戦（前九年の役）、保元以後の騒動、源平二家の争い、安元三年（一一七七）四月二十八日に樋口富小路より失火し、大極殿・真言院・八省の廻廊・朱雀門・応天門・会昌門まで焼失した大火、平家が興福寺を滅ぼし東大寺の五丈三尺五寸の金銅盧舎那如来《るしやなにょらい》を焼失したこと、長承・養和の飢饉、文治元年（一一八五）の大地震、同五年の大風、それに建久の洪水といった国土の災孽《さいげつ》は、

天神の御眷属はなれ給はじとこそはおぼへて侍る。

と心ある人は申しているとして、日本の災害の全てが「天神の眷属」たちの仕業だと説明する。地方の天神社に奉納された『北野天神縁起』諸本では、七にみえる災害の一々を列挙せず、「おふよそ国土のさい変は天神の眷属のしはさなりとこそ蔵王仰せられける」と簡単に記載し、その後に日蔵がめでたく浄土往生をとげたことを伝えている。

三　廟社北野宮の繁昌

(1)託宣と北野社創建

『北野天神縁起』制作の目的は、鎮守神としての北野社の霊験を説くことにある。諸本の内、甲類・乙類の序文冒頭には、

甲類序文　王城鎮守の神々おほくましませど、北野宮の利生ことにすくれて、あけのたまかき再拝する人、現当のねかひあゆみにしたかひてみち……。

乙類序文　日本我朝は神明の御めくみことにさかりなり。人望をみて給ふ事いつれもおとり給はすといへとも、北野の天満大自在天神は末代の衆生をたすけて二世の所求をみて給ふ事

……。

とみえる。したがって、その祭神である天満大自在天神は衆生を擁護する神でなければならない。天神が国土の災害を支配する神であるとともに、崇敬の人々を守護する神であることを強調する必要が

図8　丹治比綾子(奇子)、菅公の託宣を受け祠を建てる(『松崎天神縁起』巻四　山口県防府天満宮所蔵　写真提供：京都国立博物館)

図9　七歳の童、菅公の託宣を受ける(『松崎天神縁起』巻四　山口県防府天満宮所蔵　写真提供：京都国立博物館)

ある。

そのことを『建久本』では、第三章で紹介した社殿建立についての天神の託宣を引用しながら明らかにしていく。

一、天慶五年（九四二）七月十二日、西京七条二坊に住む多治比のあやこ《（ママ）》に託宣があった（図8）。かるがゆへに虚横の罪にかゝりて、鎮西に趣てより、宿業をおもふといへども、心の中に浦見（恨み）を結ぶ報、肝をこがすもむくひ（もえくひ・燼）となりて、宮こ（都）へ帰らんことといつとしらねども……。

あやこは身の程の賤しさを憚り右近の馬場には社を造らず、住居の辺りに瑞籬《みずがき》を結び五年の間崇め祀った。そのため天神の神慮にかなうことなく、久しく託宣を蒙り天暦元年（九四七）六月九日北野に遷したと「日記」（『創建縁起』）には見えていると記す。

二、「御託宣記」によると、天慶九年近江国比良《ひら》の宮の禰宜神良種《みわのよしたね》の子、七歳なる童に託宣があった。その託宣の内容というのは、以下のようであったと記している。

①世間の災難については、その支配を帝釈天より任されている。あらゆる雷神鬼類は皆従類となり、その数はすべてで十万五千である。彼らに命じて、不信の者に疫癘《えきれい》を与え、雷に踏み殺させ、悪瘡を流行させることができる。

②ただ災害を起こすばかりではない。世界に佗び悲しむ衆生がいたなら、必ず救済しようとの思

いでいる。鎮西では仏天を仰ぎ、死後は無実の罪に悩む人々を助け、人を損じる者を糺す身となることを願った。思いのごとく自在の身となったにもかかわらず、賀茂社・八幡社を頼む人は多いが誰も我を頼もうとはしない。我を頼む人を守護する思いは深い。いかなる神であっても、我を調伏することはできないではないか。

③右近の馬場こそ興宴の地である。彼の辺に遷るので、その居所には松を繁らせよ。また、我は生前中に公事などを務めたが、その際に仏の燈分を止めたことがある。その罪は深く、自在の身となったとはいえ苦しいことが多い。よって、その居所には法華三昧堂を建てて、時ごとに大法の法螺を吹鳴らしてくれるといかにも嬉しい。

《参考》　わが従類をすべて十万五千とするのは「天慶九年託宣記」等による。『北野天神縁起』諸本では『冥途記』の太政威徳天の眷属十六万八千と書きかえているものもある。

・「もろもろの雷神鬼類はみな我が従類となりて、すべて十六万八千なり」（『建保本』『松崎天神縁起』）。

・「諸の鬼王は十万五千あり、よろつの天変はみな此等かする也」（『荏柄本』『津田本』『メトロポリタン本』）。

『建久本』では「仏の燈分」を止めたとするが、「託宣記」は、仏物を多く申し止めたなかに天台の堂寺の燈分を止めた罪が惣じて深く、自在の身となったが苦しい事が多いとする。『荏柄本』では「天台の燈油分なんと、めたりし罪ふかくして」、『メトロポリタン本』では「天台の燈分なんと、めたる事ありき、その懺悔のために法華三昧堂をたて、大法のほらをふくならはいかにうれしか覧」とする。

三、良種はこの御託宣を身に添え、右近の馬場に来て朝日寺の住僧最鎮・法儀・鎮世と子細を相議している間に、一夜の中に数十本の松が生え出てたちまちに数歩の林となった。神雲眼にみえて万人が植えたようである（図10）。

図10　良種、右近馬場にでかけ、朝日寺の僧たちと託宣について相談する。（『北野天神縁起』下巻　姫路市津田天満神社所蔵　写真提供：奈良国立博物館）

すなわち、僧最鎮と狩弘宗、それにあやこの伴類の寺主満増と星川秋永とが力を合わせて社殿を建造した。そののちは霊験殊勝、賞罰掲焉《けちえん》である。天暦元年（九四七）より天徳にいたる十四年の間に、御殿の造替は五度である。

《参考》前章で紹介した『最鎮記文』と『創建縁起』に見えるような対立は記載せず、両者を尊重する。

四、ついで、九条家の北野社崇敬を紹介したあと、我が天満大自在天神は、一時の間に三界を巡られる。常の住所は済度衆生界である。普賢・文殊・観音・地蔵の四菩薩は互いに来て化度されている。天神は毎日、帝釈宮・閻羅王宮・大梵天宮・五天竺、大唐の長安城・西明寺・青竜寺、新羅国の郡武城、日本国の皇城、ならびに五畿七道の霊験の寺社等を往詣することが自在である。天神の随身の伴党には、怨みを含み世を背く貴賤霊界、皆悉く参り集っているが、理がなく怨みを含む輩は伴わないと託宣されているという。

この託宣からも明らかなように、天満大自在天神の霊験は、日本一国に限るものではない。贍《せん》部洲《ぶしゅう》（全世界）に及ぶものであり国際的なものである。また、

　延喜のするゑのとしの比をい、帝尺（釈）宮に日本の鎮国の明神をあつめたてまつり給て、勘へたゞされしときこそ、国土の災変しきりにみえき……。

との託宣を紹介して、延喜の末年の日本国の災変は、日本の鎮国の明神が帝釈宮に招集されていたためであるとする。ということは、明神たちが日本を留守にしていなければ、災害は起こらなかったということになる。そして、《内裏造営虫食和歌の事》《官位追贈の事》を記す。

⑵北野社の霊験

およそ菅丞相の廟社北野宮の繁昌は、村上の御代よりと承っている。無実に罹《かか》る輩は歩みを運び首

を傾けたならたちどころに霊験に預かる。官位を求め福寿を願う類の人も祈請すれば違うことはない。眼のあたりに信心をおさめ、あらたかに不信を誡められるとして、正直・正義の神としての北野社の霊験を強調する。

起請文の神文には、誓約した場合にその罰を蒙るべき神々の名を記載している。佐藤進一氏が指摘されたように、通例は、梵天・帝釈・四大天王に始まり「日本国中大小神祇冥道」といった包括的な表現ののちに個別の神明を記載する。[6]

一例として、『御成敗式目』の貞永元年（一二三二）七月十日付神文を次に紹介しておく。

梵天・帝釈・四大天王、惣日本国六十余州大小神祇、別伊豆・箱根両所権現、三嶋大明神・八幡大菩薩・天満大自在天神部類眷属、神罰・冥罰於レ各可二罷蒙一也、仍起請如レ件、

（梵天・帝釈・四大天王、惣じて日本国中六十余州の大小神祇、別して伊豆・箱根両所権現、三嶋大明神・八幡大菩薩・天満大自在天神の部類眷属の神罰・冥罰をおのおの罷り蒙るべきなり。よって起請、件の如し）

というものである。[7]

起請文の神々が上記「託宣記」『北野天神縁起』にみられるように、護国経典に説かれる天界の神々の信仰、ことに帝釈宮の支配下に日本の鎮守神があるとし、帝釈宮から日本国の鎮守として派遣されたものとする信仰から成立したものであること、また、そのことを北野社が普及させたことを指

摘しておきたい。

以上のように、『建久本』においては、生前の道真が無実の罪を天道に訴え悪神「天満天神」となり、その死後福力により、国土の災害の主として災害を起こす眷属たちを支配する「太政威徳天」となったこと。さらに、託宣により「廟社天満宮」が北野に造営され、崇敬祭祀されることにより、衆生を守護する神として鎮座していることを、人々に説き明かしているのである。

すなわち、日本国の災害に道真の霊である「天満天神」がいかにかかわってきたのか、その神としての成長の過程をたどることにより廟社天満宮における天神信仰の成立が説かれるのである。

王城鎮守の神として崇敬された北野天満宮には、後宇多天皇が永仁二年（一二九四）十一月十五日発願書写した宸翰『紫紙金字金光明最勝王経巻第一』一巻が伝来する。その奥書によると、国家鎮護と人民安穏のため、聖武天皇を追慕（国分寺経の先例）して、

撫育民俗、百王福田、百姓帰依、金光以照、如宝無尽、以㆓斯功徳㆒、遍施㆓一切㆒（金字奥書）、

と祈願して奉納されている。[8]
応永十九年（一四一二）には、北野宮天満天神法楽如法一切経のため大勧進聖人沙門増範が発願し、僧俗二百余人の助力による四千八百十六帖が翌年建立された「輪蔵《りんぞう》」に納められた（図11）。北野社一切経会は『法華経』一万部を一千人の僧侶により読誦する万部経会とともに、室町時代の重要な年中行事であった。[9]

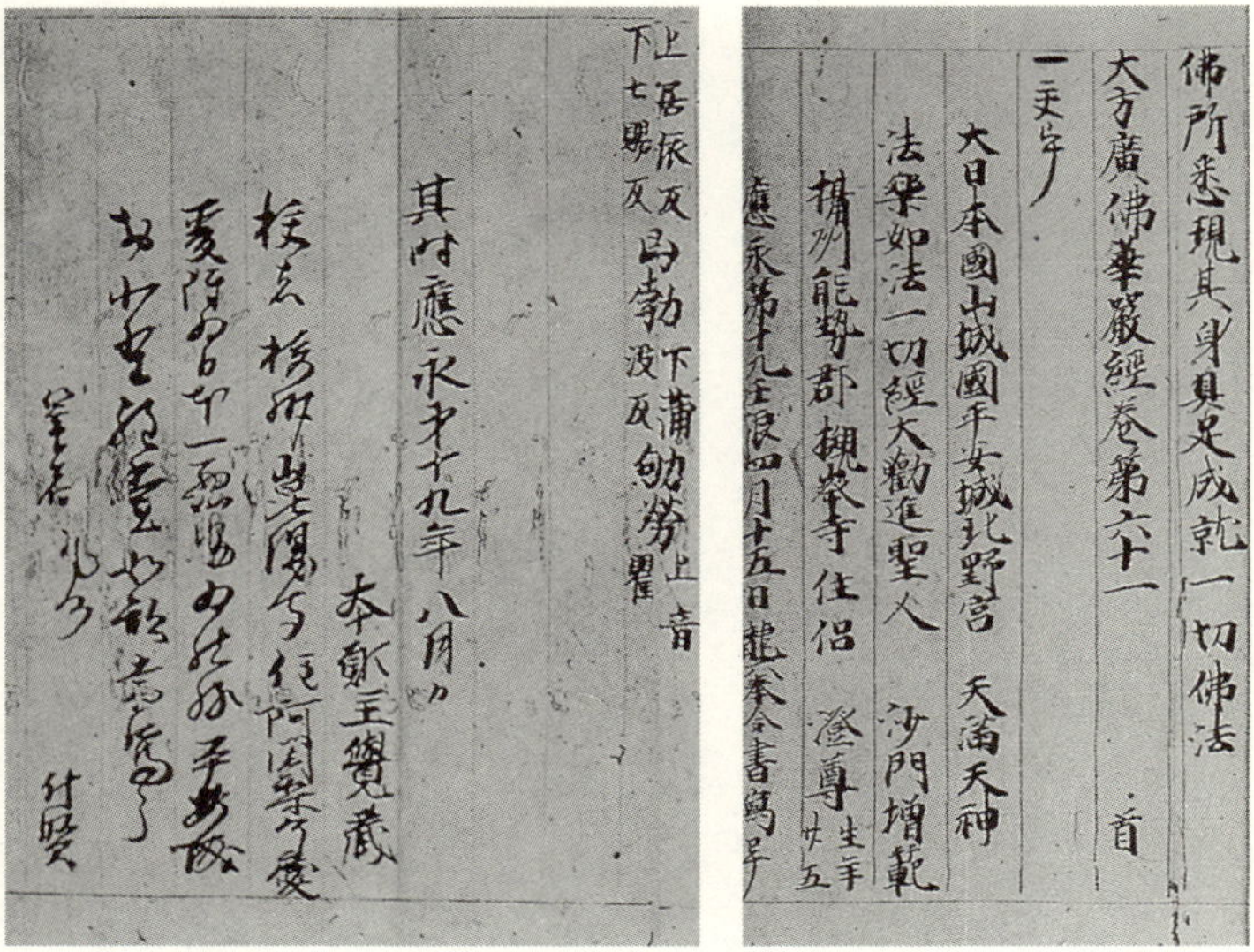

図11　北野経王堂一切経　室町時代・応永19年　京都市大報恩寺所蔵

北野経王堂一切経　紙本　墨書　京都・大報恩寺

『大方広仏華厳経』巻第六十一　帖末奥書

（校了奥書）　一交畢

（書写奥書）　大日本国山城国平安城北野宮　天満天神

法楽如法一切経大勧進聖人　沙門増範

摂州能勢郡槻峯寺住侶　澄尊生年廿五

応永第十九壬辰四月十五日龔奉令書写畢

『阿毘達摩蔵顕宗論』巻第二十　帖末

（書写奥書）　其時応永第十九年八月日

本願主覚蔵

校者　摂州崑陽寺住　阿闍梨了慶

爰雖為日本一悪筆、為結縁、平安城

於北野経堂、如形書写了

筆者尾州　什賢

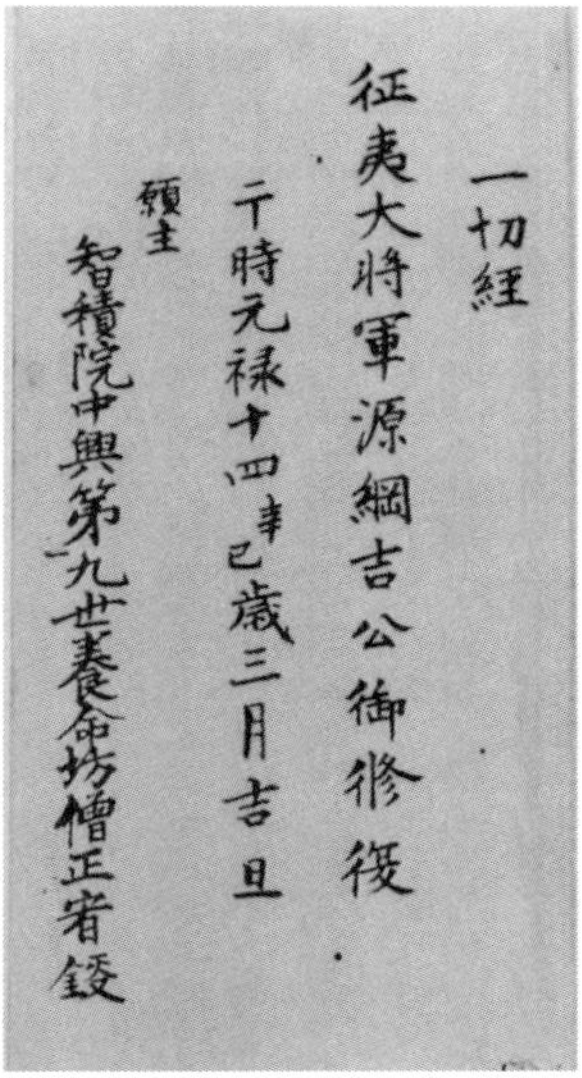

（裏表紙裏、修理銘）
一切経
征夷大将軍源綱吉公御修復
于時元禄十四辛巳歳三月吉旦
願主
智積院中興第九世養命坊僧正宥鏤

（1）拙著『本地垂迹信仰と念仏』第一章「北野天神縁起にみる本地垂迹信仰の展開」（序の注6）。

（2）『建久本』の引用は日本思想大系『寺社縁起』所収本による。『江談抄』と『北野天神縁起』との関係については、吉原浩人「説話文学に見る菅原道真――『江談抄』と天神縁起の形成――」（第三章注7）参照。また『建久本』が資料として用いた文献との比較研究する上で、思想大系の萩原龍夫氏の校注、竹居明男編著『天神信仰編年資料集成』（第一章注1）が便利である。

（3）『扶桑略記』延喜九年（九〇九）四月四日条には「左大臣藤原時平薨ず。年三十九。病痾の間、内供奉十禅師相応、師檀の契り年久し。然るに怨霊を恐れんがために、懇切の加持なし。ここに、善相公男僧浄蔵を請じて加持せしむ。然る間、菅丞相の霊、白昼形を顕わし、左右の耳より青龍出現して、善相公に謁して言う「尊閤諷諫を用いず、左降の罪に坐す。今、天帝の裁許を得て、怨敵を抑せんと欲す。而るに尊閤が男浄蔵、屢数加持を致す。宜しく制止を加うべし」とみえ、天台僧相応の加持怠慢を記した上で、天帝の裁許を得るとしていて、梵天・帝釈天が登場しない。

（4）『江談抄』第三「公忠の弁たちまち頓滅するも蘇生し、にはかに参内する事」には「延喜の主の所為、尤も安からずといへり。堂上に朱と紫をまとへる者三十ばかりの輩有り」とある（新日本古典文学大系『江談抄・中外抄・富家語』、八五頁）。『建久本』では「延喜の聖主のしわざどもやすからざる事、詞をつくし給ひき。爰に菅丞相よとさとりぬ。その時あけやむらさきをまつひたる冥官三四十人ならびたりしが」となっていて、「爰に菅丞相よとさとりぬ」を増補していることがわかる。この話は『古事談』巻第一（一一）にもみえるが『建久本』増補の菅丞相云々の記載はない（同『古事談・続古事談』、二〇頁）。

（5）『メトロポリタン本』には「我苦をぬかんとおほさは、卒都婆を一万本、三千度、一々の卒都婆には法花経・涅槃経の題目、一切衆生悉有仏性の偈、幷法花経の第六の巻の寿量品の自我偈等、又大仏頂随求無所不至等の秘密の法を納むへし。諸国七道高山大海大路大河等の辺に、一日同時に供養すへし。延暦寺等の諸寺諸山の有智の僧三百口、三千度請して太極殿にして、仏名懺悔の法を修すへし……」。

（6）佐藤進一『新版古文書学入門』（法政大学出版局、一九九七年、一二一八頁）。

（7）『中世法制史料集』第一巻（鎌倉幕府法）、三〇頁。日本思想大系『中世政治社会思想上』、三六頁。

（8）図録『北野天満宮神宝展』（第三章注11）。

（9）萩野憲司「讃岐国水主神社蔵『外陣大般若経』と『北野社一切経』について」（序の注3）。

第五章　日本国の災害と善神捨国――日蓮と『選択集』――

はじめに

前章では、道真が天道に訴え天満大自在天神になったことから始め、梵天・帝釈に支配される悪神がどうして日本の鎮守神となることができたのか、その経過を『北野天神縁起』ではいかに説明しているのかを紹介した。賀茂・八幡といった神社信仰と競合する北野天満宮信仰の成立に、『道賢上人冥途記』における「太政威徳天」と廟社造営の天神の託宣とが大きな役割をはたしていることを明らかにした。

北野天満宮に鎮座する道真天神の信仰は、仏教経典、とくに護国経典に説かれる国土の災害と天界の神々への信仰の強い影響をうけて成立している。天神信仰の展開のうえで一番重要なことは、道真は天道に訴えて「天神」となることができたとの主張であり、道真の霊を護国経典に説かれる天部の仏法守護神として位置付けることから創出されたものであるということである。天満天神信仰とは、人々の救済を模索する僧侶たちが神威を高揚させ全国に弘めた信仰なのである。

国土の災害は自然災害であり、いくら神仏に祈願しても災害はうち続く。本章では、日本国の災害の由来となる善神捨国が謗法によるとした日蓮《にちれん》(図12)の災害観を考察することにしたい。

一　善神捨国と謗法

図12　日蓮聖人像(水鏡の御影)　千葉県浄光院所蔵

(1)旅客と主人の災害観

日蓮の代表的著作である『立正安国論』は、文応元年(一二六〇)三十九歳の時、当時、頻発した災害の原因を法然の念仏の流布にあるとして、その禁断と正法である『法華経』の弘通による安国実現を説いている。

『立正安国論』は、法然門下の念仏者である旅客と主人が対話を交わしながら、災難の由来や謗法の原因などを追及する十段の問答から構成される。第一段の冒頭は、主人のもとにやって来た旅客が、頻発する災害を嘆いたことから問答が始まる[1](図13)。

近年より近日に至るまで、天変《てんぺん》・地夭《ちよう》・飢饉・疫癘《えきれい》があまねく天下に満ち、広く地上にはびこって

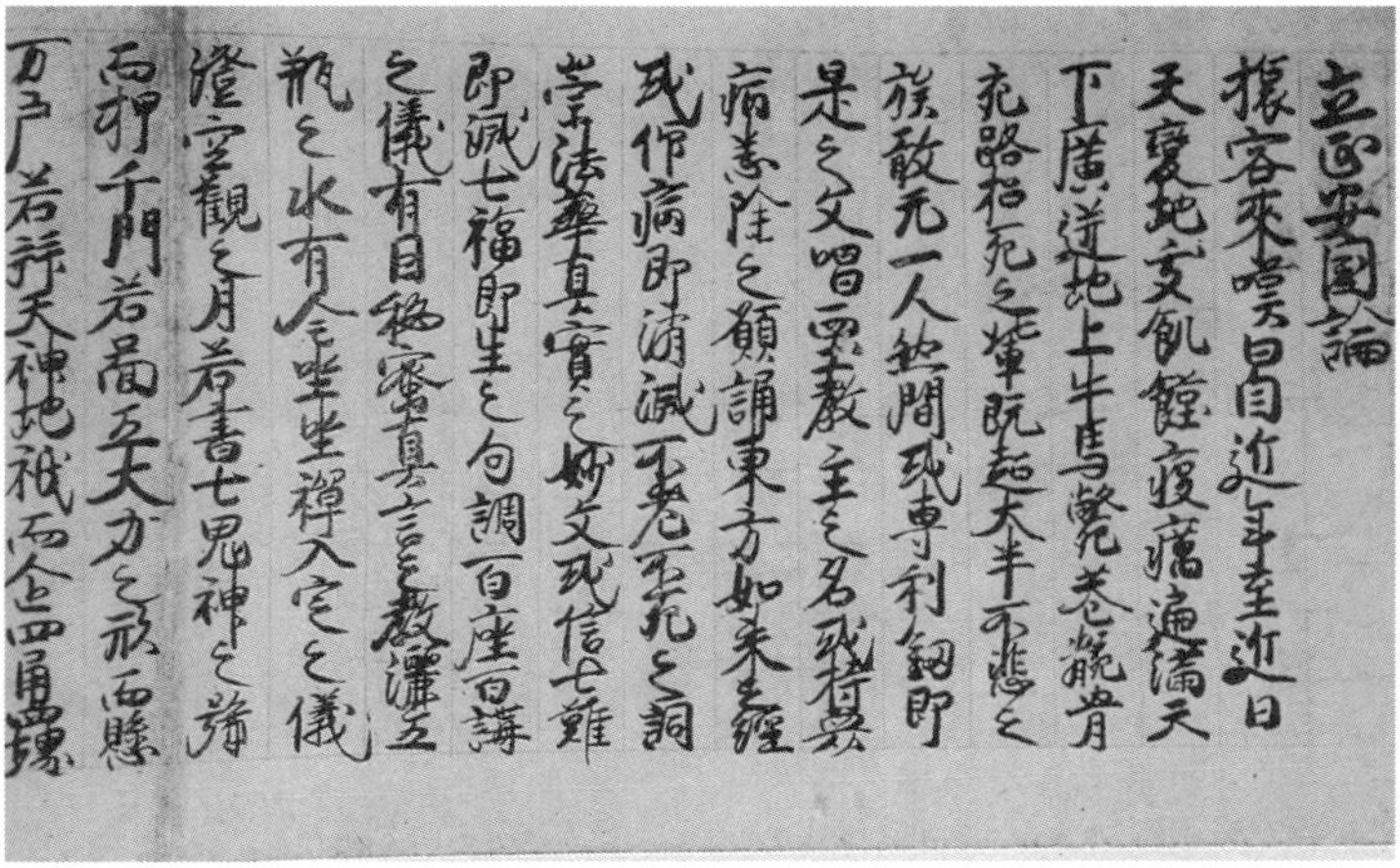

図13 『立正安国論』巻首 日蓮筆 一巻 千葉県法華経寺所蔵

いる。牛馬が巷《ちまた》にたおれ、骸骨は路に充ち、死を招く輩がすでに大半を超え、これを悲しまない族は一人もいない。これらの災害にたいして、さまざまな対策が実施されている。それなのに、飢饉や疫病といった災難は増すばかりである。このことに不信をいだいた旅客が主人に、

観《おもんみ》れば夫《そ》れ、二離《にり》（日月）璧《たま》を合せ、五緯《ごい》（木・火・土・金・水星）珠を連ぬ。三宝世に在《いま》し、百王は未だ窮《きわ》まらず。此の世早く衰へ、其の法何ぞ廃《すた》れたるや。是れ何なる禍に依り、是れ何なる誤に由るや。

＊あれこれと思慮しても、天には太陽も月もかがやき、五星も珠のように連なり輝いている。世には仏法も在り、天子の御代も百王には至っていない。それなのに、この世が早く衰え、何故か仏法王法が廃れてしま

っている。これはどの様な禍（罪）によるのか、またどの様な誤りによるためなのか。

と問うと、主人が、

世皆正《しょう》に背き、人悉く悪に帰す。故に、善神は国を捨てて相去り、聖人は所を辞して還《かえ》らず。是を以て、魔来り鬼来り、災起り難起る。

＊世間の人々が皆正法に背いて、悪法を信じている。そのために、（国土を守護してくれる）善神たちが国を捨て（天に帰ってしまい）、（正しい教えを伝える）聖人も各地から辞任して帰ってくることがない。そのために、（日本の国土には）悪魔や悪鬼がやって来て、災難を起こしている。

との答えを与えることから始まる。

主人（＝日蓮）は、災害にたいする対策が実施されていないのではなく、効力を発揮していないことを問題とする。

つづく第二段では、災害が起こる由来についての証拠の問答へとうつる。客は、天下の災い、国中の難を嘆いているのは自分一人だけではなく、皆が悲しんでいるのである。「神聖去り辞し、災難竝《なら》び起こる」とは何れの経に見えるのか、その証拠を聞かせてほしいと頼む。

主人は『金光明最勝王経』『大集経《だいじっきょう》』『仁王経』『薬師経』の経文をひき、

夫れ四経の文朗《あきら》かなり。……故に天上世上、諸仏衆経《しゅきょう》に於て、捨離の心を生じて、擁護の志なし。仍って、善神聖人、国を捨て所を去る。是を以て、悪鬼外道《げどう》、災いを成し難を致す。と語る。世間の人々が悉く正法に背き悪法にしたがったがために、国土を守護する善神がこの国を捨てて天に帰り、正しい教えを伝える聖人も国土を去って日本に帰ってくることはない。そのために、日本の国土には悪鬼・外道がやってきて満ちあふれている。だから災難がうち続いているのだというのである。

日蓮は、仏教経典に説かれていることは、すべて事実・真実であるとの信念のもと、国土の災害の原因と結果を、すべて仏法――仏教経典――により説明し解決するとの立場を強調する。そして、日本国の災難は、国土に悪魔や悪鬼が満ちあふれ、彼らが原因で引き起こされているのだとの由来を主張する。

(2)災害と謗法の禁断

日蓮は、仏典によると国土の災害を引き起こす悪魔や悪鬼がはびこるのは、謗法による善神捨国にあるとして、日本における謗法の禁断をもとめた。第七段の国土の災害への対処の問答では、現実の国土の災難への具体的な対処の方法を示す。

客は、災難の起こることが、法然の『選択本願念仏集《せんちゃくほんがんねんぶつしゅう》』(『選択集《せんちゃくしゅう》』と略記)に因ることはようやく理解できてきた(図14)。天下泰平・国土安穏は君臣の楽《ねが》うところであり、土民の思うところであ

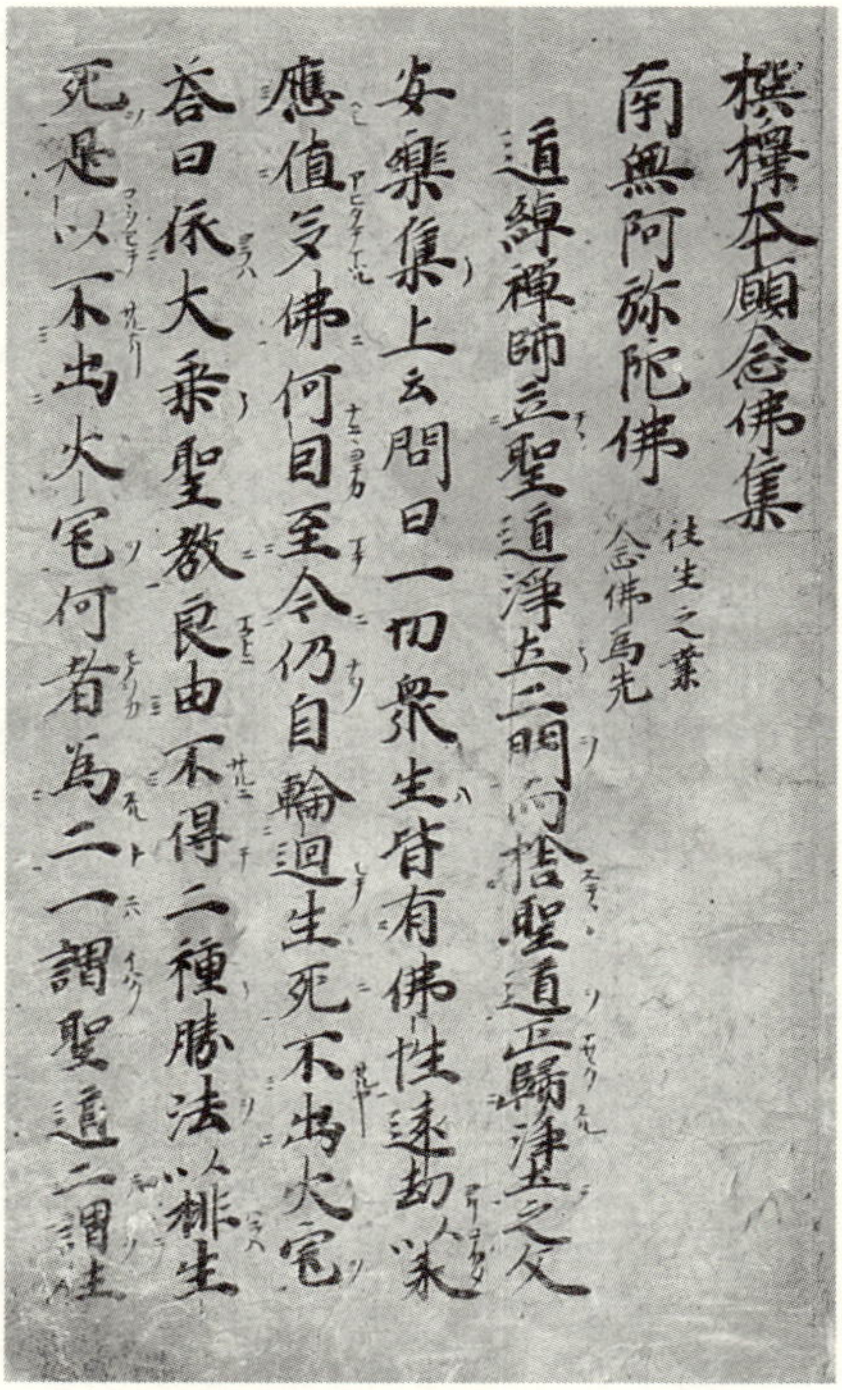
撰擇本願念佛集
南無阿弥陀佛 往生之業念佛爲先
道綽禪師立聖道淨土二門而捨聖道正歸淨土之文
安樂集上云問曰一切衆生皆有佛性遠劫以來
應値多佛何因至今仍自輪廻生死不出火宅
答曰依大乘聖教良由不得二種勝法以排生
死是以不出火宅何者爲二一謂聖道二謂往生

図14 『選択本願念仏集』一帖　奈良県當麻寺奥院所蔵

る。国は法によって昌《さか》え、法は人により貴い。国が亡んで人が滅したなら仏を誰が崇めるのか、法を誰が信じるのか。先ず国家を祈って、すべからく仏法を立てるべきである。もし災を消し、難を止める術があるなら聞きたいものだと尋ねる。

主人は、経文には顕然のことである。私の詞を加えたものではないと断ったうえで、「仏道に入って、数愚案を廻らすに、謗法の人を禁じて、正道の侶を重んぜば、国中安穏にして天下泰平」となると語り、謗法の人の罪は重く死後は地獄に堕ちると説く。

第八段では謗法禁止の問答を載せ、第九段では客に法然「聖人」の『選択集』の誤りをはっきりと理解させる。『選択集』に諸仏・諸経・諸菩薩・諸天等をもって「捨閉閣抛《しゃへいかくほう》」に載せていること、[2]その文に明らかであるとして「茲に因つて聖人国を去り、善神所を捨て、天下飢渇し、世上疫病す」ということを了解した旨を主人に告げる。

主人は客に対して、当座には信じても、後には定めて永く忘れるものである。もし国土を安んじて、現当を祈ることを欲すのであれば、すみやかに情慮を廻らし急ぎ対治を加へよ。また、自身の安穏を願うためにも、先づ天下の静謐を願え。人々は後世を恐れて邪教を信じ、あるいは謗法を尊んでいる。邪義の詞を尊ぶことはないのであり、間違った教えに固執していたなら、かならず死後に無間地獄に堕ちることは経文に説くところである。早く信仰の寸心を改めて、すみやかに実乗の一善(『法華経』)に帰すべきことを勧めている。そして、最後の第十段は、謗法の対治を領解《りょうげ》した客の詞で終わる。

二　諸天善神と悪鬼

(1)護国経典と悪鬼神

日蓮の災害観の思想的基盤になっているのは『金光明最勝王経』であることは、『立正安国論』執筆の前年正元元年(一二五九)に著わした『守護国家論』の次の記載からも明らかである。[3]

一向念仏者《いっこうねんぶつしゃ》、法華経の結縁《けちえん》を作《な》すをば往生の障《さわり》と成ると云ふ。故に捨離の意《こころ》を生ず。此の故に諸天、妙法を聞くことを得ず、法味《ほうみ》を嘗《な》めざれば威光勢力有ること無く、四天王幷に眷属此の国を捨て、日本国の守護の善神も捨離し已《おわ》んぬ。故に正嘉元年に大地大いに震《ふる》い、同二年春の大雨に苗を失ひ、夏の大旱魃に草木を枯らし、秋の大風に菓実を失ひ、飢渇忽ち起りて万民逃脱せしむること、金光明経の文の如し。豈《あに》選択集の失《とが》に非ずや。仏語虚《むな》しからざるが故に、悪法の流布有りて既に国に三災起れり。而るに此の悪義を対治せずんば、仏の所説の三悪を脱《のが》る可けんや。

日蓮が『立正安国論』において引用している経文のなかで、『金光明最勝王経』とともに注目したいのが『大集経』『仁王経』からの引用である。次の三つの経文は彼の著述（『守護国家論』『災難興起由来』『災難対治鈔』等）において繰り返し引用している。ことに『立正安国論』では、『大集経』「護法品」と『仁王経』「護国品」は第二段と第九段の問答の二度にわたり引用している。

◇『大集経』「虚空目分中、護法品」（『大正蔵』第十三巻、一七三上頁）

若し国王あって、無量世に於て、施《せ》・戒《かい》・恵《え》を修すとも、我が法の滅せんを見て、捨てて擁護せずんば、是の如く種《う》うる所の無量の善根、悉く皆滅失して、其の国に当《まさ》に三の不祥の事あるべし。一には穀貴《こくき》、二には兵革、三には疫病なり。一切の善神悉くこれを捨離せば、其の王教令すとも、人随従せずして、常に隣国の為に侵嬈《しんにょう》せられん。暴火横《ほしいまま》に起り、悪風雨多く、暴水増長して人民を吹漂《すいひょう》し、内外の親戚咸《ことごと》く共に謀叛《むほん》せん。其の王久しからずして、当に重病に遇《あ》ひ、

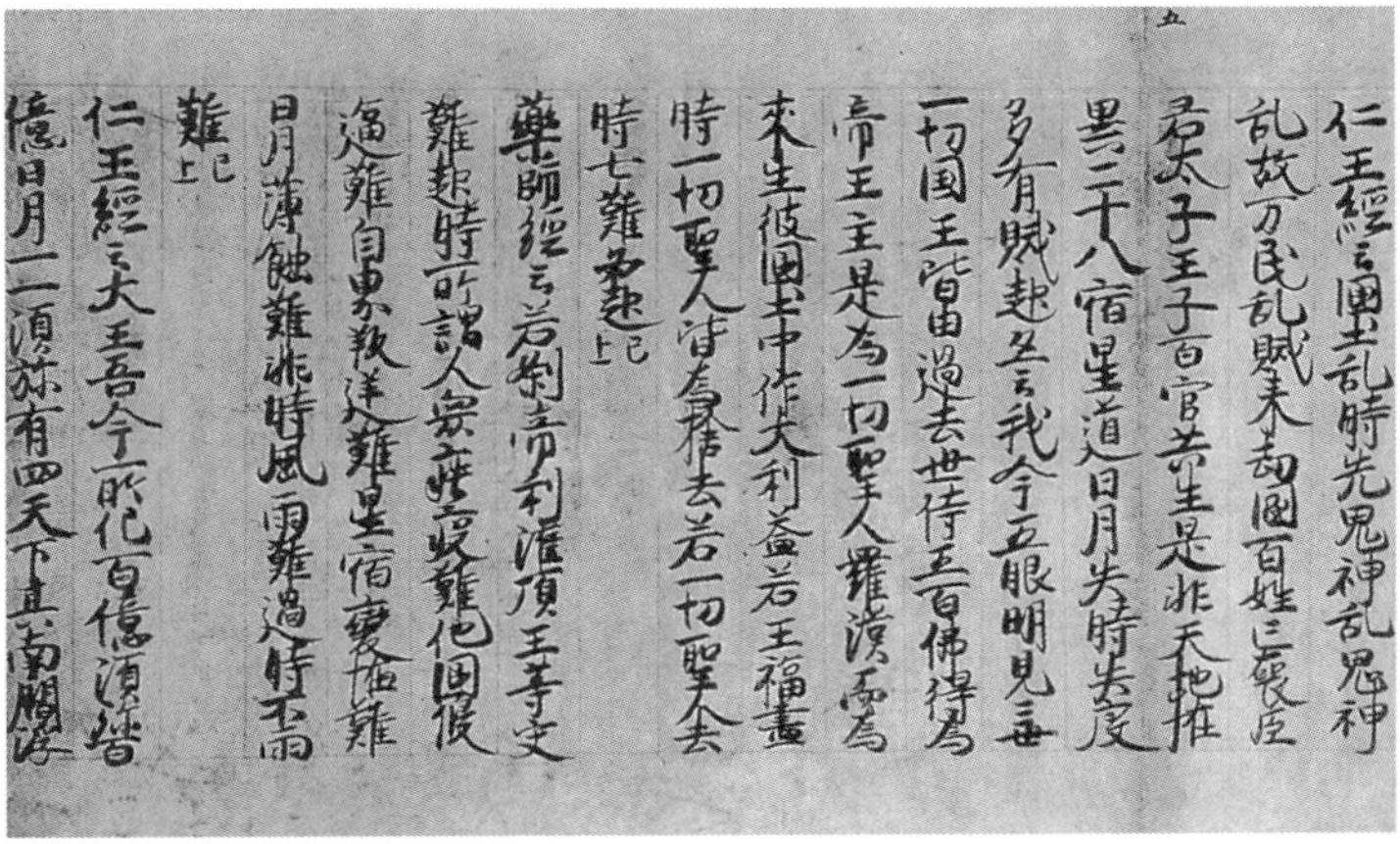

図15　『立正安国論』部分　日蓮筆　一巻　千葉県法華経寺所蔵

寿終《じゅじゅう》の後、大地獄の中に生ずべし。乃至、王の如く、夫人・太子・大臣・城主・柱師・郡守・宰官も亦復《またまた》是の如くならん。

◇『仁王経』巻下「護国品」(『大正蔵』第八巻、八三〇上頁)(図15)

国土乱れん時は先づ鬼神乱る。鬼神乱るるが故に万民乱る。賊来って国を劫《おびやか》し、百姓亡喪《もうそう》し、臣君太子、王子百官、共に是非を生ぜん。天地怪異し、二十八宿《しゅく》・星道日月、時を失い、度《ど》を失ひ、多く賊の起こることあらん。

◇『仁王経』巻下「嘱累品」(『大正蔵』第八巻、八三三下頁)

人、仏教を壊《やぶ》らば、復《また》孝子なく、六親不和にして、天神も祐《たす》けず、疾疫・悪鬼、日に来つて侵害し、災怪《さいけ》首尾し、連禍《れんか》縦横し、死して地獄・餓鬼・畜生に入らん。若し出でて人と為らば、兵奴の果報ならん。響《ひびき》の如く影の如く、人の夜書《しょ》するに、火は滅すれども字は存するが如く、三界の果報も亦復是の如し。

『安国論御勘由来』には、正嘉元年（一二五七）の地震につづき、同二年八月一日の大風、同三年の大飢饉、正元元年（一二五九）の大疫病、同二年の四季を通じての大疫病の蔓延など、この天変地夭・飢饉・疫病等に驚いた国主（幕府）が種々の祈禱を申しつけたにもかかわらず、何の効果もあらわれなかったと記載している。そして、法然と大日の二人の体内に悪鬼が侵入したために、念仏・禅宗という悪法を弘めたとし、諸神が『法華経』の法味を味わうことができず、国土を去ったのだとする。(4)

後鳥羽院ノ御宇建仁年中、法然・大日トテ二人ノ増上慢ノ者有リ、悪鬼其身ニ入テ、国中ノ上下ヲ狂惑ス、代ヲ挙テ念仏者ト成リ、人毎ニ禅宗ニ趣ク、存ノ外ニ山門ノ御帰依浅薄ナリ、国中ノ法華・真言ノ学者棄置レ了、故ニ叡山守護ノ天照太神・正八幡宮・山王七社・国中守護ノ諸大善神、法味ヲ喰ハズ威光ヲ失ヒ、国土ヲ捨テ去リ了、悪鬼便ヲ得テ災難ヲ至シ、結句他国自リ此国ヲ破ル可キ先相勘ル所也、

「與北條時宗書」では、国家の安危は政道の直否にあり、仏法の邪正は経文の明鏡による。この国は神国であり神は非礼を稟《う》けたまわない。天神七代・地神五代の神々、そのほか諸天善神等は一乗擁護の神明である。よって『法華経』をもって食となし、正直をもって力となしているとし、そのことを証すのに、

法華経云、諸仏救世者、住於大神通、為悦衆生故、現無量神力、於一乗棄捨之国、豈善神不成怒耶、仁王経云、一切聖人去時七難必起矣、……今日本国既ニ蒙古国ニ奪レントス、豈ニ歎カザラン乎、

と『法華経』『仁王経』の経文を引用している。(5)

(2)念仏の勧進と災害

日蓮とその門下における布教手段としての文書伝道においては、鎌倉幕府による種々の祈禱が何の効果もあらわさないことが盛んに強調された。『吾妻鏡』による限り、『立正安国論』に効力がなかったとして紹介されている祈禱とは一致するものもあるが、実施されていないもの、実施されていたにもかかわらず紹介されていないものもある。

また、『立正安国論』に指摘する法然の念仏は、当時の法然門流の布教活動の実態を述べたものではない。当時の法然門流の布教活動は、関東における念仏信仰による国土の繁栄を願ったものであり、仏法（念仏）による関東の安穏を願ったものであった。

嘉禎三年（一二三七）に鎌倉で制作された法然の最初の絵伝である『伝法絵流通』（久留米善導寺蔵）においても、そのことは指摘できる。(6)

関東で法然の念仏を勧進していた親鸞の門流においても、念仏による国土の守護が説かれていた。

そのよりどころとなった仏典は、やはり『金光明経』（曇無讖《どんむせん》訳）であり『金光明最勝王経』であった。

親鸞は『現世利益和讃』において、

阿弥陀如来来化《あみだにょらいらいくゑ》して　息災延命《そくさいえんめい》のためにとて
　　金光明《こむくわうみやう》の寿量品《じゆりやうほむ》　ときおきたまへるみのりなり。

とうたい、来化を「きたりてあはれみたまふ」。息災延命を「しちなんをとゝめ、いのちをのへたまふなり」。寿量品を「このしゆりやうほむは、みたのときたまへるなり」と仮名で解説している。

念仏を称《とな》えることにより、仏典に説く諸天善神の擁護を蒙ることになることを、

南无阿弥陀仏《なもわあみだぶち》をとなふれば　梵王帝釈帰敬《ほむおうたいしやくくゐきやう》す
　　諸天善神《しよてんぜんじん》ことごとく　よるひるつねにまもるなり。

南无阿弥陀仏《なもわあみだぶち》をとなふれば　四天大王《してんだいわう》もろともに
　　よるひるつねにまもりつゝ　よろずの悪鬼《あくくゐ》をちかずけず。

南无阿弥陀仏《なもわあみだぶち》をとなふれば　堅牢地祇《けんらうちぎ》は尊敬《そんきやう》す
　　かげとかたちのごとくにて　よるひるつねにまもるなり。

＊悪鬼を「あしきおになり」、堅牢を「このちにあるかみ」、地祇を「ちよりしたなるかみをけんらうちきといふ」、尊敬を「たうとみうやまふ」と解説。

とうたっている。(7) 親鸞門流において使用された談義本(布教のテキスト)である『神本地之事』『諸神本懐集』においても、国土に災害をもたらす悪鬼・悪神を「実社神」、彼らから守護する善神を「権社神」として、念仏信仰の人びとを善神が擁護すると説いている。(8)

日蓮は謗法の原因を念仏宗と禅宗にもとめた。とりわけ第一番に法然の『選択集』にもとめ『立正安国論』を執筆した。しかし、日蓮の生きた時代には、法然の『選択集』の念仏思想を貞慶や明恵が批判したような布教活動は、法然の伝記『伝法絵流通』や親鸞の和讃においては展開されていなかった。むしろ上述のような専修念仏による王法仏法の興隆を説く布教活動が国家的な危機ととらえられ、日蓮とその門下においては専修念仏に対する批判活動が勢いづいたのである。

(1) 『立正安国論』の引用は日本古典文学大系『親鸞集 日蓮集』による。現代語訳については藤井学訳『立正安国論』(大乗仏典第二十四巻『日蓮』、中央公論社、一九九三年)を参考にした。

(2) 日蓮が批判する「捨・閉・閣・抛」は、『選択集』の次の段に依拠する。

・第二段「私に云く、この文を見るに、いよいよすべからく雑を捨てて専を修すべし。あに百即百生の専修正行を捨てて、堅く千中無一の雑修雑行を執せむや。行者よくこれを思量せよ」(岩波文庫本『選択本願念仏集』、三九頁)。

・第十二段「随他の前には、蹔く定散の門を開くといへども、随自の後には、還つて定散の門を閉づ。一たび開いて以後、永く閉ぢざるは、ただこれ念仏の一門なり。弥陀の本願、釈尊の付属、意ここにあり、行者まさに知るべし」（一五九頁）。

・第十六段「それ速やかに生死を離れむと欲はば、二種の勝法の中に、しばらく聖道門を閣いて、浄土門に選入すべし。浄土門に入らむと欲はば、正雑二行の中に、しばらくもろもろの雑行を抛て、選じてまさに正行に帰すべし」（一七七頁）の文による。

また、日蓮は法然が謗法者であり、『選択集』がその謗法の根源であることを、「多く一切を迷わし、剰へ三国の聖僧・十方の仏弟を以て、皆群賊と号し、併せて罵言せしむ。近くは所依の浄土三部経の『唯除五逆誹謗正法』の誓文（『無量寿経』上）に背き、遠くは一代五時の肝心たる、法華経の第二の『若人不信、毀謗此経、乃至、其人命終、入阿鼻地獄』（巻二「譬喩品」）の誡文に迷う者なり」（『立正安国論』第四段）と指摘する。『立正安国論』では法然を「法然上人」ではなく「法然聖人」と呼んでいる。法然を「聖人」と尊称するのは親鸞であり、その関東の門弟を日蓮は「旅客」に仕立てたのであろう。

（3）田村芳朗編『日本の仏教思想　日蓮』（筑摩書房、一九八六年、新装版）九六頁。

（4）『昭和定本日蓮聖人遺文』第一巻、四二三頁。大日房能忍の活動については、中尾良信「大日房能忍の禅」（『宗学研究』二六、一九八四年）、同「達磨宗の展開について」（『禅学研究』六八号、一九九〇年）、原田正俊『日本中世の禅宗と社会』第二章「達磨宗と摂津国三宝寺」（吉川弘文館、一九九八年）参照。

（5）『昭和定本日蓮聖人遺文』第一巻、四二六頁。

（6）『伝法絵流通』では念仏教義の引文では経典名を明示しないにもかかわらず、『梵網経』『摩耶経』『華厳経』『無量義経』『法華経』『仁王般若経』『金光明経』『大般若経』からの引用はすべて経典名を記し、否定的な引用はされていない。なかでも『法華経』は四度、『金光明経』は二度登場する。拙著

『本地垂迹信仰と念仏』第四章「法然上人『伝法絵流通』と関東」（序の注6）参照。

（7）『定本親鸞聖人全集』第二巻、五九〜六二頁。『金光明経』巻一寿量品第二（『大正蔵』第一六巻、三三五中頁）、『金光明最勝王経』巻一序品第一（同四〇四中頁）、『金光明経』巻二四天王品第六（三四一上頁以下）、『金光明経』巻二堅牢地神品第九（同三四六上頁）により作成された（脚注参照）。このほか『金光明経』巻三鬼神品第十三より二首（同三五〇上中頁）、『金光明最勝王経』巻十付属品第三十一（同四五六中頁）より一首の和讃を作成している。

南无阿弥陀仏をとなふれば　難陀跋難大龍等　无量の龍神尊敬しよるひるつねにまもるなり。

南无阿弥陀仏をとなふれば　炎魔法王尊敬す　五道冥官みなともによるひるつねにまもるなり。

南无阿弥陀仏をとなふれば　他化天の大魔王　釈迦牟尼仏のみまへにてまもらんとこそちかひしか。

（8）『神本地之事』（『真宗史料集成』第五巻所収）、『諸神本懐集』（日本思想大系『中世神道論』、『真宗史料集成』第一巻ほかに収録）。拙著『神祇信仰の展開と仏教』第一部「専修念仏と神祇」（第一章注8）。

まとめ

『道賢上人冥途記』(『扶桑略記』収載)において、道賢が太政威徳天にたいして、日本国では上下ともに道真の霊を火雷天神と世尊(仏)のごとく祭祀していると述べたのに対して、太政天は火雷天神は自身の名ではない、したがって尊重されていない。成仏しない限り「旧悪の心」を忘れることができないと答えていたのは、真言密教の立場から、北野社草創、祭祀を批判したものである。

『冥途記』は天慶四年(九四一)の出来事として語られているが、北野社創建以後の編纂であり、災害と仏教との関係を説くことにより、北野社における道真祭祀(火雷天神)を批判し、真言密教による祭祀(日本太政威徳天)を提案するために制作されたものである。

したがって『冥途記』の成立は、北野社創建以後ということになるのであるが、「日本太政威徳天」「太政天神」との称号が、正暦四年(九九三)閏十月に「太政大臣」が贈られて以後の神号だとすると、それ以後の成立となる。「上下ともに」の「上」を天皇行幸と理解するなら寛弘元年(一〇〇四)の一条天皇行幸以後の成立となるのではないだろうか。

また託宣では、道真は天道（梵天・帝釈天）に訴え無実の祭文が帝釈天宮まで届き、天満大自在天神となったと説かれるが、僧侶が建立した北野寺に「天神」として祀られ、その法楽のために『金光明経』『仁王経』『法華経』が書写奉納されていたことからして、道真の神号「天神」は『仁王経』巻下「嘱類品」に説いているような護国経典にみえる「天神」から採用された神号であるといえる。道真の霊を怨霊として祭祀するために尊称された神号ではなかったのである。

時平やその子孫に怨霊として被害を与える北野天神の本格的な物語は『大鏡』において成立したものであろう。清涼殿化現、時平抜刀は『北野天神縁起絵巻』の名場面であるが、史実ではなく『大鏡』を材料にした伝説といえよう。内裏焼亡ほか、和歌の引用など安楽寺託宣との関係も慎重に検討しなければならないが、今のところ筆者は、道真の生涯と死後北野に祀られ怨霊神として活躍する「北野天神の物語縁起」は『大鏡』を出発点とするとの見方をしている。

『道賢上人冥途記』『託宣集』『北野天神縁起』『立正安国論』『現世利益和讃』等を中心に国土の災害観を検討してきたのであるが、いずれも仏典（護国経典『金光明最勝王経』『仁王経』『法華経』等）から導きだされた国土の災害観を前提として成立している。日本人の災害観は、仏典との関わりを基に形成されたものであると結論づけられる。

最後に強調しておきたいのは、我々現代人と異なり、死後の生命の存続を前提として成立している災害に対する予防と対策のことである。災いは神の仕業、災害は神の怒りにより起こると考えられていた前近代の社会においては、宗教家は国土の災害や人々のうける災難について、その由来を明らかにし、神仏への祈願により解決できると説いた。僧侶や陰陽師の仕事は、天空を観察しその原因を探り所依の経典にその解決法をもとめ、祈禱を実施することにあった。国土の災害や災難への対応から多種多様な日本人の信仰が生まれたのである。災害の歴史は神仏にたいする信仰創出の歴史でもあった。飢饉・疫病等の災害は死の恐怖を身近に感じさせたが、死を超えた大きなひろがりをもつ生死観を確立させたことも確かなことである。[1]

（1）日本の神祇信仰は仏教経典に説かれている仏菩薩のゆたかな霊験を、神自身の霊験とすることで成長発展させたものである。『神本地之事』は、神国日本を、

この日本国はもとは泥の海にてありけるを、いざなぎ・いざなみ二人、御たくみにて須弥山の北のわきに金剛山という山ありけるを、かの泥の海に崩し入れて敷き、三千七日火の雨を降らして焼き□金剛和合の地としたまえり。それよりしてこの国を神国日本と名つけたり。しかるに本地仏法を信ずればいよいよこの国繁昌す。

と説明している。日本宗教史においては「本地垂迹信仰」を高く評価しなければならない。拙著（序の注6、第一章注8）参照。

第二部「空也」六波羅蜜寺の信仰と空也

空也上人像　京都市六波羅蜜寺所蔵　撮影：山本建三氏

第一章　六波羅蜜寺と道俗貴賤

はじめに

六波羅蜜寺《ろくはらみつじ》は京都市東山区松原通り大和大路東に入る轆轤町《ろくろ》にある（図1）。開山は空也上人、本尊は十一面観音立像で山号は補陀落山《ふだらくさん》、院号は普門院《ふもんいん》、西国三十三所第十七番札所《ふだしょ》として賑わっている。

畿内にあった五カ所の火葬場である五三昧所《ごさんまい》の一つ、鳥部野《とりべの》の入り口にあたる六道の辻に位置し、古来、念仏鎮魂《ちんこん》と地蔵菩薩霊験の寺として貴族から庶民にいたる幅広い信仰を集めてきた。昭和四十年（一九六五）から四十三年にかけて本堂の解体修理がされた際に、本堂基壇の地下から発見された七千四百基余りの泥塔《でいとう》は、我が国の庶民信仰史の上に新知見を加えるものであった(1)（図2）。

本尊の十一面観音には、天暦五年（九五一）伝染病が流行したとき、空也が自ら彫刻した観音像を車に乗せて京中を廻り悪疫退散の祈念をしたとの伝説がある。歴史の教科書に掲載されて有名な空也

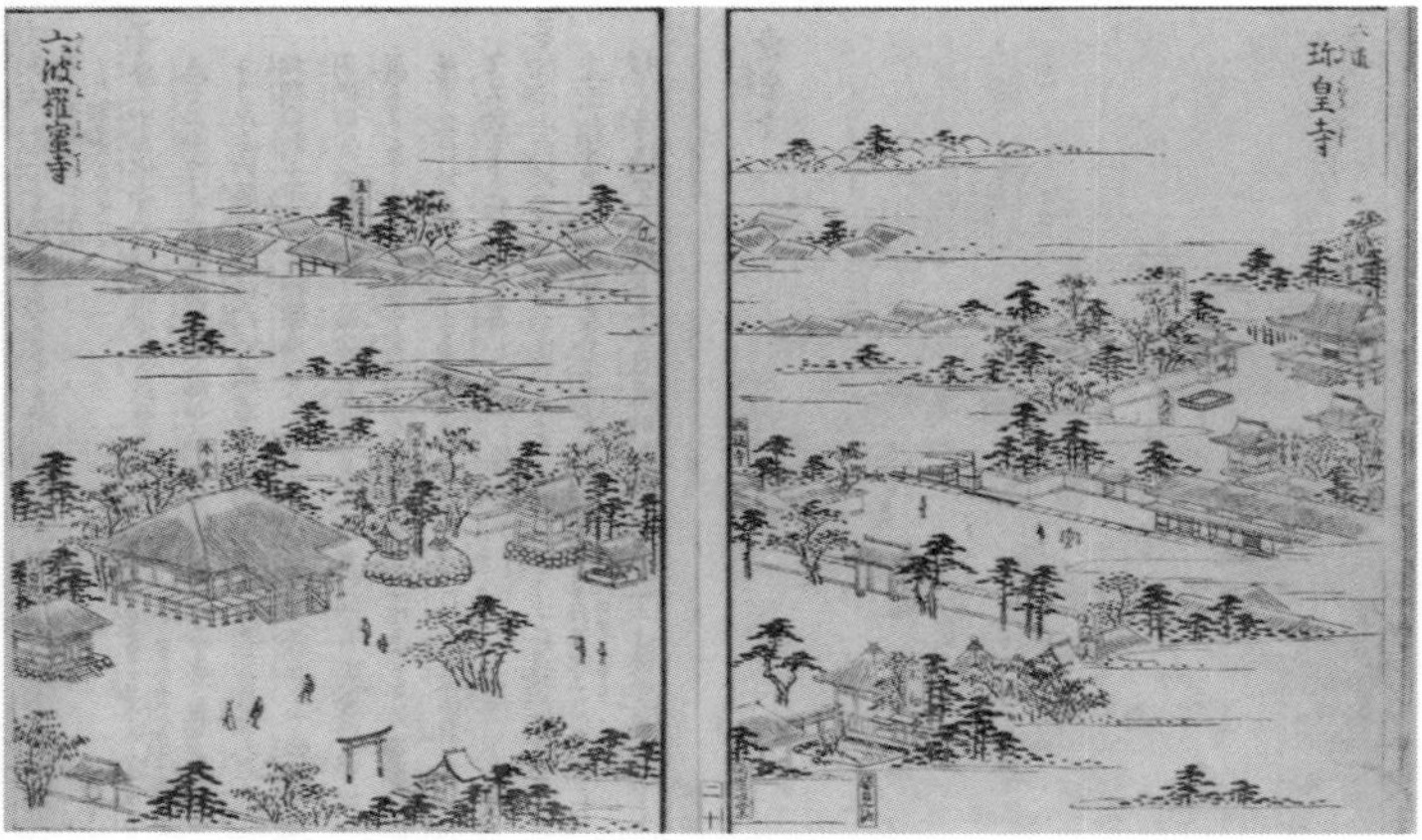

図１　六波羅蜜寺（『都名所図絵』二より）

◀図２　六波羅蜜寺の泥塔
京都市六波羅蜜寺所蔵　撮影：山本建三氏
本堂基壇中より発見された泥塔。約七千四百点をかぞえるが、そのすべてが五輪塔である。

上人像、もと六波羅地蔵堂の本尊であったという左手に頭髪を持った珍しい地蔵菩薩立像、平清盛坐像、運慶《うんけい》・湛慶《たんけい》坐像が伝来する。年中行事には、空也が煎じた茶で疫病が治った故事にちなむ正月の皇服茶授与、八月の万灯会《まんどうえ》、歳末の空也上人踊躍《ゆやく》念仏がある。

本書第二部では、六波羅蜜寺の創建と信仰を明らかにするとともに、念仏の教えを熱心に説き、貴族や庶民の信仰を集めて「市聖《いちのひじり》」と呼ばれたとする空也伝承説話が創り出された背景を探訪することにしたい。

(1)六波羅蜜寺の創建

九条家本『六波羅蜜寺縁起』一巻（宮内庁書陵部蔵）には、（a）『六波羅蜜寺縁起　宣旨』と(b)『六波羅蜜寺縁起』の二つの縁起が収録されている。(2)

(b)には、(a)に「以下誄文也」として省略する(二)「空也伝」、(三)源為憲《ためのり》の「誄《るい》」、(四)古老の相伝・当地は禅念《ぜんねん》の地・三善為康《みよしためやす》による一廬建立、(五)保安三年（一一二二）に執筆した旨の奥書がある。

（a）『六波羅蜜寺縁起　宣旨』の寺伝では、空也上人の応和年中（九六一～六四）の草創で、もと西光寺と号した。西光寺の寺号は空也上人が下界を厭《いと》い西土を願ったことによるとする。空也が六波羅蜜寺と改号し、「上人、もって六度を行い四弘《しぐ》を発《おこ》すなり」とし、天台別院とした。「六度」とは

「六波羅蜜」ともいい、大乗仏教において課せられた六種の実践修行（布施《ふせ》・持戒《じかい》・忍辱《にんにく》・精進《しょうじん》・禅《ぜん》定《じょう》・智恵《ちえ》）のことである。四弘とは仏菩薩の発《おこ》す四つの誓願「四弘誓願《しぐせいがん》」（衆生無辺誓願度《しゅじょうむへんせいがんど》・煩悩無尽誓《ぼんのうむじんせい》願断《がんだん》・法門無量誓願知《ほうもんむりょうせいがんち》・仏道無上誓願成《ぶつどうむじょうせいがんじょう》）のことである。源信《げんしん》の『往生要集』では「仏に作《な》らんと願う心のことで、上は菩提を求め、下は衆生を化《すく》う心とも名づける」と説いている。(3)

それより勧学会《かんがくえ》があり、結縁講《けちえんこう》がさかんとなり、南都北京の顕密《けんみつ》の才が講説し、貴族たちが集まり遊処とした。天禄三年（九七二）九月十一日に上人滅度のあと、貞元二年（九七七）大法師中信《ちゅうしん》が来住し、堂舎を建立し仏法を興隆した。中信遷化の後は遺弟らが師跡を守り、寛弘九年（一〇一二）七月九日、寺家の三綱《さんごう》が寺領の確認と安堵をもとめて公家に奏聞、十二月十四日に在地の国司に官符が下されたとし、年月の記載のない太政官符《だいじょうかんぷ》の写しを掲載している。空也は西光寺で没したと記す『空也誄』とは寺号等いくつかの相違点がある。

⑵改号と中信の興隆

(b)『六波羅蜜寺縁起』では、西光寺草創は(a)と同じだが、空也ではなく中信が「専ら衆善を修し、兼ねて六度を行い」、寺号を六波羅蜜寺と改め天台別院として円宗（天台宗）の教法を伝えたとする。

(a)(b)に掲載の「太政官符」には、寺の三綱等が「解状《げじょう》」（上申文書）において主張した寺伝と

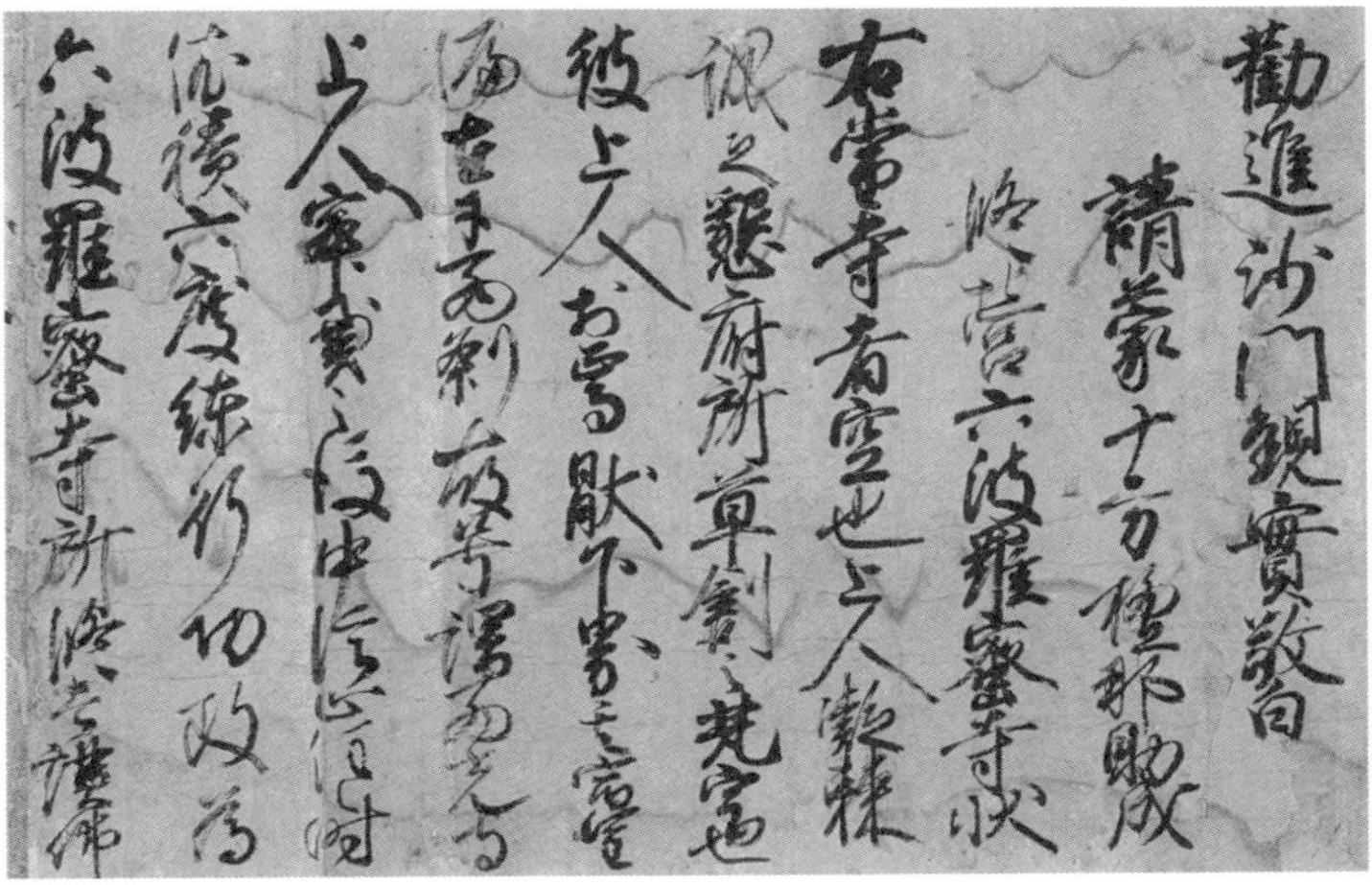

図3　貞治2年(1363)の六波羅蜜寺堂舎修理の勧進帳

京都市六波羅蜜寺所蔵　撮影：山本建三氏

表装の際の錯乱があるが、内容は、空也上人による西光寺の草創、中信が止住し寺号を六波羅蜜寺と改めたこと、六波羅蜜寺の観音・地蔵両菩薩の霊験を讃歎する。

法会が記載されている。空也大法師と尊称するので、六波羅蜜寺では天台僧空也が西光寺を建立したと主張していた。中信大法師来住の後、毎日『法華経』を講じ、毎時に三昧を修した。毎月四度、南北の僧を請じ釈経の善を修し、寛弘二年（一〇〇五）の宣旨《せんじ》により尼受戒を修し、恒例となるが中信は遷化した。それ以後も中信の弟子たちが師跡を守り、仏法を興さんがために「本願所」を設置したので種々の善根が不退である。都鄙の尊卑、遠近の緇素《しそ》が歩みを運び聴聞して結縁をもとめているように、ただ鎮護国家の祈りばかりでなく、兼ねては一切衆生を救おうとする弘大な誓願に専心している寺だとして、寺地の保護を求めている。

六波羅蜜寺が(b)の縁起、「官符」により寺の来歴を主張していたことは、貞治二年（一三六三）三月の本堂造営のための「勧進帳《かんじんちょう》」からも窺うことができる(4)（図3）。

(3) 講筵と定読師

六波羅蜜寺に参詣して『法華経』の講筵《こうえん》を聴聞し、我が身を懺悔滅罪《さんげめつざい》したうえ、念仏を唱えて往生を願った道俗貴賤の信仰が『法華験記』『今昔物語集』『拾遺往生伝』等にみられる(5)。「読師《どくし》」とは法会のとき、講師と相対して仏前の講座に登り、経題や経文を読み上げる僧のことである。講の寺である六波羅蜜寺には専任の定読師がいた。『法華験記』上巻にみえる「定読師康仙《こうせん》」の生涯と信仰を紹介する(6)。

沙門康仙は六波羅蜜寺の住僧である。志を仏法にかけ、勤めて法華を読み、こころに往生を願い身に念仏を修した。「定読師」となり数十年、南北の智者の法論議を聞いて妙法《みょうほう》の功が身に積み、聴聞の徳は心に飽いた。その上、世間の蓄えを捨て功徳を勤修して、三業《さんごう》を調順し六根を懺悔した。老後に及んで悪縁に染まらず命終した。

その康仙の霊が人に託《つ》き「少しのことで蛇の身を受けた」と語り、その少しのこととは自房の前に植えた橘の木への執心だという。「我れ朝夕に橘を見て、二葉《ふたば》の当初より果実を結ぶまで常に愛玩していた。念《おもい》重きにあらずとはいえ、愛護の執心により蛇の形と作《な》りその根本に住むことになった。

我がために『法華経』を書写し、この苦を抜き善処に生まれるように」と依頼した。

　橘木の根本を三尺の蛇が取り巻くのを見た寺中の諸僧は、微少の罪業であっても蛇道に堕ちる。まして広劫《こうごう》（非常に長い年月）の所作の罪業は浩然として際《きわ》まりないと、善友知識《ぜんうちしき》が同心合力して『法華経』を書写し、開講供養した。喜んだ康仙は寺僧の夢に現れて、諸僧を拝み「知識の慈悲の善力により、蛇道を離れて浄土に生まれることを得た」と感謝した。寺僧が夢から覚めると蛇が死んでいた。

『今昔物語集』巻十三（四十二）「六波羅の僧講仙、法花を説くを聞きて益を得たる語《こと》」では、六波羅蜜寺は諸の人が講を行う所であると紹介した上で、「康仙」を改めて「講仙」（傍点筆者）としている。また、定読師は智徳が無くても勤まる職であったが、世間のことが棄てがたく寺を去ることが出来なかったと記しているので、実入りがよかったようである。(7)

　六波羅蜜寺の講会には、法華講・勧学会（『六波羅蜜寺縁起』）、供花会《くげえ》（『本朝文粋』）、地蔵講（『今昔物語集』）、菩提講《ぼだいこう》・迎講《むかえこう》（『栄華物語』）などがある。仏事法会（講）を企画開催するのは寺僧たちであるが、京の諸人がその願主・施主《せしゅ》となり、あるいは結縁を求める道俗貴賤の喜捨《きしゃ》により維持経営されていた寺である。「知識《ちしき》を曳《ひ》き」「知識の善根」による廻向《えこう》（功徳を他にめぐらし、さし向けること）や供養（施物をすること。法会を営むこと）が催されていたのであった。

「知識」とは、仏典においては知人・朋友、仏の教えを説く人のことをいう。日本では、奈良時代から造寺・造仏・写経・架橋等に際して、財物・労働力を寄進し、助成する人の意味で使用されている。(8)

また、知識の集団を結成することを「知識結《ゆい》」という。『空也誄』『六波羅蜜寺縁起』『法華験記』『今昔物語集』などにおいて「知識」は、僧尼の勧化《かんげ》に応じて仏道に結縁し、財物等を喜捨する行為、もしくはそうした行為を行う人々を指す言葉として使用されている。

(4) 勧学会と為憲・保胤

勧学会は、大学寮の文章道《もんじょうどう》の学生と比叡山の僧侶とが集まって仏法を学び詩を詠作する会で、康保元年（九六四）に始まり、平安末期まで続いた。僧俗二十人ずつで三月と九月の十五日に、朝に講経（『法華経』）、夜は詩文をつくり念仏をした。また、道俗貴賤にとっては仏法との結縁の機会ともなっていた。[9]

その始まりから参加しているのが空也との関わりが深い源為憲であり、慶滋保胤《よししげのやすたね》である。為憲は康保元年九月の『勧学会記』を執筆し、永観二年（九八四）に冷泉天皇の皇女で当時仏門にあった尊子内親王のために執筆した仏教説話集『三宝絵《さんぼうえ》』において「比叡坂本勧学会」を紹介している。[10] 当初、会所となったのは比叡山西坂本の親林寺や月林寺であった。三月・九月の十四日の夕べに、僧は山を降り麓に集まり、俗は月に乗りて（月光を浴びながら）寺に行くが、道の間に声を同じくして、『白氏文集』の「百千万劫の菩提の種、八十三年の功徳の林」という偈《げ》を誦しながら歩み行く。僧はまた声を同じくして、『法華経』の「志求仏道者《しぐぶつどうしゃ》、無量千万億《むりょうせんまんおく》、咸以恭敬心《かんいくぎょうしん》、皆来至仏所《かいらいしぶっしょ》」と云う偈を誦して待ち迎えた。十五日の朝には『法華経』を講じ、夕べには阿弥陀仏を念じて、そののち暁にいたるまで仏法を讃歎し、その詩は寺に置き留める、としている。

また、慶滋保胤も禅林寺の勧学会の「詩序」(『本朝文粋』巻第十)において「台山禅侶《ぜんりょ》二十口、翰《かん》林《りん》書生二十人、共に仏事を作すことを勧学会という。縁を結び因を植えるに盛んなる哉、大いなる哉、方今、一切衆生をして諸仏の知見に入れしめん」と会の目的を明かし、『法華経』の講筵を聴聞して無量の罪障を滅し、極楽世界に生まれることを阿弥陀仏に祈り、口を開け、声を揚げてその名号を唱えよと詠じている。(11) 勧学会は一切衆生の仏法による救済を願って催された法会であり、その会場には結縁を求めて道俗貴賤が参集したのである。

(5) 勧学会の会所

勧学会が創始されて、十一年が経過した天延二年(九七四)になると、会場に予定していた寺院が触穢等の事情により使用出来ない場合があるので、専用の仏堂の建立が企てられた。慶滋保胤はその造立計画の中心的な役割をはたし、同年八月十日「勧学会所、日州刺史(橘倚平《たちばなのよりひら》)館下に牒《ちょう》して、月俸《げっぽう》を分ち仏堂一宇を建立せられんことを欲すの状」(『本朝文粋』巻第十二)(12)、九月十日に知識文《ちしきもん》「勧学会所、故人党結、同心合力して堂舎を建立せられんことを欲すの状」(同巻第十三)を執筆している。(13)

『六波羅蜜寺縁起』では、西光寺の寺号を改め、六波羅蜜寺と改号されて天台別院となると、それより勧学会が催されたという。また奥書には「保安三年（一一二二）三月十八日、寺中の法華講、門下の勧学会あり。愚結縁のついでに、概然として筆を絶つ」との記載がある。この「愚」を三善為康と理解して、本縁起の執筆者は為康だと考えられている。[14]

為憲・保胤が参加した六波羅蜜寺を会所とする勧学会の記録はないが、保胤には六波羅蜜寺の供花会に結縁した「詩序」（『本朝文粋』巻第十）があり、[15]二人が六波羅蜜寺が天台別院となり、勧学会が開催されることに関与していたことは間違いないと思われる。

（1）『六波羅蜜寺民俗資料緊急調査報告書』（第一・第二分冊、元興寺仏教民俗資料研究所、一九七二年）。

（2）図書寮叢刊『諸寺縁起集』所収。平林盛得氏の解題、及び同著『聖と説話の史的研究』第二部所収「六波羅蜜寺創建考」（吉川弘文館、一九八一年）参照。

（3）日本思想大系『源信』、九一頁。

（4）「当寺者、空也上人凝棘誠之懇府（腑）、所草創之梵宇也、彼上人於焉厭下界、其宿望偏在西刹、故号謂西光寺。上人寂□之後、中信止住之時、依積六度練行功、改為六波羅蜜寺、所修者、讃仏乗之因、転法輪之縁、所観者、菩提月之光、香花雲之色、梵頌相継、法音匪懈、誠是天台円宗之別院、衆生利益之霊場也。観音大師之為本尊也」（『六波羅蜜寺民俗資料緊急調査報告書』（第二分冊）所収「六波羅蜜寺文書」注1）。

（5）『法華験記』には、六波羅蜜寺の『法華経』講筵が巻上「第二十九　定法寺の別当法師」、巻上「第三十七　六波羅蜜寺定読師康山法師」、巻下「第百二　左近中将源雅通」にみえる。『今昔物語集』の巻十二・巻十三の「法華経霊験譚」、巻十五の「往生譚」、巻十六の「観音霊験譚」には、『法華験記』の一二九話中、一〇五話が取り入れられている（日本思想大系『往生伝・法華験記』解題）。上記三話も巻十三の四十二「六波羅僧講仙聞法華得益語」、巻十三の四十四「定法寺別当聞法華得益語」、巻十五の四十三「丹波中将雅通往生語」として収録されている。ただし『今昔物語集』では、その意を取り、かなり自由に取捨敷衍が行なわれている。

（6）日本思想大系『往生伝・法華験記』、九七頁以下。

（7）『今昔物語集』（新日本古典文学大系『今昔物語集』三、二七一頁以下）では、講仙は寺で行われる講の毎度に読師を勤め、十余年の間、山（延暦寺）や三井寺、奈良の寺々の智者が法を説き義を談じるのを常に聞いたので、道心が発り後世を恐れたが、なかなか世間の事が棄てがたく寺から離れずにいた。年老い、命終のときも悪縁にあわず亡くなったので、皆が「講仙は終わり正念にして、定めて極楽にも参り、天上にも生まれたであろう」と思っていたところが……と話を始める。また、蛇身となった講仙の霊が「我れ年来、『法華経』を説きしを常に聞きしによりて、時々道心を発し、極楽を願いて念仏怠ることなかりしかば、後世はたのもしく思ひしに、はかなき小事によりて……」と語っている。

このことより、極楽を願うこととは念仏を怠りなく唱えることであった。しかし、蛇道に堕ち、蛇身を受けた人は、念仏を唱えても極楽に生まれることができないので、『法華経』を供養し、善根を積んでもらわねばならなかった。寺僧たちが皆心を同じくして、知識を引き、力を合わせて『法華経』を書写して供養した。それに対して講仙は「我れ汝等が知識の善根の力によりて、忽ちに蛇道を離れて、浄土に生るることを得たり」と感謝した。

また、『拾遺往生伝』（日本思想大系『往生伝・法華験記』、三二五頁以下）では、「康仙」を「講仙」

とし、仏法を学び往生を求め、三業を調伏して六根を懺悔し、その命終りし後……と記載するが、講仙が「定読師」であったことの記載はなく、彼の往生を万寿年中（一〇二四〜二八）のこととする。善友知識、同心合力して妙経を書写して、不日に供養した。講仙が諸僧を拝んで「我、衆力の善によりて、蛇の身の業を離れて、今浄土に生まれぬ。それ楽しからずや」と語ったとする。

（8）薗田香融「古代仏教における宗派性の起源」（同『平安仏教の研究』法藏館、一九八一年）参照。

（9）小原仁『文人貴族の系譜』（吉川弘文館、一九八七年）。及び後藤昭雄『天台仏教と平安朝文人』（吉川弘文館、二〇〇二年）参照。

（10）新日本古典文学大系『三宝絵　注好選』、一七二頁以下。後藤昭雄『天台仏教と平安朝文人』（注9）参照。

（11）新日本古典文学大系『本朝文粋』、二九二頁。

（12）同右、三四〇頁。

（13）同右、三五〇頁。

（14）図書寮叢刊『諸寺縁起集』の平林盛得氏の解題、及び同著『聖と説話の史的研究』第二部所収「六波羅蜜寺創建考」（注2）参照。

（15）新日本古典文学大系『本朝文粋』、二九二頁。

第二章　空也の生涯と活動

はじめに

源為憲の『空也誄』は、空也の生涯を叙述する「序」とその行業をたたえる四字一句、三十四句の「誄」からなる。為憲は「序」の冒頭において、天禄三年（九七二）九月十一日に西光寺において空也が没したことを述べることから、その生涯を叙述している。執筆にあたっては「遺弟を本寺に尋ね、先後に所収の法会の願文、善知識《ぜんちしき》を唱う所の文、数十枚をもって平生の蓄懐を知る」と記載している。西光寺の草創を応和年中（九六一～六四）と推定するなら、空也の没年からして西光寺に十余年滞在したことになる。『空也誄』は西光寺の縁起、空也伝として読むことができる。また、『空也誄』において、六波羅蜜寺の寺号が登場することはない。『六波羅蜜寺縁起』では、中信の来住を空也没後、五年目である貞元二年（九七七）のこととするので、『空也誄』はその間の成立、一周忌の頃と考えられている。(1)

『六波羅蜜寺縁起』に収録する「空也伝」は『空也誄』を書き写したものである。ただし「ここに、源為憲は時の英雄、世の名才也。上人の徳行を感じ、称嘆に堪えず、一首の詠（「誄」）を作す。その辞に曰く（以下「誄」を引用）」としていて、三十四句の「誄」のみを為憲の執筆とし、『空也誄』「序」をあくまでも空也の実録として書写したとする。これまでの研究では『空也誄』の脱字・欠字の部分を補う参考資料として活用はされたが、その特色について論じられることはなかった。

『六波羅蜜寺縁起』の寺伝においては、空也遺跡寺院とはいうが、その活動（『空也誄』）を継承していることを語らないことは述べたとおりである。六波羅蜜寺においては空也と西光寺の信仰になぜ言及しないのか、また形をかえて継承されていることはないのか等を検討するためにも、「空也伝」の削除や増補の箇所を慎重に吟味してみる必要がある。

よって第二章では、為憲が執筆した『空也誄』「序」と『六波羅蜜寺縁起』に収録する「空也伝」を、次の①〜⑳に分けて読み解くことで空也伝の成立背景を検討したい。伝来の真福寺本『空也誄』「序」は誤字・欠字が多いので、明らかな誤りのみを訂正した原文を紹介し（略称※『誄』）、『六波羅蜜寺縁起』「空也伝」を適宜訓読しながら考察する（略称◇『縁起』）。また『縁起』における増補、変改の箇所は［　］で示した。

(1)出自と修行

［一］①皇流・権化

※『誄』

空也誄□□幷序　国子学生源為憲

惟□十一日、空也上人没于東山西光寺。嗚呼哀哉。

①上人不顕父母、無説郷土、有識者或云、其先出皇派焉、為人無虱、人試以数十虱入其懐中、須□無之。

◇『縁起』

①そもそも上人は父母を顕さず、郷土を説かず。(ア)［人はもって皇流となし］、(イ)［世はもって権化《ごんげ》となす。衣に香気あり］、身に蟣虱《きしっ》なし。人、試みに数十の虱《しらみ》をもってその懐《ふところ》に入る。須臾《しばらく》してこれを見るに、忽ちにしてなし。

『誄』の冒頭、①の前に「惟れ［天禄三年九月］十一日、空也上人東山西光寺に没す、嗚呼哀しい哉」がある。(ア)は『誄』「有識者或は云う、其の先皇派より出ず」よりの改変で、(イ)「権化」「衣に香気」を補う。「権化」とは、仏菩薩が衆生を救済するために、仮に人間の姿にかえてこの世に現れることをいう。『誄』『縁起』ともに、生涯を救済者（菩薩行）として描くが、『縁起』においては、皇流の出身であることよりも、むしろ衆生済度《さいど》のための「権者の化現」であることが強調されている。

［二］②五畿七道を歴り、名山霊窟に遊ぶ。

※『誄』
②少壮之日、以優婆塞、歴五畿七道、遊名山霊窟。若覩道路之嶮艱、預歎人馬之疲頓、乃荷鍤、以鏟石面。投杖以決水脈、曠野古原、毎有委骸《（ママ）》、堆之一処、灌油而焼、唱阿弥陀仏名向焉。

◇『縁起』
②（ア）［壮歯《そうし》の時、在俗の間］。五畿七道を歴り、名山霊窟に遊ぶ。道路の嶮岨を観《み》るに、「（イ）」鍤《すき》を荷い、もって巌石を鏟《けず》る。（ウ）［江渠《こうきょ》の泥水に臨みては、もって橋梁を互《わた》す］。曠野古原の遺骸を収拾しこれを堆《つ》み、油を灌《そそ》いでこれに灯し、弥陀の名号を唱えて［廻向す。仏語をもって法音教化す］。

（ア）は『誄』「少壮の日、優婆塞《うばそく》を以て」の改変、「（イ）」には『誄』「人馬の疲頓を歎くに預かれば」が入る。（ウ）の橋架設を、『誄』は「杖を投げ、以って水脈を決す」とする。空也の在俗の身でありながらの仏教徒としての活動を廻向、仏語をもって法音教化を補足して説明している。

［三］③剃髪、④一切経披閲、⑤苦修練行、⑥奥羽巡化

※『誄』
③春秋廿余、於尾張国々分寺、剃落鬚髪。空也者自称之沙弥名也。
④播磨国揖保郡有峯合寺、□一切経論。上人注彼（脱字有リ）教文義、覚後問智行□□、果而如夢。

⑤阿波・土佐両州海中、有湯嶋矣。地勢霊奇、天然幽邃、伝有観世音菩薩像、霊験掲焉、上人為値観音故、詣彼嶋、六時恭敬、数月練行。終無所見。爰絶粒向像、腕上焼香、一七日夜、不動不睡。最後之夜、所向尊像、放微妙光。瞑目則見、不瞑無見。於是焼香一腕、燋痕猶遺。

⑥自以為、陸奥・出羽蛮夷之地、仏教罕到、法音希有。背負仏［　　］法螺、説□妙法。是以島夷之［　　］。

◇『縁起』

③春秋二十有余、尾州国分寺において、遂に鬢髪を剃除す。(ア)［自ら称して曰く、空也と］。

④その後、播磨国揖保《いぼ》郡峯合寺《みねあいじ》に一切経論《いっさいきょうろん》あり。上人往きて披閲するに(イ)［料簡の義理、おのづと通顕す。智行の徒に談ずるに、密かに夢想の訓《おしえ》を得る］。

⑤阿波・土佐両国の海中に［一霊嶋］あり。俗は呼びて陽嶋という。伝え聞くに、観音［丈六］の霊験掲焉《けちえん》の［窟］なり。上人、面《まのあたり》に観音に値んとす。故にかの嶋に詣で、六時の恭敬、数月の苦行をす。［運月苦行して、観念を運ぶといえども］ついに所見なし。いよいよ以て粒を中絶し、腕上にて香を焼き、七日七夜不動不睡するに、最後の夜［深更の時］尊像に向かうところ、微妙の光を放つ。目を閉じるにすなわち見え、目を開くと見えず。その焼香の痕《あと》、腕上になおあり。

⑥また、上人常に思う。陸奥・出羽国は(ウ)［因果撥無《はつむ》の地、仏教希有の境なり］。上人、仏像

を負い、経論を担い（エ）［この中花の月を出て、かの東夷の雲に入る］。便ち大法螺を吹き微妙の法を説くに島夷の俗、烏合《うごう》して帰真《きしん》す。

③(ア)は『誄』「空也は、自称の沙弥名なり」を改めた表現である。『誄』④には脱字・欠字があり『阿娑縛抄明匠略伝《あさばしょうめいしょうりゃくでん》』によれば、「道場において数年一切経を披閲したが、疑問の箇所が出てくると常に金人が夢に現れ文義を教えてくれた。後に、智行の徳に問うと夢の教えと一致した」という。(2) それを『縁起』では(イ)夢想の教えもあり、空也は智行の徒、すなわち碩学とも対等に議論できたとする。『縁起』⑤は『誄』とくらべると、「一霊嶋」「丈六」「窟」以下が補足され、文章が整理されて、空也の苦修練行のありさまを気を配って表現している。⑥(ウ)は『誄』「蛮夷之地、仏教罕到、法音希有」の改変で、さらに(エ)を補っている。

(2)市聖空也と窮民

［一］⑦京都帰還、⑧市の聖、⑨阿弥陀の聖

※『誄』

⑦□在長安。

⑧□始也、市□有所得、皆作仏事、復与貧□患□市聖。

⑨又尋、常時、称南無阿弥陀仏、間不容髪、天下亦呼、為阿弥陀聖、於是東西二京、所無水処鑿

井焉、今往々号為阿弥陀井、是也。

『誄』⑦では「長安に在り」として、平安京（王城）における活動とする。『誄』⑧では「市聖」と呼ばれたことを、市中を乞食《こつじき》し仏事を作し、貧病の人に施行したためとする。⑨では、常時、南無阿弥陀仏と唱えていたことより、また阿弥陀聖とも呼ばれた。東西二京において、水のないところには井戸を掘った。今にあちこちで阿弥陀井と呼ばれているのがその井戸であるという。

◇『縁起』

⑦天慶元年（九三八）以来、還りて［京都］にあり。

⑧その始め也《や》、市店に隠跡す。乞食して、もし得るところあらば、自在不誤《(ママ)》用、みな仏事に作し、兼ては貧病に施す。ゆえに俗は呼号して市の［聖人］と云う。

⑨［又、称して阿弥陀の聖人となす］。東西の二京、水なき処に、井を鑿《ほ》りて水を引く。これを弥陀の井と号す。往々に今に存す。

『縁起』⑧⑨は、六波羅蜜寺の空也伝の特色を示していて、「聖」ではなく市の「聖人」、阿弥陀の「聖人」と呼ばれたとする。⑨では『誄』の常に南無阿弥陀仏を唱えたとの箇所を省略して、阿弥陀聖人と呼ばれたのは、掘った井戸が阿弥陀井と呼ばれたためであるとしか語らない。

空也が都で活動を開始した天慶の頃は、旱魃が続き、雷公《らいこう》を祭り穀物の豊作が祈られた。『日本紀略』によると、延喜年間（九〇一～二三）の京都は旱《ひでり》のため穀物が稔らず、また疫病が毎年のように発生していた。そのため伊勢以下の諸社への奉幣、諸寺における読経、神泉苑《しんせんえん》における陰陽道の五龍祭や密教の祈雨法が年中行事として、また、臨時の修法としてさかんに修されていた。旱と疫病発生とは密接な関係があった。

『誄』②では、杖を投げて水脈を決めた。遺骸があれば焼き、阿弥陀仏名を唱えたとの活動を紹介していた。空也は都における災害の救済活動を展開するために帰ってきたのである。よって京都帰還前①〜⑥の空也の事績は、王城の地の災害に対応するのにふさわしい有験の聖であることの紹介となっている。

これは、あたかも第一部「天神」で考察した天下国土の災難がうち続き、物怪・夢想が休むことなく天文道・陰陽道が頻りに不詳を告げている。よって天慶四年（九四一）八月、霊験の助けを蒙ろうと万事を投げすて金峯山に登山し、強信の精進を企て、無言断食して冥途の道真と対面して、国土を鎮護するため太政威徳天（道真の霊）を祭祀する道賢の物語と共通するものがある。

時代背景を考慮に入れて、災害と仏教の視点から読み取るなら、空也が京都市中において数多くの井戸を掘り、その井戸が「阿弥陀井」と呼ばれ、今に伝えられているとの記載を重視すべきである。

［一二⑩東都の四門に卒塔婆を建立、⑪老女の病を救う――神泉苑の老狐――

『誄』『縁起』ともに、詳しく紹介したかったのは「市聖」としての活動であることは、以下の⑩⑪の説話からも明らかである。

※『誄』

⑩その年、東都の囚門に卒堵婆《そとば》一基を建つ。(ア)「尊像は眩《まばゆ》く燿《かがや》きて満月のごとく、宝鐸《ほうたく》は鉀《な》り鏘《ひび》きて鳴風のごとし」。若干の囚徒は皆涙を垂れて曰く(イ)「図らざるも尊容を瞻《み》、法音を聴く。善きかな抜苦の因を得ん」と(原漢文)。

それを『縁起』では、

◇『縁起』

⑩また、東都の囚門に卒塔婆一基を建つ。(ア)[露盤《ろばん》の元は赫奕《かくやく》映望し、風鐸の響は鏗鏘《こうそう》驚聴す]。(イ)[生徒は聴きてみな滅罪の因を結び、死囚は悉く抜苦の便《たより》を得る]。

と変改している。『誄』の「その年」が文脈上不明なので、『縁起』では「また」とし、『誄』(ア)を『縁起』(ア)にかえる。さらに『誄』(イ)で若干の囚人が抜苦の因となる喜びを語るとするのに対して、『縁起』(イ)では生徒は滅罪の因、死囚は抜苦の因となる便を得たとして、現当二世の利益を説いている。

源為憲は『三宝絵』七月「文殊会《もんじゆえ》」において『文殊師利般涅槃経《もんじゆしりはんねはんきよう》』を引き、文殊会の由来を、

もし衆生ありて文殊師利のみ名を聞かば、十二劫の生死のおもむきを除く。もし供養せむと思はば、すなわち身を分かちて、貧しく飢えたるもの、孤児、病人らのかたちになりて、その人の前にいたらむ、と宣えるによりて行ひし事なり。

と説いている。文殊会は天長五年（八二八）以後、勅会《ちょくえ》として京都では東寺・西寺において催行されていた(3)。為憲は、公の力で、民間人に施与を強制するべきではないとしながらも、『像法決疑経《ぞうほうけつぎきょう》』には「ひとり布施を行はむ事、若きより老いにいたるまで、せむよりは（しかじ）。昔、諸々の人どもに相い勧めて、各少しの物を出し集めて、一所に置きて、貧しく・老い・病ひしたらむ人に施さむには、その福ははなはだ多きなり」として、施行を勧めている。空也の活動を讃歎するのに、次のような説話を掲載している。

※『誄』

⑪昔、神泉苑北門外有一病女。年邁色衰。上人愍念、晨昏問訊。袖中提筐、随其所欲、自買薫腥、而与之養育。□病女蘇息。□反覆、似不能言。上人語曰、何情哉。(ア)婦答、精気□羨得交接、上人食頃思慮、遂有心許之色。病女歎曰、吾是神泉苑老狐、上人者真聖人、急不見、所臥薦席忽然又滅。

◇『縁起』

⑪昔、神泉苑《しんせんえん》北門の外に一病女あり。年老い、色衰《おとろ》ふ。上人愍念《びんねん》し、晨昏《しんこん》にこれを訊《たず》ぬ。袖底に筐を提げ、市中に食を求めて、自ら薫腥《くんじょう》を買ひ、その情欲に随う。二月養育するに平復して旧のごとし。この時、婦人悩乱して、言うこと能はざるに似たり。上人語りて曰く、何所の思いあるやと。(ア)婦人答えて云く、精気撥塞《はっそく》し、ただ交会を思ふと。上人思慮し［遂に汚色

あり」。病女歎いて云く、吾れはこれ神泉苑の老狐、聖はこれ「大道心の上人なりと」。この言、いまだおわらざるに、忽然《こつぜん》として便《たちま》ち見えず。臥《ふ》せるところの薦席《こもせき》、またもってこれなし。「便ち知りぬ、文殊等の菩薩来りて、上人の心行を試るなりと」。

この『縁起』⑪の(ア)の婦人の返答以下に『誄』(ア)よりの変改がある。『誄』「心許の色あり」を、『縁起』「遂に汚色あり」と、空也が病の癒えた老女と交会したとする。そして正体を明かした狐が、『誄』では「上人は真の聖人」と讃じたのを、『縁起』「聖は大道心の上人」と改めた上に文殊菩薩などの来現であることを増補する。

六波羅蜜寺においては、女性の結縁者も多かった。婦人の男淫の罪については地蔵信仰、泥塔供養による信心が説かれていた。(4)

[三]⑫阿弥陀仏に祈り蓮華台に坐す、⑬知識により浄土図を供養。

※『誄』

⑫始祈本尊弥陀如来、欲見当来所生之土。其夜夢到極楽界、坐蓮華上。国土荘厳与経説同。覚後、随喜乃誦曰。こくらくははるけきほとときしかと　つとめていたるところなりけり。聞者称歎。

⑬天慶七年(九四四)夏、唱善知□、図絵一幀観音三十三身・阿弥陀浄土変一鋪・補陀□一鋪、□成供養畢。

◇『縁起』

⑫また、始めて本尊弥陀仏に祈り、当生の（土）を見んと欲す。その夜の夢に極楽界に到り、蓮華台に坐す。国土の荘厳《しょうごん》は経の広説のごとし。覚て後、随喜し一歌を詠みて曰く。こくらくは、るけきほと、き、しかと　つとめていたるところなりけり。（ア）「人みなこの言を聞きおわりて多くもって口実となす」。

⑬天慶七年夏、善知識を唱いて、図絵の観音三十三身像一幀・阿弥陀浄土変一鋪・補陀落山《ふだらくさん》一鋪、荘厳甫就《ほしゅう》す。供養すでにおわんぬ。

空也の浄土信仰を語ったものとして⑫⑬は重要である。『誄』『縁起』⑫では、空也が本尊阿弥陀如来に初めて祈り、その夜の夢に極楽世界に到り蓮華台《れんげだい》に坐したとするが、この「本尊」とは、何処の本尊であるかの記載はない。空也は阿弥陀仏に祈り、一夜の夢に浄土の蓮華台に坐したが、これがまさに経説と一致したことより、観音像・阿弥陀浄土変・補陀洛山図等の浄土図への結縁を勧める活動を開始するのである。

空也が極楽の蓮華台に坐した体験を詠んだ歌は、『誄』「聞いた者は称歎した」を、『縁起』では（ア）「多くの人が口ずさんでいる」としている。この歌は藤原公任《ふじわらのきんとう》が編纂した『和漢朗詠集《わかんろうえいしゅう》』巻下「仏事」に収録されているが、作者名の記載はない（後述）。

⑶天台僧空也と王城鎮護

［一］⑭得度・受戒

都の市中における空也の活動はまさに「市聖」と呼ばれるにふさわしい衆生済度の菩薩行であった。『誄』『縁起』では、上述⑩〜⑬の空也の活動の功績により、⑭天台座主延昌《えんしょう》に師事、得度《とくど》・受戒《じゅかい》して天台僧となるのである。

※『誄』

⑭［　　　］月登天台山、従座主僧正法印和尚位延昌師事之、僧□（正）感其行相推令得度、登戒壇院受大乗戒、度牒文名注光勝、然不改沙弥之名。

◇『縁起』

⑭天暦二年（九四八）夏四月、天台山（延暦寺）に登る。座主僧正法印和尚位延昌に従い、これに師事す。［僧正その行に感じ、あい勧めて得度せしむ］。戒壇院《かいだんいん》に登り、大乗戒《だいじょうかい》を受く。その度縁交名《きょうみょう》には光勝と注す。（ア）［しかして本名を改めず、なお空也と称す］。

『縁起』（ア）のように、『誄』「然るに沙弥の名を改めず」を書き改めている。『誄』における「優婆塞」「沙弥」の時代を、『縁起』では「在俗」の時として「本名を改めず」とする。『縁起』では、空也の生涯を語るのに、意識して「優婆塞」「沙弥」を使用していない。

［二］⑮鎮護国家

国王による仏法興隆を説く護国経典を読誦し国土の平安を祈っていても、日本国では災害がうち続いた。国土の災害は自然災害なのでいくら神仏に祈願しても止むことはない。死の恐怖を身近に感じさせる飢饉・疫病等の災害は、神仏に対する信仰を創出させた。すなわち北野廟堂《びょうどう》における天満天神信仰であり、祇園社における牛頭天王《ごずてんのう》の信仰である。国土の災害に対して、山岳修行した呪術力のある神仙（聖）の出現が待望されたのである。

※『誄』

⑮五年（九五二）秋、勧貴賤唱知識、造金色一丈観音像一体・六尺梵王・尺帝（帝釈）・四天王像各一体、今在西光寺。

◇『縁起』

⑮天暦五年秋、知識を唱いて、金色の一丈の観音像、六尺の梵王《ぼんおう》・帝尺《たいしゃく》（釈）・四天王像、各一体を造顕す。今に西光寺にあり。

知識により観音像や梵天・帝釈天等の国土守護の諸像を造立し、今に西光寺に安置されているということからして、空也の活動は西光寺を拠点として行われていたようである。また、西光寺の本尊が観音であったことは、貞治二年（一三六三）の本堂造営のための「勧進帳《かんじんちょう》」からも窺われる。(5) 六波羅蜜寺に伝来する『地蔵菩薩縁起絵巻断簡』（南北朝時代）の詞書《ことばがき》に「西光寺の空也聖人の観音堂へ我をおくれとたひ〳〵夢に見え給けり。今の六波羅の地蔵ハ是なり。ふるき日記に見えたり」と記載さ

図４　地蔵菩薩と空也　絵巻断簡　京都市六波羅蜜寺所蔵　撮影：山本建三氏
画風・書体から南北朝～室町初期に制作された地蔵菩薩の霊験譚を語る絵巻物の断簡。

れている[6]（図４）。

［三］⑯大般若経会

『日本紀略』応和三年（九六三）八月二十（ママ）三日条に、空也聖人（ママ）が鴨河原において金字『大般若経《だいはんにゃきょう》』を供養するので道俗集会した。請僧六百人には内給所《ないきゅうしょ》より銭十貫文が給与され、左大臣藤原実頼《さねより》以下、天下諸人の多くが結縁した。昼は経王《きょうおう》を講じ、夜には万灯会があったと記載している。「願文」は三善道統《みよしみちのぶ》が作成した（「為空也上人供養金字大般若経願文」、『本朝文粋』巻第十三）が、天暦四年（九五〇）九月から十四年間の活動であったとする。[7]

※『誄』

⑯写金泥大般若経一部六百巻、今在勝水（ママ）寺塔院。

◇『縁起』

⑯金字の『大般若経』一部六百巻を書写する。今に清水寺の塔院にあり。(a)長谷寺観音と水精の軸。(b)応和三年の『大般若経』供養。(c)乞食施行と文殊菩薩。

三善道統の「願文」と『誄』『縁起』を比べると、『誄』は「願文」を参照して成立している。『縁起』では、さらに『願文』により詳しく書き改めている。また、「願文」には(a)(c)の説話の記載はないこと、「願文」の夜の万灯会の記事が『誄』『縁起』には記載されていないことがわかる。『誄』と『縁起』では異同があるので、主な点を列挙してみたい(表参照)。

『空也誄』⑯	『六波羅蜜寺縁起』⑯
(a)長谷寺観音と水精の軸	(a)長谷寺観音と水精の軸
ア水精軸者、「土俗所造不沉、爰上人染紙研金」、難得其軸。	ア其水精軸者、輙所難得也。
イ詣和州長谷寺、「白観音言、水精軸願与仏父」、言竟帰去、夜宿添上郡勝部寺住持僧其《ママ》房。	イ上人詣和州長谷寺、「祈請観音」。其帰去之夜、宿添上郡勝部寺住僧之房。
ウ僧問云、如来不住、何必往詣。	ウ其僧問云、仏者元来住、何必往詣。「亦求何願乎」。
エ上人答云、尺迦「在霊鷲山」、観音住補陀落。仏之□□、地之相応、自昔而在。	エ上人答云。尺迦「在耆闍崛」、観音住補陀落。仏之機縁、地之相応、「自昔而在、非無証拠。吾有大願、為餝大般若経、求水精軸。為祈此事、共以参詣」。
オ住持曰、聖蓋求何事。	
カ上□云、為餝大般若経営水精軸。	
キ僧答、昔聞於故老、建立□寺之本主、発以金泥字書大般若経之願、且只蓄軸、不逮其経。命終之時、納於石函、	キ僧答云、予聞故老、昔此寺本主、発以金泥書写大般若経之願、且蓄其軸、不遂其経。及命終時、納之石函、「以

「埋之土中」。「誓言」、我得人身、当書此経。
ク「不知上人者願主之後身歟、又不知願主者上人之前身歟、
共掘其地、果而得之」。

(b)応和三年『大般若経』供養。
ア即而紫磨金字・水精軸・紺瑠璃紙。雲母帙焉。
イ十四年来功力甫就、応和三年八月、恭敬供養。
ウ為広[ ]普令随喜、王城巽鴨川西、卜荒原造宝殿、
前写白露池之浪、後模竹林苑之風、於是士庶雲集、□蓋
星羅、竜頭鷁首之舟、載経典而迭□、翠管朱絃之曲、讃
仏乗以代奏、「凡天下之壮観焉」、

(c)乞食施行と八坂寺浄蔵大徳
ア屈六百口耆徳、「為其会衆、少飯中食、営備百味」。八坂
寺浄蔵大徳在其中焉。
イ爰乞食比丘、「来此会者、以《(ママ)》百数之」。浄蔵見一比丘大驚
矣、浄蔵者善相公第九之子、善相人焉。
ウ見比丘状貌、殊重敬之、引入坐上座、無所詘、浄蔵便与
所得之一鉢、以食矣。比丘不言食之、其飯可三四斗。重
又与飯、亦食之。

埋土壌」。「即発願云」、我得人身、当書此経云々。
ク「可料知、上人歓喜深感而去」。

(b)応和三年の『大般若経』供養。
ア即而紫磨金之字・紺瑠璃之紙・水精之軸。雲母之帙。
イ「自天暦四年至応和三年、経歴十四年、通計五千日、繕
写功終、荘校已成。同年八月二十二《(ママ)》日、機感時臻」、供
養始展。「右金吾員外次将三善道統、書其願文。人伝而
在、不能具載」。
ウ当于斯時、鳳城巽角、鴨河西頭。新払砂壖、已造宝殿。
前則提路鳥池之波、後則写竹林之風。緇素雲集、軒蓋星
羅、竜頭鷁首、載経典迭近。翠管朱絃、讃仏乗而代奏。

(c)乞食施行と八坂寺浄蔵大徳
ア六百耆徳、「被三衣而雁列。小中飯食、備百味而鳩集」。
此中八坂寺浄蔵大徳列其座。
イ于時乞食比丘、「成群而来。推其太疑以百計之」。所謂浄
蔵者、善相公第八之子、能以相人矣。
ウ見一比丘変体、大驚引之上座、与己一鉢。其飯三四斗、
其膳十余種。比丘不言、飡食已尽。更与他飯、又尽。

エ浄蔵□爾謝遣、比丘去後、所尽飯如故在焉。
オ浄蔵相曰、「文殊感空也之行也」。

エ比丘即欲去、浄蔵相従送之。忽然之間、不知所往。比丘去後、所尽之飯如本而在。
オ浄蔵謂曰、「大聖文殊、感上人之善、所化来也者、同列衆僧悔過自責」。

(a)長谷寺観音と水精の軸。

(ア)では「土俗所造」以下を省略。(イ)の「白観音言……」を「祈請観音」とする。(ウ)に「亦求何願乎」を補い、空也と住持との問答(エ)(オ)(カ)を、(エ)空也の返答として変改する。水精の軸は、昔勝部寺の昔の住持が石函に埋めたものを、掘り出して使用することになるのであるが、(キ)(ク)にみえる前住の誓言より、空也を願主の後身か、願主は空也の前身かと讃歎する記事が、『縁起』(キ)では「即発願云……云々」に改めて、後身・前身の話を省略したうえ、(ク)を補う。

(b)応和三年の『大般若経』供養。

(イ)を大きく書き改め、天暦四年よりの十四年間、五千日に及ぶものであること、八月二十二(ママ)日と経会の月日を明示し、三善道統の願文の伝来を補う。(ウ)「およそ天下の壮観」を省く。

(c)乞食施行と八坂寺浄蔵大徳《じょうぞうだいとく》。

(ア)~(オ)の文章を書き改めている。この『大般若経』書写と法会の話の目的が『誄』においては空也の乞食《こつじき》施行にあったことは、この説話を、

『誄』「浄蔵相いわく、文殊、空也の行に感ずるなり」。

『縁起』「浄蔵謂て曰く、大聖文殊、上人の善に感じ化来するところなり、てへれば、同列の衆僧は悔過し自責す」。

と結んでいることからも、よくわかる。ことに『縁起』においては、六百人の耆徳《きとく》が恥じたという一文を増補していることに、『縁起』が成立した頃の六波羅蜜寺の信仰が窺われる。

以上、『縁起』⑯は『誄』を大幅に書き改めたと指摘するのが適切であろう。

⑷西光寺留錫

源為憲の『空也誄』執筆の目的を、勧学会の会所として空也遺跡寺院である西光寺が中興されたためだとすると、天台別院にふさわしい空也と西光寺の縁起を創作する必要がある。道俗貴賤が納得する空也の生涯を叙述する必要があるために、彼を皇流の出とし、「優婆塞」「沙弥」「得度・受戒して天台僧となる」と、仏道を求めて修行精進し、仏教徒として理想的な生涯を送ったと讃歎しているのだと解釈することもできる。また、西光寺の草創を応和年中（九六一～六四）とするなら、『空也誄』は西光寺の縁起、空也伝として読むことができる。西光寺と六波羅蜜寺の性格を考える上で、⑰⑱の二話は興味深い。

［一］⑰錫杖と菩提心

※『誄』

⑰康保末年、西□□北門蛇呑蛙。々大破口。時童偸□打擲□北顧合掌□曰、毒獣・毒龍・毒虫之類、聞錫杖声、発菩提心、然後、振錫杖二三声、蛇翹首聴聞、形似思惟。遂開喉舌以吐之。蛇蛙相離東行西去。

◇『縁起』

⑰また、康保末年（〜九六八）に曰く、西光寺の北門に蛇ありて蛙を呑む。蛙の腹、すでに大蛇の口にあり。蛇の口これ狭し。児童石を投げるに、あえて捨て去らず。上人、錫杖《しゃくじょう》をあげ誦して曰く。毒獣・毒龍・毒虫の類、錫杖の声を聞き［毒害を摧伏《さいぶく》し］、菩提心を発《おこ》せと云々。しかる後、錫杖を振る。両声、蛇頚をあげ、これを聴きて、思惟するに似たり。ついに蛙を吐きて去りぬ。

「錫杖」は僧侶が携行する一種の杖で、杖の上端に金属製の輪型がある。その輪型のなかにさらに数個の金属製の小さい環を通して、動かすと音がするようになっている。これを振り鳴らして毒蛇・害虫を追い払い、乞食のときには門前にいたったことを知らせたりした。

［二］⑱空也と葬送儀礼

藤原忠平とその一男実頼《さねより》・二男師輔《もろすけ》は、村上天皇が即位すると翌天暦元年（九四七）には関白太政大臣忠平、左大臣左大将実頼、右大臣右大将師輔となり、親子で廟堂《びょうどう》（朝廷）を支配した。その後、実頼は父忠平薨去の後を承け氏長者《うじのちょうじゃ》となった。村上天皇の親政が十六年間続いたが、康保四年（九六七）冷泉天皇が即位すると関白、次いで太政大臣となり、安和二年（九六九）に円融天皇が十一歳で即位すると摂政となるが、翌天禄元年（九七〇）五月十八日に七十一歳で没した。大赦《たいしゃ》があり、正一位が追贈された。その二ヶ月後の七月十四日、兄たちに比べると政治的には不遇であった師氏が亡くなった。五十五歳とも、五十七歳であったともいわれている。

※『誄』

⑱大納言正三位陸奥州按察使藤原卿諱師成（氏）、与上人有二世之契。権律師法橋上人位余慶後為卿師、天禄元年七月、卿薨。死（葬）于東山之阿、上人操紙染筆、牒送閻羅王宮云、瞻部州日本国大納言某申者空也之檀越也、生死有限、先赴冥途。魔王知状以優恤。使権律師余慶、迎棺槨而読之、訖以火焼、送喪之者、概然変色。

◇『縁起』

⑱また、［貞信公《ていしんこう》の男］、大納言正三位皇太子傅、陸奥・出羽の按察使藤原師卿（師氏）、上人と二世の契りあり。［天台座主］余慶《よけい》僧正、権律師たるの時、後にその（ア）［師檀］となる。天禄元年（九七〇）七月［十四日］、卿薨ず。これを東山に葬る。上人、（イ）［筆を染め、書を製して閻《えん》魔《ま》王宮《おうきゅう》に送る］。その状に曰く、瞻部洲《せんぶしゅう》日本国大納言藤原師氏は空也の檀越なり。生死は限り

あり、先に冥途に赴く。閻王知りて、もって優恤《ゆうじゅつ》を加えんと。即ち、(ウ)「権律師余慶、棺槨の前においてこれを読む。喪送の人、みな慨然とす」。

『縁起』では藤原師氏《もろうじ》が貞信公(忠平の諡号)の子息であること、後に余慶が天台座主となったことを補う。六波羅蜜寺が天台の別院であることより、当然のことであろう。(ア)は「師」を「師檀」と改めたもの。(イ)は『誄』では「紙を操りて筆を染め、牒を閻羅王宮に送る」と牒を送ったとする。『縁起』では「牒」を「状」とする。(ウ)は『誄』では「権律師余慶、棺槨を迎えこれを読む、訖りて、火をもって焼く、送喪の者、慨然として色を変う」として、牒が読まれたあと焼かれたことを記している。

空也が師氏と二世の契りを結び、空也や余慶がその葬送に関係したことは当時の文献には記載がない。兄実頼の死去から僅か二ヶ月後の師氏の死は、陰陽師らが物怪、祟《たた》りの仕業によると占い、三悪道に堕ちたと世間では噂されていたのだろうか。空也が執筆した閻魔王への手紙を余慶が読み上げたとするのは、余慶と空也との関係が高僧と有験の聖との関係を示していて興味深い。

[参考二]余慶と空也

ところで、余慶(?~九九一)が師氏の葬送に関与したことは十分に考えられる。余慶は園城寺明《みょう》詮《せん》に天台教学を学び、密教を千光院行誉《ぎょうよ》より受け、安和二年(九六九)権律師、天元二年(九七九)に園城寺長吏《ちょうり》となった。村上・円融天皇の信任を得て、岩倉観音院を円融天皇の御願《ごがん》寺《じ》とした。天元四年（九八一）法性寺《ほっしょうじ》座主、永祚元年（九八九）には天台座主となったが、円仁・円珍両門徒の対立により両職とも就任後一年もたたず辞している。

この余慶の登場する説話が次の『今昔物語集』巻二十（四）「天狗を祭る僧、内裏に参りて現に追はるる語」である。(8)

円融天皇が物怪につかれ、世に験《しるし》あると聞こえる僧を招き御加持《かじ》が試みられたが、露もその験がなく、天皇は極めて恐れられていた。よってある人が、東大寺の南に高山《かぐやま》という山があり、その山で久しく仏道修行をする聖人は行いの薫修《くんじゅ》が積り、野に走る獣を加持して留め、空を飛ぶ鳥を加持して落とすと語り、彼を召し御加持をされると必ずその験があると奏上した。この聖人が上洛する道すがら、奈良より宇治の間、空より様々な花を降らしたので、見る人はこれを貴ぶこと限りなかった。聖人の加持により天皇は幾程もなく平癒された。

この間、高僧たちも祈禱を行った。五壇の御修法《みしゅほう》では中壇を広沢の寛朝僧正が勤め、律師であった余慶僧正は金剛夜叉壇《こんごうやしゃだん》を行じた。余慶律師はこの聖人の加持を怪み、

我ら仏をたのみ奉り、法を修行して、皆年来を経たり。心をいたして日ごろ御加持に参るのに、露もその験がない。この法師はいかばかりのものであるのか、忽ちにその験が現れた。たとえ霊験が我らに増さるというとも、数の力は彼一人に劣るはずがない。「況や、極《いみじ》くとも程ありてこそ、霊験は現るべき」。

と寛朝に語った。この法師の修法を疑った高僧達が加持すると、この法師の居る几帳《きちょう》の中より狗の糞のにおいがして清涼殿に満ちたので、法師が天狗を祭っていることがわかり追放された。これを見た若干の人は「御悩を癒えしめた時は仏のごとく尊ばれたが、追い出されたときはいと悲しげなり」と笑いかつ憎んだ。世の人のなかには、このような法師の加持を皆尊んでいたのであると結んでいる。

なお『日本紀略』には、康保四年（九六七）二月東宮（冷泉天皇）が病悩を受けたが様々な修法を試みられたが回復しなかった。よって三月二十三日から四月十三日まで大和国高山寺の聖人正祐《しょうゆう》を招き御修法を勤めさせたとの記事がある。

空也は師氏の臨終の善知識《ぜんちしき》ではない。藤原行成《ふじわらのゆきなり》の日記『権記《ごんき》』長保二年（一〇〇〇）十二月二十三日条によると、十六日に亡くなった一条皇后定子の葬送が、夜に六波羅蜜寺であったことを記している(9)。

余慶と空也との関係も、この説話に登場する験ある聖人と余慶との関係のように考えられていたのではないだろうか。閻魔王への手紙を執筆した空也自身が師氏の棺槨の前で読まないで、天台座主権僧正余慶が読みあげたとするところに、六波羅蜜寺の天台教団のなかでの位置、貴族社会との関係が反映しているように思われる。

［参考二］諷誦と金鼓

藤原実頼の子斉敏《ただとし》の子で祖父実頼の養子となった実資《さねすけ》（九五七〜一〇四六）は、悲田院《ひでんいん》の病者、清水寺・六波羅蜜寺の乞食らに私米を施している。長徳二年（九九六）には私費を以て東獄門前に井を掘らせ、囚徒年来の飲料水不足を補っている。

「諷誦《ふじゅ》」とは経文を声をあげて読み上げることであるが、当時、法会の一つとして講経・読経とともに盛んに行われていた。また、「金鼓《きんこ》」は銅・鉄で鋳造した仏教楽器の一種で、仏堂・社殿の正面に吊り下げて、これに添えた麻綱などを振って打ち鳴らす。現在では主として「鰐口《わにぐち》」の名で呼ばれるが、この名称は室町時代ごろから用いられたらしい。藤原忠平の日記を抄出した『貞信公記抄《ていしんこうきしょう》』によると、忠平は天慶元年（九三八）七月一日に朱雀天皇の夢見の不吉を払うため、百寺金鼓を打たせている。

実資も「夢想不静」「夢想不吉」「夢想紛紜《ふんうん》」のあったとき、また物忌・息災ほか、あらゆる祈願のために特定の寺院で「修諷誦」し、各寺院の「打金鼓」したことが彼の日記『小右記《しょうゆうき》』にしばしば見える。諷誦は一箇寺のときは清水寺か東寺で修され、三箇寺のときは清水寺・東寺・祇園、五箇寺のときは北野・広隆寺がこれに加えられ、金鼓は「百寺金鼓」の場合もあった。その金鼓を打つ役割を「六波羅蜜命僧師」が依頼されていたことが、万寿二年（一〇二五）七月十九日条にみえる。

依夢想不静、修諷誦東寺、早朝呼六波羅蜜命僧師、云付従明日可打百寺金鼓事、毎日十寺、少供料麦塩等施与之、又令小食、

また、治安三年（一〇二三）閏九月二十八日、実資は少女（娘千古）息災のために広隆寺・清水寺・祇園の三箇寺で諷誦を修し、金鼓を打たしているが、このときも命増がその役をしている。

空也の遺跡寺院である六波羅蜜寺の命増が金鼓が打っていることと、関連して興味深いのは、空也の錫杖と金鼓についての万寿三年（一〇二六）七月二十三日の次の記事である。

義観阿闍梨志与故空也聖錫杖・金鼓等、給使童手作布二端、義闍梨者空也入室弟子、仍所伝得、件金鼓彼聖懸臂日夕不離身、錫杖相同、不慮所得、随喜無極、

空也没後五十五年を経過していて、義観《ぎかん》が空也入室の弟子であるかは真偽不明であるが、錫杖と金鼓を寄進された実資が随喜している。実資はその金鼓を六年後の長元五年（一〇三二）九月五日に「新阿弥陀□聖」に与えている。実資は金鼓を打たせた命増を「六波羅蜜命増」「以命増師、令打金鼓」と記載していて、「僧」ではなく「師」としか記載していないので、天台別院六波羅蜜寺の「寺僧」としては認められていなかった。「金鼓を打つ」ことは、得度・受戒していない特定の身分の聖や上人の活動であったようである。

(5)禅定と「誄」

[二]⑲老尼と入滅

※『誄』

⑲有西京一老尼。前大和介従五位上伴朝臣典職之前妻也。念弥陀仏、一生不退。与上人有情好、迭称善友。頃□上人納衣《（衲）》一領、令尼縫之。上人欲滅之朝、尼賷此衣、命奴婢曰、吾師今日可終、

咄汝速授、□□婢帰、報以滅度。尼無驚歎、時人大奇。

◇『縁起』

⑲また、西京に一老尼あり。前大和介従五位上伴典職《とものりもと》の前妻なり。(ア)一生弥陀行を念じ、片時も退転せず。上人と久しき善友と称す。上人の衲衣《のうえ》一領、尼これを継(縫カ)がしむ。尼は婢に命て曰く、(イ)我が師上人、今日入滅すべし。はやく将《まさ》に献ずべし。晩暮れ婢帰り、もって滅度を告ぐに、尼聞きて驚かず。人はもって奇となす。

空也の入滅を、空也と親交のあった伴典職の前妻であった老尼が予言し、空也は予言どおりに入滅した。予言できたのは、(ア)この老尼が一生弥陀を念じ、怠ることがない念仏者であったためである。また、老尼は空也のことを(イ)「我が師、上人」というが、ここでも、空也が念仏を老尼に勧めたとの記載はない。

[二]⑳禅定に入る

※『誄』

⑳(ア)嗚呼哀哉。春秋七十、夏臈二十五。

(イ)入滅之日、浴着浄衣、擎香炉而箕居、向西方以瞑目。

(ウ)当斯時也、音楽来自天、異香出自室、郷里長幼、犇走到房、見其端座、気絶尚擎香炉、□

□息曰、呼嗟天也、嗚呼哀哉。

◇『縁起』

⑳(ア)ああ悲しいかな、天禄三年九月十一日、春秋七十、夏臈二十五。

(イ)気清涼に属し、身に病なく、沐浴剃頭、浄潔改心、正念に位す。手に香鑪《こうろ》をささげ、右肩を袒ぎ坐し、西に向て気絶す。

(ウ)この時音楽雲をうち、その香り室に薫る。郷里の長幼群れ来たり、上人をあい見るに、端坐乱れず、顔色変わることなし。なお香炉を持ちて、禅定に入るがごとし。視聴の幾何の人、長大息せざることなし。

空也の禅定に入る様子については、『誄』(イ)では、空也は浄衣を着し、西方に向かって端座し、香炉をささげて西方に向かい瞑目した。その時、音楽が天より聞こえ、室内には異香がした。その様子を郷里の人たちが見ていたが、気絶えてなお香炉を捧げていたという。『縁起』(イ)では「気清涼に属し、身に病無く、沐浴し頭を剃り……」と仕草を具体的に表現している。仏菩薩の来迎についての記載はなく、念仏も唱えていない。『誄』『縁起』においては、「往生」という語は一度も使用されていない。

この空也入滅の記事により、『六波羅蜜寺縁起』の(四)に、六波羅蜜寺が禅念《ぜんねん》の地である。この角に在り命終の人は必ず正念に住すというのは、空也上人結界《けっかい》の地、邪魔削跡《じゃまさくせき》の故である。三善為康は齢八旬《はちじゅん》に及んで、一廬を建て、禅念の地に住山してもって終焉《しゅうえん》の思いをなすと記載している。

最後に、源為憲「誄」を紹介しておく。

於赫たる聖人、その徳は測《はか》ることなし。素《もと》より菩薩の行い、初《はじめ》は優婆塞たり。(ア)諸山を頭陀《ずだ》し、六賊を退散せり。物外に心を栖《やす》め、市中を乞食す。苦しむ世俗を救い、善知識を唱う。悪虱《あくしつ》は身を離れ、毒蛇は徳を感す。霊狐の病貌、□目悦色。文殊は暫く来り、観音は匿《かく》れず。嗚呼《ああ》、哀しい哉。(イ)極楽を剋念《こくねん》して、弥陀の名を唱う。(ウ)般若を求索《くじゃく》して、常啼《じょうてい》の情に同じくす。世を挙げて化を受け、人毎《ごと》に誠を輸《いた》す。徳は夏花《かか》に冠り、名は公卿に知らる。秋草の衰を抄《と》りて、漢風の清を遙《さまよ》う。房に香気あり、天は楽声を伝う。生死の海を超え、涅槃《ねはん》の城に赴く。年七十にして、浄土の迎《むかえ》をこうむる。嗚呼、哀しい哉。

上記『誄』『縁起』の空也生涯の叙述において、説明不十分なのは(ア)諸山を頭陀し、六賊を退散せり、(イ)極楽を剋念して、弥陀の名を唱う、(ウ)般若を求索して、常啼の情に同じくす、との「誄」の文である。ただし(イ)(ウ)は三善道統の「為空也上人供養金字大般若経願文」と一致する。また、極楽を剋念して弥陀の名号を唱えると讃じているが、特別に活動として評価しているわけではない。

『誄』『縁起』「願文」における空也の生涯と活動は、市中において念仏三昧(念仏往生)を熱心に勧め、道俗貴賤の信仰を集めて「市聖」と呼ばれたといったものでは決してなかったのである。

(1)『真福寺善本叢刊』第六巻（二〇〇四年）に収録。真福寺本は天治二年（一一二五）書写の奥書がある鎌倉末期の写本であり、『大日本史料』第一編之十四に翻刻され、『続群書類従』第八輯下に一本を収録する。『空也誄』の翻刻、訓読と研究には、堀一郎『空也』（吉川弘文館、一九六三年）、三間重敏「『空也上人誄』の校訂及び訓読と校訂に関する私見」（『南都仏教』四二号、一九七九年）、石井義長『空也上人の研究』（法藏館、二〇〇二年）がある。石井氏は諸本の校訂を懇切にされている。

(2)『阿娑縛抄明匠略伝』「寺有一切経論、上人住彼道場、披閲数年、若有疑滞、夢有金人、常教文義、其後問智行之論（倫）、果而知（如）夢」（『群書類従』第五輯、五〇九頁）。

(3) 新日本古典文学大系『三宝絵　注好選』、一九八頁以下。宮崎圓遵「文殊信仰と利正事業」（著作集三『中世仏教と庶民生活』、永田文昌堂、一九八七年）。

(4) 六波羅蜜寺の地蔵信仰と泥塔供養については『六波羅蜜寺民俗資料緊急調査報告書』（第一・第二分冊、元興寺仏教民俗資料研究所、一九七二年）。及び柴田實「六波羅蜜寺の歴史」（『日本庶民仏教史』仏教篇、法藏館、一九八四年）参照。『今昔物語集』に収録する地蔵講の説話（巻十七〈二十八〉。新日本古典文学大系『今昔物語集』四、五一頁以下）を紹介しておく。

京の大刀帯町に東国から来た女人が住みついていた。この女人は聊か善心あり、月の二十四日の六波羅蜜（寺）の地蔵講に参り聴聞した。地蔵の誓願を説くのを聞き、発心して、仏師に頼み地蔵像を造るが、開眼しないうちに亡くなってしまった。子供が泣き悲しむが、三時ばかりして蘇生して「我れ独り広き野の中を行くに、道に迷いて行く方を知らず。冠をした官人が出てきて、我を捕らえ行く。また端正な小僧が来て云う。『この女我が母なり。速やかに免し放つべし』」と。官人は一巻の書を取り出し、女人に向かって「汝が身に二罪あり。早くその罪を懺悔せよ。男淫の罪は泥塔を造って供養し、また講に参りながら、聞き終わらないうちに退席した罪は懺悔を行うべし」と語った。そして、この小僧は、女人の造った地蔵菩薩であると身元を明かして「我が像を造りし故に、我れ来たり、汝を助けるなり。速やかに本国に帰るべし」と道を教えてくれた。その後、この女人は雲林院の僧に語り、泥塔を造り懺悔するとともに、地蔵菩薩を供養して懇ろに礼拝したとの話である。

（5）『六波羅蜜寺民俗資料緊急調査報告書』（注4）「六波羅蜜寺の文書」（第二分冊、五八頁）。

（6）『六波羅蜜寺民俗資料緊急調査報告書』（注4）「地蔵菩薩縁起絵巻断簡」（第一分冊、三八頁）。

（7）新日本古典文学大系『本朝文粋』三五九頁。石井義長氏は『阿弥陀聖空也』（講談社、二〇〇三年）において訓読と略注を掲載。経会の意義については、東舘紹見「平安中期平安京における講会開催とその意義――応和三年の二つの経供養会を中心に――」（『仏教史学研究』第四三巻二号、二〇〇一年）参照。「願文」では空也の活動を「市中に身を売るは、我願にありといえども、人間信を催すは、すでに群縁に寄る。半銭を施すところ、一粒を捨するところ、漸々に力を合せ、微々に功を成す。紺瑠璃の紙、象教跡を垂れ、紫磨金の文、雁行して字と成る」といい、

そもそも空也、齢は年に遂て暮れ、身は雲と浮ぶ。禅林は霜を戴き、有漏の質すでに老ゆ。意蕊発路、無上の果を求めんと欲す。彼を先とし我を後とする思をもって思とし、他を利し己を忘るる情をもって情とす。薜服は風を防ぐのほか、更に何の謀をか企てし。麻喰して日を送るの中、また何の力をか施さん。かつて一の儲なし、ただ十方の志を唱う。是において幽明共に動き、遐迩あまねく驚き、長安洛陽、貴賤上下、共に帰依をいたし、供養を遂げしむ。

とその活動が讃歎されている。道統の「願文」には、「山川藪沢、何処か生死の形骸なからん」と書写の発願を語り、昼間の「大般若会」と講筵、その夜には万灯会があり、念仏を唱えて結縁の人々の極楽往生が祈られた。そして「願文」は、「この善根をもって、聖朝を祈り奉り……荒原古今の骨、東岱

先後の魂、併せて薫修にあずかり、みな妙覚を証せ。敬白」と結ばれている。

（8）新日本古典文学大系『今昔物語集』四、二二八頁以下。

（9）長保二年（一〇〇〇）十二月十六日に亡くなった一条皇后定子の葬送が、二十三日の夜に六波羅蜜寺であったことが、『権記』長保二年十二月二十三日条に「此夜、奉葬前皇后宮於六波羅蜜寺」とみえる。『栄華物語』巻七「とりべの」には崩御前後の様子を語るが、六波羅蜜寺は登場せず土葬とする。六波羅蜜寺では、道俗貴賤の葬送に関与する寺として空也の活動を継承している。また、錫杖の信仰と閻魔王宮にいたった人の救済については、地蔵信仰と『法華経』書写供養による善根を説く信仰として継承している。

第三章　極楽往生——勧進と結縁——

一　『日本往生極楽記』空也伝

本章では、『日本往生極楽記』空也伝、阿弥陀信仰の和歌、阿弥陀聖と鹿杖・金鼓、造像起塔と空也について考察することにより、念仏の聖空也の伝承説話が創出される背景を探ってみることにする。

「勧進《かんじん》」の語は『観無量寿経』『法華経』においては、人を勧めて仏道に入らせ、善根《ぜんこん》・功徳《くどく》を積ませること、他を教化して善に向かわせることといった善行を勧めて仏道に入れる意味で使われている。日本では往生を勧める仏教語として使われ出した。

すなわち『日本往生極楽記』序に「ただし衆生智浅くして聖旨に達せず。もし現《うつつ》に往生の者を記せずは、その心勧進することを得じ」（傍点筆者）。この文章は迦才《かざい》の『浄土論』の引用である。(1)

『法華験記』巻中「薗城寺の僧某」には「人々勧進して、弥陀を唱へしめて、法花を読ましむるに、頭を振りて受けず」と。(2)

『拾遺往生伝』序には「江家《ごうけ》の続往生の伝（大江匡房《おおえのまさふさ》『続本朝往生伝』）に接《つ》ぎて、予《あらかじ》めその古今遺漏の輩を記す。更に名聞のため利養のためにして記せず。ただ結縁のため勧進のためにして記す」といった具合にである。(3)

『日本往生極楽記』の「空也伝」に、上記『空也誄』『六波羅蜜寺縁起』の生涯をあてはめて番号を付けてみた。(4)「《 》」は、『誄』『縁起』と異なる箇所。＊①・＊②は『日本往生極楽記』のみに見られる記事である。

[一]①沙門空也、父母を言わず、亡命《ぼうめい》して世にあり。或は云はく、潢流《こうりゅう》より出でたりと。⑨口に常に弥陀仏を唱う。故に世に阿弥陀聖と号《な》づく。⑧或は市中に住みて仏事を作《な》す。又市聖と号づく。②嶮しき路に遇いては即ちこれを鏟《けず》り、橋なきに当たりはまたこれを造り、⑨井なきを見るときはこれを掘る。号づけて阿弥陀井と曰う。

[二]④播磨国揖穂（保）郡峯合寺に一切経あり、数年披閲せり。もし難義あれば、夢に金人《きんじん》ありて常に教えたり。⑤阿波・土佐両州の間に島あり、湯島《ひじま》と曰う。人伝へて、観音の像ありて霊験掲焉《けちえん》なりという。上人腕の上に香を焼き、一七日《いちしちにち》夜、動かず眠らず。尊像新たに光明を放ち、目を閉じれば即ち見えたり。

[三]＊①一の鍛冶の工《たくみ》、上人を過《よぎ》り、金を懐《ふところ》にして帰る。陳《の》べて曰く、日暮れ路遠くして、怖畏なきにあらずという。上人教えて曰く、弥陀仏を念ずべしといへり。工人中途にして果して盗人に

遇《あ》う。心窃《ひそか》に仏を念ずること、上人の言のごとくせり。盗人来り見て市聖と称《い》ひて去りぬ。

[四]⑲西の京に一老尼あり、大和介伴典職《とものののりもと》が旧室なり、(ア)一生念仏して、上人を師となせり。上人一の衲衣を補綴《ほてん》せしむ。尼補り畢《つずおわ》りて婢に命じて曰く、(イ)我が師、今日遷化《せんげ》すべし、汝早く齎《も》て参るべしといへり。婢還りて入滅を陳べるに、尼嘗《すなわ》ち驚歎せず、見る者これを奇《あや》しむ。⑳上人遷化の日、浄衣を着け、香鑪を擎《ささ》げ、西方に向かい、もって端座して門弟子に語りて曰く、多くの菩薩来迎引接《いんじょう》すと。気《い》絶えて後、なお香鑪を擎げたり。この時音楽空に聞こえ、香気室に満てり。《嗚呼上人化縁《けえん》すでに尽き、極楽に帰り去りぬ》。

[五]＊②天慶より以往《さきつがた》、道場聚落《しゅうらく》に念仏三昧を修すること希有《けう》なりき。何《いか》に況《いわん》や小人愚女多くこれを忌めり。上人来りて後、自ら唱へ他をして唱へしめぬ。その後世を挙げて念仏を事とせり。誠に是れ上人の衆生を化度する力なり。

『日本往生極楽記』は、明らかに『空也誄』により叙述されている。しかし、『誄』における「空也の生涯」を忠実に叙述したものではなく、以下のような指摘ができる。

一、[一]⑧「或住市中作仏事、又号市聖」と『誄』を引くが、市中の仏事についての記載（⑩～⑬）をすべて省略。天台僧としての活動、西光寺についての記載もない（⑭～⑱）。すなわち、空也の生涯を「優婆塞」「沙弥」「得度・受戒、天台僧」とに分けないので、冒頭に「沙門空也」とのみ記載する。

一、『誄』の記事の変改。［一］のように⑨⑧②⑨と記事を並べ変えることで、「阿弥陀聖」である空也が、市中で念仏を勧めたことにより「市聖」と称されたとする。また、冒頭［一］で出自につづき説明することで、生涯にわたって道場聚落にて念仏三昧を勧めたということにする。『誄』⑧⑨では、京都市中に限った活動であったのが、日本国中においてと理解されるように配慮している。

一、『誄』『縁起』において指摘したように、空也は念仏を自ら唱えた（験者の念仏）が、人に勧めた記事はなかった。そのためか、［三］＊①の鍛冶工に念仏を唱えることを勧め、盗人から「市聖」と称されたとの記事を増補した。続く［四］の（ア）は『誄』⑲「弥陀仏を念じ一生不退、上人と情好あり、迭いに善友と称う」。（イ）は「吾が師今日終えるべし」とするが、空也を念仏の師とは語っていない。

一、臨終についてであるが、この記事は変更できなかったためか、往生人であることを「多菩薩来迎引接」「帰去極楽」を増補することで示している。

一、このように、『日本往生極楽記』においても、空也は往生のために念仏を勧めていないし、また自身の臨終において念仏を唱えていない。すなわち、念仏往生人ではないのである。ちなみに（一七）空也伝の前後は、（一六）空也の得度・受戒の師である天台座主延昌、（一八）阿闍梨千観であるが、二人とも阿弥陀仏に結縁して念仏往生を遂げている。

延昌伝「平生常に曰く、命終の期に先だちて、三七日の不断念仏《ふだんねんぶつ》を修せむと欲《おも》ふ。その結願《けちがん》の
　日は、我が入滅の時なりといへり。……枕の前に弥陀・尊勝の両像を安じ奉りて、糸を
　もて仏の手に繋《か》けて、我が手を結び着く」。
千観伝「遷化の時、手に願文を握《にぎ》り、口に仏号を唱へたり。……蓮華《れんげ》の船に上りて、昔作りし
　ところの弥陀の讃《さん》を唱へて西に行くとみたり」。

一、したがって、『誄』『縁起』「願文」における空也の生涯と活動からして、保胤が空也の活動を「天慶より以往……」と讃歎していることについては、後世の念仏の祖師空也観や、六波羅蜜寺蔵の空也像から称名念仏を勧めた聖と評価するのではなく、その讃歎の背景にある保胤ら文人貴族の浄土教信仰と験者の念仏を慎重に検討しなければならない。その点で、近年の工藤美和子氏の文人貴族が代作した「願文」に関する一連の研究が注目される。(5)

二　阿弥陀信仰の和歌と空也

『和漢朗詠集』は藤原公任（九六六～一〇四一）により編纂された詩歌集であるが、寛弘八年～長和元年（一〇一一～一二）頃の成立とされている。朗詠に適した漢詩文五八八首と和歌二一六首を収める。その巻下「仏事」には一七首収めている。(6)

a月重山《ちょうざん》に隠れぬれば　扇を擎《あ》げてこれに喩《たと》ふ　風大虚《たいきょ》に息《や》みぬれば　樹を動かしてこれを教ふ。

b願はくは今生世俗の文字の業　狂言綺語《きょうげんきご》の誤りをもつて　翻《かえ》して当来世々讃仏乗《さんぶつじょう》の因　転法輪《てんぼうりん》の縁とせむ。

c百千万劫《ひゃくせんまんごう》の菩提《ぼだい》の種　八十三年の功徳の林。

d十方仏土の中には　西方を以て望とす　九品蓮台《くぼんれんだい》の間には　下品といふとも足んぬべし。

e十悪といふともなほ引摂《いんじょう》す　疾風の雲務を披《ひら》くよりも甚だし　一念といふとも必ず感応す　これを巨海の涓路《けんろ》を納《い》るるに喩《たと》ふ。

f極楽の尊を念じたてまつること一夜　山月正に円《まど》かなり。勾曲《こうきょく》の会に先だてること三朝　洞花《とうか》落ちなむとす。

g極楽は遙《はる》けきほど、聞きしかど　つとめていたるところなりけり。

hこの世にて菩提の種を植ゑつれば　君が引くべき身とぞなりぬる。

その始めに『摩訶止観《まかしかん》』より一首（a）、次いで『白氏文集』より二首（bc）を載せている。源為憲の『三宝絵』に語られていたように、『白氏文集』の二首（bc）は勧学会において文人・僧侶によって朗誦されていたが、この二首はまた仏教文学の存在する根本原理として多く引用された。[7] この三首につづいて、『観無量寿経』の下品往生を詠った慶滋保胤の一首と（d）、下品下生（能力、資質の最も劣った人が極楽浄土に生まれる、その生まれ方、またその生まれる浄土）の五逆十悪の人の往生を詠った後中書王《ごちゅうしょおう》（具平《ともひら》親王）の一首（e）を掲載している。

阿弥陀信仰の歌としては、勧学会に紀斉名《きのただな》が詠った歌（f）、左相府《きしょうふ》（藤原道長）の西方浄土への引摂を願う歌（h）とともに、『空也誄』で空也が詠じた一首（g）が作者名を記載せず収録されている。六波羅蜜寺の結縁供花会において保胤は、経中の「一称南無仏の一句」を題目として、

往昔信心なし、善心なし。その心或いは乱心して、再称せず三称せず。その称ただ一称、彼の人成仏せざることなし、得道せざることなし。嗟呼、我が党一心にして余心なし、千唱また万唱す。

と詠んでいる（『本朝文粋』巻第十）(8)。

寛和元年（九八五）に『往生要集』を撰述した源信は『日本往生極楽記』を高く評価し、同書でも言及し、永延二年（九八八）宋僧斉隠《さいいん》に自著とともに本書を託して宋に送った(9)。本書にならい『法華験記』が撰述され、また『続本朝往生伝』『拾遺往生伝』が撰述された。『続本朝往生伝』において、保胤は、

文筆の佳句は、今も人の口にあり。少年の時より、心に極楽を慕《ねが》へり〈その心は日本往生伝の序に見えたり〉。寛和二年ついにもて道（出家）に入れり〈法名は寂心〉。諸国を経歴して、広く仏事を作す。もし仏像経巻あれば、必ず容止《ようし》して過ぎたり。……長徳三年（九九七）東山如意輪寺《にょいりんじ》にて寂す。ある人の夢に曰く、衆生を利益せむがために、浄土より帰りて、更《さら》に娑婆《しゃば》にありといへり。

と往生人として掲載されている(10)。往生伝が編纂され、念仏往生をとげた往生人が掲載されると、生涯

にわたり道場聚落において念仏三昧を勧めた『日本往生極楽記』の空也の生涯も、保胤同様に尊崇されるようになっていく。

『和漢朗詠集』において(g)「極楽は……」を空也の和歌ではないと断じた公任は、私撰集『拾遺抄』において、「市の門《かど》にかきつけ侍りける」空也法師の歌として、次の一首を収録している。

一たびも南無阿弥陀仏といふ人の　蓮《はちす》の上にのぼらぬはなし。

この歌は『日本往生極楽記』「空也伝」を展開させたものである。『拾遺抄』を増補して成立した第三番目の勅撰和歌集『拾遺和歌集』巻第二哀傷は、極楽を願い詠み侍ける仙慶《せんけい》法師の歌として「極楽は……」を載せ、「市門に書き付けて侍ける」空也上人の歌として「一たびも南無阿弥陀仏……」を収録している。(11)それ以後、藤原清輔《ふじわらのきよすけ》の歌論書『奥義鈔《おうぎしょう》』序、同著『袋草紙《ふくろぞうし》』巻四にも掲載され、『袋草紙』においては、

聖人の歌　ひとたびもなもあみだぶといふ人の蓮の上にのぼらぬはなし　市門に書く歌なり。

千観内供　極楽ははるけきほどと聞きしかどつとめていたるところなりけり。

として「極楽は……」を千観内供《せんかんないぐ》の歌として収めている。(12)

藤原俊成が撰者となった第七番目の勅撰集『千載和歌集《せんざいわかしゅう》』第十九雑歌は「極楽は……」を空也の歌とするが、(13)『梁塵秘抄』第二にも掲載する。(14)

この空也の二首の和歌は、勧学会において極楽に生まれることを願い念仏を唱えるとともに、阿弥

陀仏との結縁を願い朗詠されていた歌で、二首ともに空也の作ではなかったのではないだろうか。筆者には、勧学会に出席した文人貴族の歌とするのがふさわしいように思われる。

三　阿弥陀聖と鹿杖・金鼓

先に紹介した応和三年の大般若経会《だいはんにゃきょうえ》においても、夜には万灯会《まんどうえ》があり、念仏を唱えて結縁の人々の極楽往生が祈られたが、その念仏は夜空に響く高声念仏《こうしょうねんぶつ》であった。

いわんやまた、説法の後、さらに夜漏に臨みては万灯会を設く。菩薩戒《ぼさつかい》を修し、専ら弥陀を念じて、永く極楽に帰す。苦空音を伝うること、命命《みょうみょう》の鳥を聞くがごとし。禅波《ぜんぱ》意を澄すこと、上上の蓮を開かん欲す。(三善道統「為空也上人供養金字大般若経願文」(15))

＊「苦空」この世のすべてのものは、空であるということ。(『観無量寿経』「八種清風、従光明出、鼓此楽器、演説苦空無常無我之音」)。「命命鳥」体は一つでありながら、頭が二つあるという想像上の鳥。共命鳥とも(『法華経』法師功徳品)。

『栄華物語』巻十九に治安三年(一〇二三)の御堂(法成寺《ほうじょうじ》)万灯会の記事がある。当日は結縁《けちえん》をもとめる参拝の人たちで賑わい、世の中の聖たちもことごとく参上した。そのなかに新阿弥陀・前阿弥陀と名乗る法師たちがいて、彼らは大声で念仏を唱えた。

新阿弥陀、前阿弥陀などいふ法師ばら、声を捧げて阿弥陀めくさへぞ尊かりける。今宵の灯火の

光、十方浄土の仏の世界に至るらんと見えて……。(16)

阿弥陀仏の名号を唱える聖が自己の法号に阿弥陀仏号を称した文献上の早い例であり、彼らは「阿弥陀の聖」と呼ばれ仏事・法会の際に推参《すいさん》して施行を受けていた。葬送の際には葬列に連なり哀調をおびた声のよくとおる念仏を唱えた。「阿弥陀の聖の南無阿弥陀仏と、くもくそう（語義は未詳）はるかに声うちあげたれば、さばかり悲しきことの催しなり」(17)（巻二十五、道長娘寛子葬送）。

白河院の下命により、源俊頼《みなもとのとしより》が撰した五番目の勅撰和歌集『金葉和歌集《きんようわかしゅう》』雑部に、選子内親王の歌と詞書きにも「八月ばかり月あかゝりける夜、阿弥陀聖人の通りけるを呼ばさせ給て、里なりける女女房のもとへ言ひつかはしける」一首として、「阿弥陀仏ととなふる声に夢さめて西へながるゝ月をこそみれ」とみえている。(18)

『今昔物語集』には阿弥陀の聖が登場する説話を二つ収録している。

◇巻十七（第二）「紀用方《きのもちかた》、地蔵菩薩に仕えて利益を蒙むる語」(19)。

内容は、武蔵介紀用方は武勇を好み邪険が強く、善心というものがなかった。それが、どうしたことか、堅固に道心《どうしん》を発《おこ》し、地蔵菩薩に帰依して毎月二十四日には酒肉を絶ち女境を留め、地蔵菩薩を念じるとともに、日夜に阿弥陀の念仏を唱え、常に持斎《じさい》した。しかし、激しく怒る本性はもとのままなので、謗り笑われたが、地蔵を念じ念仏を唱えることは怠らなかった。この用方の夢を「阿弥陀の聖」が見たというのである。

この「阿弥陀の聖」を「世に阿弥陀の聖と云ふ者有けり。日夜に行き、世の人に念仏を勧むる者也」として、「地蔵、自《みずから》阿弥陀の聖に示して宣《のたま》はく、汝ぢ明日の暁に其の小路を行むに……」とか、「明る日の暁に、念仏を勧めむが為に、その小路を行くに」と説明している。

◇巻二十九（第九）「阿弥陀の聖、人を殺して、その家に宿り殺される語」(20)。

内容は、法師が山中で出会った飯を分けてくれた親切な男を殺害し、その持ち物と着衣を奪った。法師は人郷まで逃げ出て、日が暮れたので宿を乞うたが、殺害した男の家であった。家主の女は、法師が夫の布衣を着ているのを怪しみ、隣人に相談し、郷の若者四五人を頼み捕らえて尋問した。殺害を白状したので、殺害現場に連れて行き、張付けにして射殺したとの話である。

この法師が「阿弥陀の聖」であることを、次のように説明している。

・今昔、□の国□の郡に□寺と云ふ寺有り。其の寺に阿弥陀の聖と云ふ事《こ》として行く法師有けり。鹿の角を付たる杖を、尻には金を朳《えぶり》にしたるを突て、金鼓《こんぐ》を扣《たたき》て、万《よろず》の所に阿弥陀仏を勧め行けるに……。＊朳、末端が二股になった金具を付けた杖。

・人の家の有けるに寄りて、「阿弥陀仏勧《すす》め行く法師也。日暮にたり、今夜許《ばかり》宿し給てむや」と云ければ……。

この二話によると、「阿弥陀の聖ということ」とは、鹿杖をつき、金鼓を叩き、阿弥陀仏を唱えて人に念仏を勧める法師のことである。彼らは寺院に所属する乞食法師《こつじきほっし》であった。

『今昔物語集』巻十五には往生譚（全五四話）を収録している。「阿弥陀の聖」が念仏による往生を勧める聖であるなら、当然に巻十五に収録すべきである。収録していないのは、彼ら自身を卑賤視し、その念仏を勧める活動も仏法として高く評価しない編者の仏教観によるものであろう。阿弥陀の聖は、自らも念仏を唱え、人に唱えることを勧めていた。念仏を唱える利益も種々あり、その目的は具体的に記載されていないが、得度・受戒以前の空也が京都市中を乞食徘徊する際に唱えた念仏と共通するものがある。

得度後の空也について、『空也誄』では「錫杖」による蛇の調伏を記載し、『小右記』の記事によると、空也の愛用したという「金鼓」と「錫杖」が伝えられている（万寿三年七月二十三日条）。ただし、これらを愛用した空也は称名念仏による往生を勧める念仏上人ではない。『日本往生極楽記』空也伝には「錫杖」「鹿杖」「金鼓」は登場しない。保胤は念仏三昧を勧める市聖とするために、『空也誄』によりながらも「錫杖」を持たせず、「金鼓」に言及しなかったのではなかろうか。鹿杖をつき金鼓を叩き阿弥陀仏を勧める「阿弥陀聖」が登場するのは『今昔物語集』が初見である。

四　造像起塔と空也

『今昔物語集』巻十五の往生譚には、保胤の『日本往生極楽記』を出典とする説話が三一話ある。『今昔物語集』の編者も当然に「空也伝」を承知していたはずである。その『今昔物語集』に空也と慶滋保胤の登場する興味深い説話がある。

◇巻十九（第三）「内記《ないき》慶滋の保胤、出家する語」(21)。

内容は、□天皇の御代に慶滋保胤という者がいた。陰陽師賀茂忠行の子だが、□という博士の養子となり、姓を改め慶滋《よししげ》とした。慈悲あり身の才は並ぶものがなく、若いときから博士として公に仕えた。年が漸く積もり、道心が発こり□という所で出家して法師となった。世に内記の聖人と云うのはこの人のことである、と紹介したうえで、保胤が空也の弟子となり、堂を知識を曳《ひ》いてつくったことを、次のように語っている。

出家の後は、空也聖人の弟子と成て、偏に貴き聖人と成て有ける間、本より心に智《さとり》有りて、功徳の中に何事を勝れたる事と思ひ廻《めぐらし》けるに、「仏を顕し奉り、堂造るこそ極たる功徳なれ」と思得て、先ず堂を造らむと為《す》るに、我が力及ばずして、「知識を曳《ひき》てこそ此の願をば遂《とげ》め」と思て、諸の所に行て、此の事を云ければ、物を加ふる人共有れば、少々の物共出来《いできたり》にけり。

空也の没したのが天禄三年（九七二）九月、保胤の出家は寛和二年（九八六）四月なので、保胤が空也の弟子であることはない。

上記において紹介したように、『今昔物語集』には六波羅蜜寺の道俗貴賤の信仰に関する説話が数多く収録されている。本説話では空也の弟子となった保胤が我が力及ばずと「知識を曳て」堂を建立している。六波羅蜜寺の定読師康仙《こうせん》の説話においても、「知識の善根の力」により『法華経』書写供

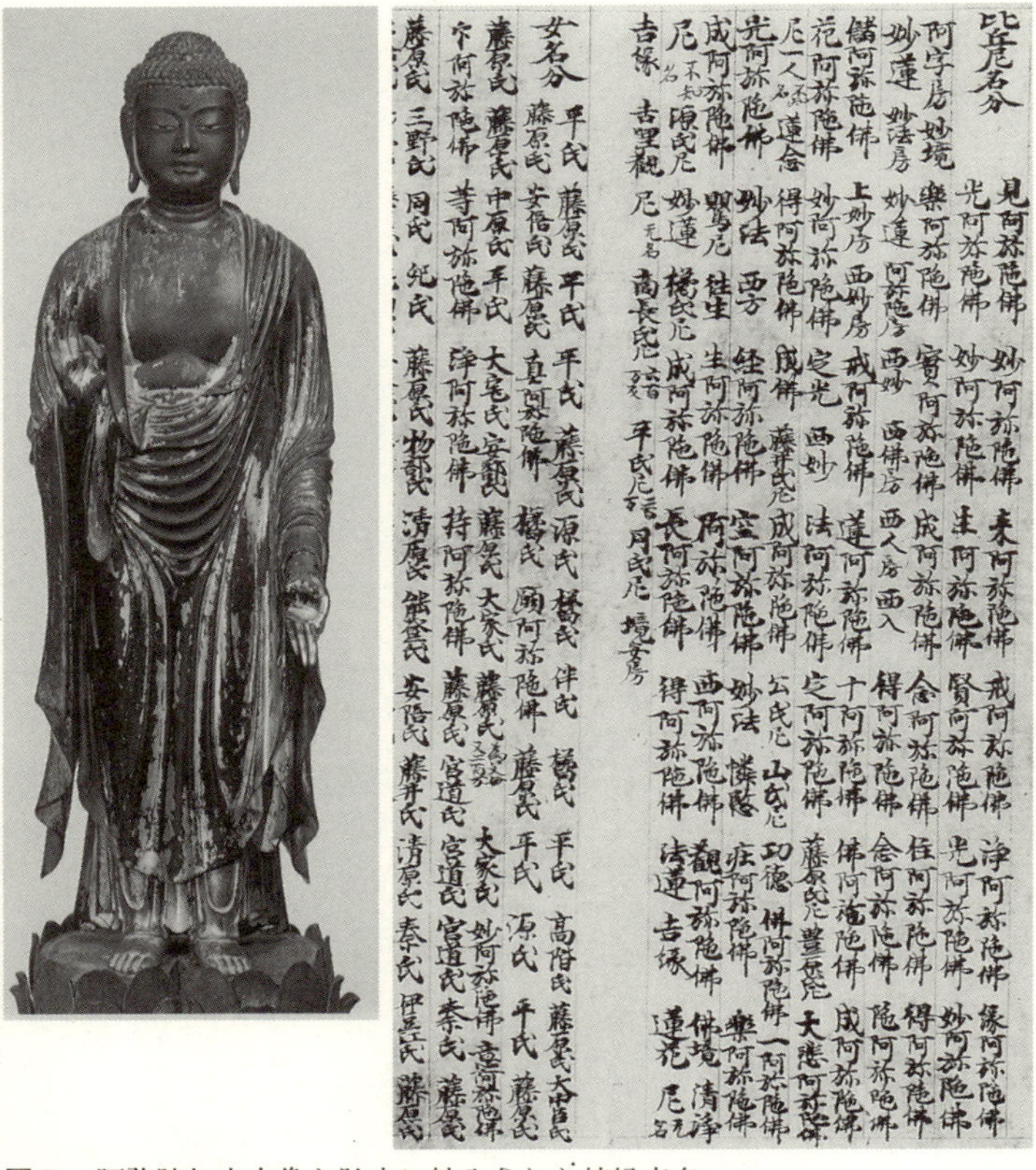

図５　阿弥陀如来立像と胎内に納入された結縁交名

滋賀県玉桂寺所蔵　写真提供：奈良国立博物館

昭和54年（1979）修理の際に阿弥陀仏立像の胎内より、法然の弟子源智の建暦２年（1212）12月24日付けの造立願文とともに、数万人にのぼる道俗男女の結縁者の名前を写経料紙等の表裏に細字で書き連ねた交名が発見され、鎌倉初期の勧進活動、法然門下の実態の解明が促進されることになった。

養をとげて浄土に生まれることができた。また『空也誄』『六波羅蜜寺縁起』においても、知識結縁の功徳が強調されていた。

『今昔物語集』の空也の生涯は、『日本往生極楽記』の空也の生涯ではなく、明らかに「大般若経供養願文」『空也誄』『六波羅蜜寺縁起』に語られる比叡山で得度・受戒し、天台僧となり王城における道俗貴賤の救済のための活動を、西光寺において展開させたと伝承される天台僧空也の生涯である。

このようにして、造像起塔により善根を積むことになる（往生の因となる）ことが強調され、念仏往生が勧められると、阿弥陀仏像を造仏し、自ら造った仏像（持仏）に祈ることが普及して仏像の製作が盛んとなった。また、財力のない者には造仏に協力して（結縁すること）、念仏を唱えることによる往生が諸国を遊行する聖や上人たちにより勧められると、遊行聖（上人）の祖師として空也が崇敬されるようになる[22]（図5）。

（1）日本思想大系『往生伝　法華験記』、一一頁。
（2）同右、一三〇頁。
（3）同右、二八〇頁。
（4）同右、二八頁以下。
（5）工藤氏は、これまでの源信を中心に論じられてきた浄土教の展開に対して、文人たちの執筆した「願文」にみられる仏教思想（信仰）の特色を、「在俗者が主体的に作り上げていった仏教信仰」と見る新たな視点から、仏事法会の目的とその意義、法会に結縁を求めた人びとの信仰を論じられている。同氏「平安中期における在家者の仏教思想」(佛教大学『仏教学会紀要』第一一号、二〇〇三年)、同「平安仏教の変容」(『日本宗教文化史研究』第七巻一号、同年)、同「文人官僚が〈書く〉ということ」(『ジラティーヴァ』三号、同年)、同「平安浄土教における在家者の位置――文人貴族慶滋保胤をめぐって――」(『佛教論叢』第四八号、二〇〇四年)、同「『江都督納言願文集』にみる女性と仏教について」(『日本宗教文化史研究』第九巻二号、二〇〇五年)等参照。

(6) 日本古典文学大系『和漢朗詠集・梁塵秘抄』、二〇〇頁以下。

(7) 同『和漢朗詠集・梁塵秘抄』、川口久夫氏解説。

(8) 新日本古典文学大系『本朝文粋』、二九二頁。

(9) 速水侑『源信』(吉川弘文館、一九八八年、一四〇頁以下)、小原仁『源信』(ミネルヴァ書房、二〇〇六年、二〇四頁以下)参照。

(10) 『続本朝往生伝』「保胤伝」(日本思想大系『往生伝　法華験記』、二四七頁)。

(11) 新日本古典文学大系『拾遺和歌集』、三九四・五頁。

・極楽を願ひて、読み侍りける　　仙慶法師

極楽は遙けきほどと聞きしかどつとめて至る所なりけり

・市門に書き付けて侍ける　　空也上人

一度も南無阿弥陀仏と言ふ人の蓮の上にのぼらぬはなし

(12) 新日本古典文学大系『袋草紙』、一五三・五頁。千観の歌の次行に諸本に「空也上人」とあり、その後一行空白を置く本のあることについて、校注者の藤岡忠美氏は「極楽は……」に空也上人作の異説があることの注記であろうという。

(13) 新日本古典文学大系『千載和歌集』、三六四頁。
(14) 新日本古典文学大系『梁塵秘抄　閑吟集　狂言歌謡』、一四九頁。
(15) 前掲注(8)三五九頁。
(16) 日本古典文学大系『栄華物語』下、一一〇頁。
(17) 同『栄華物語』下、一一九頁。
(18) 新日本古典文学大系『金葉和歌集』、一八六頁。
(19) 新日本古典文学大系『今昔物語集』四、六頁。
(20) 同『今昔物語集』五、三一四頁。
(21) 前掲注(19)一一一頁。
(22) 青木淳「東大寺僧形八幡神像の結縁交名――中世信仰者の結集とその構造――」(『密教図像』第一二号、一九九三年)、同「快慶作遣迎院阿弥陀如来像の結縁交名――像内納入品に見る中世信仰者の結集とその構図――」(『仏教史学研究』第三八巻二号、一九九五年)、同「仏師快慶とその信仰圏」(『日本仏教の形成と展開』、法藏館、二〇〇二年)、同「仏師快慶天台関係の造像活動」(『日本宗教文化史研究』第七巻二号、二〇〇三年)、田中夕子「念仏往生と作善――往生伝にみる造像――」『印度学仏教学研究』第五二巻二号、二〇〇四年)等参照。

第四章　念仏の祖師空也

一　念仏の祖師空也

鎌倉期には、平安時代後期以来盛んになった説話文学の世界において仏教説話集がつくられ、仏教教理が易しく説かれるようになる。発心・出家・往生にまつわる仏教説話を約百話を集める『発心《ほっしん》集《しゅう》』はその代表作である。『方丈記』を著し人生の無常を説いた鴨長明の作ともいわれている。その成立時期については検討を要するが、空也を念仏の祖師とする説話を掲載している。

巻一（四）「千観内供《せんかんないぐ》、遁世籠居の事」(1)。

千観は平安中期の顕密《けんみつ》の学に優れた延暦寺の高僧（阿闍梨伝燈大法師位《でんとうだいほうしい》）であるが、都鄙の老少の極楽への結縁のために阿弥陀仏の和讃《わさん》をつくった。また彼に帰依する藤原敦忠《ふじわらのあつただ》の娘は、千観が蓮華の舟に乗り、昔作った阿弥陀仏の和讃を唱えて西に行く夢を見たという（『日本往生極楽記』）。

それが『発心集』では、千観内供は智証大師《ちしょうだいし》（寺門派の祖円珍）の系統を引く並びない智者であるが、公請《くしょう》（朝廷から法会・講論に召されること）の帰り四条河原で空也上人に出会った。車から下り、後世の助かる事（道）を尋ねた。空也が「かかるあやしの身は、唯云《ただ》ふかひなく迷ひ歩くばかりなり。更に思ひ得たる事侍らず」と足早に立ち去ろうとするのを、袖をつかみ懇ろに問うので、「いかにも、身を捨ててこそ」とのみ語り行きすぎた。内供は、河原で装束を着替え、供の人を住坊に返して、ただ一人箕面《みのお》に隠遁したという。

巻六(一)「証空、師の命に替わる事」(2)。

三井寺（園城寺）に智興内供《ちこうないぐ》という貴い僧がいたが、流行病を患ったのを、陰陽師安倍晴明は定業《じょうごう》（前世の業因）だと占った。弟子の証空阿闍梨はその身代わりとなることを申し出て、母に暇乞いをした。母は我を捨て先立つことは悲しいが、早く浄土に生れて我を救い給えと許した。晴明は証空に病を移す祈禱をした。証空の年来所持する絵像の不動尊が「汝は師に代わる。我は汝に代わらん」と証空を救い、智興も回復したとの話である。この証空阿闍梨は、余慶僧正が空也の折れた臂《ひじ》を祈りなおしたとき、空也が「法器のものなり」と余慶に贈った小童だと説明している。

巻七(一)「恵心僧都《えしんそうず》、空也上人に謁すること」(3)。

恵心僧都源信がある日、空也を訪ねたときの話だという。源信には空也が年長《た》けて徳が高くただなる人とは覚えず、たいへん貴く見えたので、「極楽を願う心深く侍り。往生は遂げ侍りなむや」と尋ねてみた。空也が「我れは無知の者ではあるが、知恵・行徳がなくとも穢土《えど》を厭《いと》い、浄土を願う志が深ければ、どうして往生を遂げられないことがあろうか」との返事をしたので、源信は「実に理きはまり侍り」と涙を流し、掌を合わせて帰った。後に「往生要集を撰じ給ひけるに、その事を思ひて、厭離穢土《おんりえど》・欣求浄土《ごんぐじょうど》を先とし給ふ」と結んでいる。

続く巻七(二)「同上人、衣を脱ぎ、松尾《まつのお》大明神に奉る事(4)」。『法華経』化城喩品《けじょうゆほん》に説かれる大通智勝仏《だいつうちしょうぶつ》が日本に垂迹して示現した神である松尾大明神が、空也の法華の法施を受けた話である。抑も、天慶より先は、日本に念仏の行は稀れであったが、この聖の勧めにより人がこぞって念仏を申す事になった。常に阿弥陀を唱えて歩いていたので、世の人は阿弥陀聖と云う。ある時、市の中に住み諸々の仏事を勧めたので、市の聖とも聞こゆ。すべて橋なき所には橋を渡し、井がなく水のとぼしい郷には、井を掘った。このような活動をした空也は「我が国の念仏の祖師と申すべし。即ち『法華経』と念仏とを置いて（信奉して）、極楽の業として、往生を遂げ給へるよし見えたり」と記している。

橘成季《たちばなのなりすえ》が建長六年（一二五四）に編した『古今著聞集』巻第二「釈教」は、欽明天皇十三年に百済国より仏教伝来の事に始まる。聖徳太子が物部守屋らを滅して仏法を弘めたこと以下、古代の高僧碩徳の行実法験、諸社諸寺の託宣、霊験奇瑞を示して、中世の初め湛空《たんくう》上人まで（第三十四話～七十二話）を収録している(5)。

日本における念仏の流布については、（四七）「空也上人、念仏三昧《ねんぶつざんまい》を弘むる事」として、念仏三昧を修す事は、上古には稀れであったが、天慶より以降は空也上人が勧めたので、道場聚落において、この行が盛んとなり道俗男女普く称名を専らにしている。これは上人の衆生救済の方便である。市の柱に書きつけ給けるとして「一たびも南無阿弥陀仏といふ人の蓮の上にのぼらぬはなし」を掲載している。

次いで(四七)「千観内供、阿弥陀和讃を作る事」、(五一)「永観《えいかん》律師往生極楽の事」、(五三)「大原良忍上人、融通念仏《ゆうずうねんぶつ》を弘むる事」、(五四)「少将の聖、常行三昧の事」、(六三)「源空(法然)上人、念仏往生の事、并びに公胤《こういん》僧正上人の四十九日の導師となる事」、(六六)「後鳥羽院、聖覚法印に一念多念の義を尋ね給ふ事」を載せている。

(四八)では千観をして、『発心集』と同じく、顕密兼学の人で公請にも従ったが、空也の教えにより遁世した人だとし、遷化のとき願文を握り、口に仏号を唱えたとする。『日本往生極楽記』と異なるのは、娘ではなく父の権中納言敦忠と、命終の後には夢の中において必ず生処を示す契約をしたとすることである。また(六三)の法然の伝記は、後述の『伝法絵流通《でんぽうえるずう》』や『源空聖人私日記《げんくうしょうにんしにつき》』と近い関係にある。

二　浄土宗の布教と空也

法然は、極楽往生を願う人にとって最も肝心なことは、南無阿弥陀仏(念仏)を称《とな》えることであり、学問も修行もいらない簡単なものであることを強調して浄土宗を開いた。著書『選択本願念仏集《せんちゃくほんがんねんぶつしゅう》』においては、諸経典より念仏の要文を引き、称名念仏が阿弥陀仏によって選択された唯一の往生行だとして、阿弥陀仏の本願を信じて念仏を唱えれば浄土往生できることを論証している。

本書は九条兼実の要請により、建久九年（一一九八）法然六十六歳の頃の撰述といわれている。念仏のみをひたすら唱えて他の行を修めないという「専修念仏」の教えは、念仏以外の行では往生できないとの主張であるので、仏教各宗派からは偏執と非難され、朝廷・幕府から禁止され、建永の法難・嘉禄の法難などの弾圧を受けた。しかし、戦乱・飢饉など社会不安が増大するなかで、武士や庶民を中心に多くの信者を獲得した。

法然は「我れ往生要集を先達《せんだつ》として浄土門に入る」と語ったとされる。(6) 法然の法語・消息・行状などを親鸞が三巻六冊に編纂した『西方指南抄《さいほうしなんしょう》』には、九条兼実の北政所の念仏信心についての質問にたいする法然の返事だとする「九条殿北政所ご返事」が収録されている。法然は現当二世（この世とあの世）の信心として、念仏以上に勝れた教えがないことを『往生要集』を引用して説明している。

恵心の僧都の『往生要集』に、「往生の業、念仏を本とす」と申したる、このこころ也。いまはただ余行をとどめて、一向に念仏にならせたまふべし。念仏にとりても、一向専修《いっこうせんじゅ》の念仏也。（中略）一向の言は、二向・三向に対して、ひとへに余の行を選びて嫌ひ除くこころなり。御祈りのれうにも、念仏がめでたく候。『往生要集』にも、余行の中に、念仏すぐれたるよし見えたり。(7)

その源信の『往生要集』が空也の教えに基づき執筆されたとする説話の成立は、法然門下に大きな影響を与えている。浄土宗においても、念仏往生を勧めた先師上人として空也の存在を無視することができなくなった。

法然の専修念仏は、法然の生涯とその教えを絵解《えと》きすることで諸国に伝えられた。その関東布教に使用されたのが、嘉禎三年（一二三七）に制作された『伝法絵流通』である。法然は流罪から帰洛する途中、勝尾寺に滞在した。法然は勝尾寺に所持の一切経を施入したが、その開題供養には濁世《じょくせ》の富楼那《ふるな》、天下の大導師といわれた聖覚が招かれた。(8)

その唱導において聖覚は「空也上人の念仏は、音をたてるが徳を知らない」「良忍上人の融通念仏は、神祇冥道には勧めたが、凡夫の望みにはうとい」とその欠陥を指摘したと絵解きしている。空也を崇敬し、念仏往生を勧める遊行集団の存在が窺われる。

親鸞は壮年期、先師法然の念仏勧進（人々に念仏を勧めて仏道に入れること）につとめて、絶対他力を唱えて北陸・関東の武士や農民層にひろめた。その在世中の肖像に、両手で念珠をとった親鸞が上畳の上に狸皮の敷物に坐す「安城《あんじょう》の御影《ごえい》」（八十三歳）がある（図6）。前には桑木の火桶と猫皮を巻いた鹿杖、猫皮の草履があるのが特色である。旅の道具が描かれていて、旅をする念仏聖親鸞を描いたものである。(9) 門下の念仏勧進においては、空也の念仏に価値を認めていて、親鸞門流で使用されていた高田本『法然上人伝法絵』と、覚如が制作した『拾遺古徳伝《しゅういことくでん》』では「空也上人の念仏常行は、声をたて丶徳をあらはし……」と徳がある高声念仏だと、聖覚も褒めたとしている。

三　踊り念仏と日蓮の批判

一遍は伊予の有力武士河野氏の子として生まれ、法然の孫弟子にあたる西山派《せいざんは》の聖達《しょうたつ》に師事し、法名を智真《ちしん》といった。熊野権現《くまのごんげん》に人々の往生は阿弥陀仏によってすでに約束されたことだから、すべ

図6　親鸞の肖像画(安城の御影　蓮如模本)
京都市西本願寺所蔵
三河国安城に伝来したことより「安城の御影」と呼ばれている。文和4年(1355)存覚が安城から上洛持参した照空に見せてもらったことが備忘録『存覚上人袖日記』に見え、親鸞の服装や調度を詳しく記すとともに、表書きに「親鸞法師真影、建長七年[　]月八日、法眼朝円筆」とあると記している。

図７　空也遺跡市屋道場での踊り念仏(『一遍聖絵』巻七第三　神奈川県清浄光寺所蔵)

ての人に信・不信にかかわらず「南無阿弥陀仏、決定往生《けつじょうおうじょう》六十万人」と記した名号の札《ふだ》を配るようにとの夢告を得た。名を一遍に改めて、札を配る（賦算《ふさん》）旅に出た。また、念仏を唱えながら踊《おど》り、念仏三昧の境地に入る（極楽往生の法悦を体現する）踊り念仏を始めて、時宗の布教につとめた。

その踊り念仏について、『一遍聖絵《いっぺんひじりえ》』巻四では「抑もをどり念仏は、空也上人、或は市屋、或は四条の辻にて始行し給けり」として、空也を踊り念仏の祖師として崇敬している。[10] 巻七の第二段では、弘安七年（一二八四）閏四月十六日、関寺《せきでら》から入洛した一遍は、四条京極の釈迦堂に入った。多くの人々が参集したが、その七日後に因幡堂《いなばどう》に移り、招きにより三条悲田院《ひでんいん》、次いで蓮光院《れんこういん》に滞在し長老と歌の贈答をした。[11] それに続く第三段の

詞書は、

そのゝち雲居寺《うんごじ》・六波羅蜜寺、次第に巡礼《じゅんれい》し給て、空也上人の遺跡市屋に道場をしめて、数日をゝくり給しに……。京中の結縁首尾、自然に四十八日にて侍しが、市屋にひさしく住給しことは、かたがた子細ある中に、遁世のはじめ「空也上人は我が先達なり」とて……。[12]

と述べていて、一遍は空也を自身の先達（お手本、自分より先に仏道に深く達した人）としていたとする（図7）。すなわち、時宗では、一遍は空也念仏の正統な継承者であると主張することで諸国での

図8　一遍上人像　愛媛県宝厳寺所蔵

念仏布教を展開させたのである。一遍の生家跡と伝える愛媛県松山市宝厳寺《ほうごんじ》所蔵の一遍像は、あたかも念仏を唱えるかのように、唇を開き、裾の短い衣を纏う遊行姿である（図8）。

日蓮は、三十九歳の文応元年（一二六〇）、当時頻発した災害の原因を法然の念仏の流布にあるとして、その禁断と正法である『法華経』の弘通による安国実現を説くために『立正安国論《りっしょうあんこくろん》』を著した。法然門下の念仏者である旅客と主人が対話を交わしながら、災難の由来や謗法の原因などを追求する十段の問答から構成されている。その第八段では謗法禁止の問答を載せ、第九段では客が法然聖人の『選択集』の誤りがはっきりした。諸仏・諸経・諸菩薩・諸天等をもって「捨閉閣抛《しゃへいかくほう》」の四文字をもって排除したこと、その文に明らかであるとして、旅客が「聖人国を去り、善神所を捨て、天下飢渇し世上疫病」が起こったことを了解した旨を主人に告げている。(13)

踊り念仏に対しては、弘安二年（一二七九）五月二日の「新池殿御返事」によると、浄土宗の人々は、現在の主・師・親である釈迦仏を閣《さしお》き、他人である阿弥陀仏の十万億の他国へ逃げ行くべきよしを願わせているとして批判する。

阿弥陀仏は親ならず、主ならず、師ならず。されば、一経の内に虚言《そらごと》の四十八願を立て給ひたりしを、愚かなる人々は実と思ひて、物狂わしく、金拍子《かねびょうし》をたゝき、踊りはねて念仏を申し、親の国をば厭《いと》ひ出でぬ。来迎せんと約束せし阿弥陀仏の約束の人は来らず。中有《ちゅうう》の旅の空に迷ひて、謗法の業にひかれて、三悪道と申す獄屋へおもむけば、獄卒《ごくそつ》・阿防《あぼう》・羅刹《らせつ》、悦びをなし、捉へ搦

めて、さひなむ事限りなし。(14)

と念仏信仰をやめるように説いている。

日蓮の著作のなかで空也の念仏に言及するものはないようである。弘長三年（一二六三）の『持妙法華問答鈔』において、『法華経』は釈迦一仏の悦び給うのみならず、諸仏出世の本懐であるので十方三世の諸仏も悦ばれる。仏だけでなく神も随喜されるとして、

伝教大師是を講じ給ひしかば、八幡大菩薩は紫の袈裟を布施し、空也上人是を読み給ひしかば、松尾の大明神は寒風をふせがせ給ふ。されば七難即滅七福即生《しちなんそくめつしちふくそくしょう》と祈らんにも此御経第一也。(15)

と、先の『発心集』の空也説話を引き、法華持経者《じきょうしゃ》としての空也を高く評価している。

四　六波羅蜜寺と空也像

第一章で検討したように、摂関期に六波羅蜜寺が道俗貴賤の参詣で賑わっていた様子は説話集にみられるが、そこには空也の名前や、彼が創建した西光寺は一度も登場しない。六波羅蜜寺においても、寺の隆盛を、空也没後に西光寺に入り寺号を六波羅蜜寺と改め、天台別院とした中信《ちゅうしん》大法師とその遺弟たちの功績だと称えている。空也が建立した西光寺と、天台別院であり勧学会や結縁講が催された六波羅蜜寺とは性格がまったく異なる寺院だと主張されていた。

三善道統・源為憲・慶滋保胤といった文人貴族により紹介された有験《うげん》の聖《ひじり》空也の生涯と活動は、鎌

倉期の選択《せんちゃく》・専修《せんじゅ》・易行《いぎょう》による念仏信仰の全国的な展開のなかで、誰でも念仏を唱えれば極楽に往生できるとの教えをひろめた聖として、また、日本仏教における念仏の祖師として尊崇される伝承説話に成長するのである。そしてまた、知識を唱うての活動は、「勧進」の語が仏法との結縁《けちえん》の代償としてその費用を奉納させることを意味するようになると、勧進聖の代表的人物として語られるようになる。しかし、空也の生涯や「講《こう》の寺」六波羅蜜寺の信仰を語るさいには「勧進」という語が一度も使用されていなかった事実を指摘しておきたい。

　六波羅蜜寺の空也像は、鎌倉中期の運慶《うんけい》の子康勝《こうしょう》の製作で、左手に鹿の角を付けた杖を持ち、右手で首からかけた鉦《かね》を打ちならし、口から南無阿弥陀仏（念仏）を表す六体の化仏《けぶつ》を出している（図9）。当代肖像の代表作であるが、念仏を唱えると、その一音一音が阿弥陀仏になったという伝説を彫

図9　空也上人像
京都市六波羅蜜寺所蔵　撮影：山本建三氏

刻化したものである。

空也像の伝来は、正徳元年（一七一一）刊行の『山州名跡志《さんしゆうめいせきし》』巻三に六波羅蜜寺開山堂《かいざんどう》に空也像が安置されているとの記載がある以外の経緯が不明である。(16)『一遍聖絵』巻七においても、一遍の京都における活動を記載するのに、雲居寺・六波羅蜜寺、次第に巡礼して空也上人の遺跡市屋に道場をしめてとして、六波羅蜜寺を空也の遺跡としていない。六波羅蜜寺に「空也上人像」が安置されていたなら、とりもなおさず第一番に一遍が六波羅蜜寺に参詣したと記載すべきではないだろうか。一遍以下の時宗祖師像を数多く製作した七条仏師との関連も考えられ、時宗の隆盛のもとに製作された可能性もある。開山祖師像として安置するために、六波羅蜜寺の依頼により康勝が製作したと断定することはできないのである。

（1）新潮日本古典集成『方丈記　発心集』、五八頁。
（2）同右、二四七頁。
（3）同右、二九五頁。
（4）同右、二九六頁。
（5）日本古典文学大系『古今著聞集』、七〇～一〇六頁。
（6）醍醐三宝院蔵『法然上人伝記』（藤堂恭俊博士古稀記念『浄土宗典籍研究　資料編』、同朋舎出版、一九八八年、一三六頁）ほか。坪井俊映編『法然浄土教要文集』（平楽寺書店、二〇〇五年）参照。

（7）『定本親鸞聖人全集』第五巻、三二八頁。
（8）拙著『本地垂迹信仰と念仏』第四章「法然上人『伝法絵流通』と関東」（法藏館、一九九九年、二二一頁以下）参照。
（9）平松令三『親鸞』（吉川弘文館、一九九八年、一六五頁）。同「鏡御影と安城御影の問題点」（『西本願寺教学研究所紀要』二〇号、二〇〇〇年）。
（10）岩波文庫『一遍聖絵』、四一頁。
（11）同右、七二頁。
（12）同右、八一頁。
（13）日本古典文学大系『親鸞集　日蓮集』、三一五頁。
（14）『昭和定本日蓮聖人遺文』第二巻、一六四一頁。
（15）『昭和定本日蓮聖人遺文』第一巻、二八四頁。
（16）○普陀洛山六波羅蜜寺、門〈北向〉、堂〈東向〉本尊十一面観音〈立像長一丈〉作空也上人。○開山堂、在堂前西向、空也上人像〈立像四尺許〉自作（『新修京都叢書』第一五巻、五六・七頁）。『六波羅蜜寺民俗資料緊急調査報告書』（第二分冊、元興寺仏教民俗資料研究所、一九七二年、三八頁）参照。

第三部 「法然」 浄土宗の布教と法然伝

法然上人(円光大師) 坐像　奈良県當麻寺
奥院所蔵　写真提供：奈良国立博物館

第一章　女人教化譚の成立

はじめに

法然の生涯を描いた最初の伝記絵巻は、躭空《たんくう》が鎌倉八幡宮本社周辺において嘉禎三年（一二三七）に執筆した旨の記載がある『伝法絵流通《でんぼうえるずう》』である。もとは上下二巻仕立てであったが、四巻仕立ての室町後期写本が久留米善導寺《ぜんどうじ》に所蔵されている。書名の「流通」には教えを伝え弘めるという意味があるが、法然の生涯と教えを描いた絵画を見せながら、絵画中の経文や説明文、詞書《ことばがき》を聴衆に読み聞かせ、ときには詳しく解説するという、絵解《えと》き（視聴覚伝道）のために制作されたものである(1)。

法然の生涯の出来事として強調したいことについては、聴衆に強く印象が残るように、さまざまな工夫や演出がなされている。通常の絵巻物では、詞書が書かれ、それに対応する絵画が描かれているが、『伝法絵流通』では絵画の上段や下段に詞書があったり、絵画だけ、詞書（文章）だけの段がある。ときには、絵画が連続したり、絵画のなかに絵画を説明する書き入れや、経文の引用があったりもする。

なかでも、法然は天台宗（山門）の僧侶であり、その念仏も慈覚大師《じかくだいし》の念仏を継承した正統な念仏である。法然は念仏による王法の興隆を願って天皇や公家・女院に戒を授け、念仏往生の教えを説いた。決して顕密《けんみつ》の諸宗から仏法と王法を破滅に導く破戒の指導者として訴えられるような異端の念仏者ではないということが、くり返し強調されている。また、大原談義（問答）・東大寺大仏殿説法・室泊《むろのとまり》の遊女結縁・塩飽島《しあくじま》の地頭の帰依・勝尾寺《かつおじ》滞在など、法然の生涯の出来事として著名な話のほとんどの文献上の初見が『伝法絵流通』なのである。(2)

ところで、法然の念仏と女性の往生の問題を検討する場合、これまでの研究の中心は、各種伝記絵巻、とりわけ『法然上人行状絵図』における法然の生涯をあたかも歴史的事実としたうえで、法然の門流において、法然の著述や消息、法語として編纂された書物のなかから、法然の女性観を抜出して分析・検討することで、法然の女人往生思想が議論されてきた。しかし、法然の著述として伝来するもので女人往生について論及しているのは『無量寿経釈《むりょうじゅきょうしゃく》』ただ一篇との指摘もある。(3)また、その一篇の『無量寿経釈』の女人往生論も、本章で指摘するように後世に増補されたものと推察される。そこで法然の活動を検証するとともに、法然門下の伝道活動のなかでの女性への対応を明らかにすることが必要となってくる。そのような視点からの先行研究としては、田村圓澄氏が『伝法絵流通』における法然と女院との関係記事が、念仏教団が宮廷貴族と交渉をもつにいたった前後に付加されたもの

であり、法然の上西門院《じょうさいもんいん》説戒も史実ではないと指摘されているぐらいで、本格的な考察はみられない。(4)

よって本章では、最初に『伝法絵流通』の成立背景を山門の善導流の念仏信仰との関連から探るとともに、「法然の念仏」の布教伝道書としての特色を明らかにすることから始めたい。そして、本伝記における法然と女性との関係を指摘したうえで、門流において法然を我朝の念仏の祖師と仰ぐ「宗団」が形成され、山門の念仏から「浄土宗」(覚如《かくにょ》以前の親鸞門流も含む)の念仏としての組織的伝道が展開されるなかで、女性の念仏往生に関する教義が整備され、滅後百年を経過して制作された『法然上人伝記』(『九巻伝』)『法然上人行状絵図』等に、法然の女人教化譚《きょうけたん》が掲載されるにいたる経過について、検討を加えてみることにしたい。

一　山門の念仏と善導

(1)慈覚大師と善導

慈覚大師円仁《えんにん》が入唐求法《にっとうぐほう》した五台山《ごだいさん》や長安で行なわれていたのは、音曲入りの五会《ごえ》念仏であった。五会念仏とは唐時代の浄土教の祖法照《ほっしょう》が始めた五音の曲調に分けて、緩より急に唱える音楽的念仏のことである。法照が『五会法事讃《ごえほうじさん》』を著し、この念仏により凡夫《ぼんぶ》の身を捨てて極楽に生まれることができると説いているように、それは善導系の口称《くしょう》念仏であった。

慈覚大師は『五会法事讃』を請来するとともに、仁寿三年（八五三）に五台山念仏三昧の法を比叡山に移して、弟子たちに授け常行三昧《じょうぎょうざんまい》を始修した（『慈覚大師伝』）。よって比叡山東塔常行堂の念仏は善導流の欣求《ごんぐ》浄土業であり、口称を重んじる「不断念仏《ふだんねんぶつ》」として、各地に常行堂が建立されるとともに弘まった。(5) また、源信の二十五三昧はこの善導流をうけたものである。法然が善導和尚をもって所依の宗師としたことを、凝然《ぎょうねん》は『浄土法門源流章《じょうどほうもんげんるしょう》』で、黒谷において源信の『往生要集』が歴世相伝され、叡空が伝持していたのを法然が学ぶことによってのことだと解説している。(6)

この慈覚大師の不断念仏と声明《しょうみょう》は大原にも伝えられた。院政期以後には勝林院《しょうりんいん》や来迎院を中心に大原の念仏として定着した。勝林院を中心に念仏三昧が行なわれ一つの衆をなすとともに、良忍を中心とする同行集団が来迎院を中心に形成された。(7)

勝林院に住した源時叙《ときのぶ》（寂玄《じゃくげん》）は『拾遺往生伝《しゅういおうじょうでん》』（巻中）に収録されている往生人であるが、(8)『古《こ》今著聞集《こんちょもんじゅう》』（巻二）は彼の三十年間の常行三昧を毘沙門天《びしゃもんてん》が守護し、常行三昧中に即身成仏したと伝える。(9) また『発心集《ほっしんしゅう》』（巻六）では、室津《むろつ》の遊女が我が身の罪の深さを嘆いて結縁している。(10)

建久二年（一一九一）に天台座主となる顕真《けんしん》は、四十三歳の承安三年（一一七三）に官職を辞退して大原に隠遁したが、如法経《にょほうきょう》を勧進《かんじん》し唱導の師としても活躍した。大原上人本成房湛斅《たんごう》（豪）は建礼門院の出家の戒師をつとめている（『吉記《きっき》』元暦二年五月一日条）。この顕真と湛斅は山の智海法橋とともに、寿永元年（一一八二）三月に如法経書写供養の法会を勧進した。その求める所の意趣は、広く群生を利す（救済する）ためであるが、殊に天下の乱を直すことと、戦場終命の輩の怨霊を消すためであった（『玉葉《ぎょくよう》』同三月十五日条）。後白河法皇以下の貴賤上下がこぞって結縁している。

『平家物語』灌頂《かんじょう》巻では建礼門院の出家の戒師は、東山長楽寺《ちょうらくじ》の阿証房印西《いんさい》がつとめたとしている。(11) 法然はこの湛斅や印西とともに、九条兼実の娘中宮任子の懐妊のさいに、各五十日間結番《けちばん》している（『三長記《さんちょうき》』建久六年七月十三日条）。貴族社会における仏事・法会の場での三上人の活動は同様のものであったが、その戒脈においても近い関係にあった。すなわち、伝教大師より伝戒の慈覚大師の円頓《えんどん》戒《かい》は、良忍以後、叡空の黒谷流と、薬忍の大原流と、厳賢の大念仏流とに分派した。法然と印西は良忍—叡空、湛斅は良忍—薬忍という、いずれも良忍からの系譜の円頓戒を相承している（「大乗円頓菩薩戒相承血脈譜」）。(12)

貴族の側からすれば、大原上人や黒谷上人たちに求めた説戒や念仏、唱導といった「宗教」は、同じ信心であり供養であった。

(2) 貴族社会と善導

『平家物語』灌頂巻によると、文治二年（一一八六）の春、後白河法皇は大原の建礼門院の庵室を訪れた（図1）。その庵室の光景はというと、阿弥陀三尊の中尊阿弥陀仏像には五色の糸がかけられていた。(13) 三尊の左には普賢菩薩《ふげんぼさつ》の画像、右には善導和尚と安徳天皇の画像がかけてあり、八軸の妙文

図１　大原御幸絵巻一巻　桃山時代　京都市寂光院所蔵
詞書には『平家物語』大原御幸の全文を収める。跋文によると、寂光院に寄贈のために制作された絵巻で慶長17年（1612）に完成した。

（『法華経』）と九帖の御書（善導の五部九巻の著書）が安置されていた。また、障子には大江定基《おおえのさだもと》（寂照《じゃくしょう》）が五台山で臨終の時に詠んだ詩の一節が貼られていた、と叙述されている。この庵で年月を過ごした建礼門院は、建久二年（一一九一）如月《きさらぎ》（二月）の中旬、中尊の御手にかけた五色の糸を手にとり念仏往生をとげたのであった。

釈迦と弥陀とともに善導をも合せて尊信する信仰は、当時の一般的な念仏信仰であった。

仁治三年（一二四二）ころ、証空の門下が、後鳥羽院の皇子の道覚《どうかく》法親王のためにした、写経を納めた山崎大念寺阿弥陀仏像の胎内には、浄土三部経（『無量寿経』『観無量寿経』『阿弥陀経』）・『梵網経《ぼんもうきょう》』・『法華経』如来寿量品・『観経疏《かんぎょうしょ》』玄義分が納められている。善導の五部九巻の著書は、証空や親鸞の門流においても流布した。[14]

東大寺僧奝然《ちょうねん》の弟子盛算《せいさん》は嵯峨清涼寺内の釈迦堂に栴檀《せんだん》の釈迦如来像を奉安し、勅許を得て五台山清涼寺と号し華厳宗《けごんしゅう》の寺とした。以来釈迦信仰の寺として興隆し、室町時代には融通念仏《ゆうずうねんぶつ》の大道場となる。清凉寺は建保六年（一二一八）に焼失しているが、その釈迦堂と阿弥陀堂を再建したのが西隣の往生院に住していた念仏房である。寛喜二年（一二三〇）四月十四日、一日嵯峨念仏があり聖覚《せいかく》が招かれ善導像が供養されている（『明月記』同日条）。また同年の十月二日条によれば、藤原隆信《たかのぶ》（戒心）の子息信実《のぶざね》が、守貞親王の皇子で後に天台座主となる二品親王（尊性）の仰せにより、嵯峨で善導の御影《みえい》を写している。(15)

法然と湛斅・印西とが交流があったように、貴族の仏事の場では法然門下と山門の念仏僧とは同席していて、対立することはなかった。そのことは平経高《つねたか》の日記『平戸記《へいこき》』からも指摘できる。(16)

仁治元年（一二四〇）に経高を念仏生活に導いた戒師は、東山一切経谷《いっさいきょうだに》に住房があった仕仏《しぶつ》上人である。仕仏は著名な戒師で、経高の依頼で「円頓戒祖師曼陀羅」の裏書と表紙銘を書いている。『伝法絵流通』の法然の往生の告をこうむった人のなかに、この一切経谷の住僧大進公がいる。経高には六人ずつの月番制の恒例念仏衆十二人がいた。能声《のうせい》の念仏僧が選ばれたが、そのなかに『伝法絵流通』で後白河院の菩提廻向《ぼだいえこう》のために住蓮《じゅうれん》・安楽《あんらく》とともに六時礼讃《ろくじらいさん》をつとめた大和《やまと》入道見仏《けんぶつ》と、大谷禅房の後継者定仏《じょうぶつ》がいる。

経高は寛元二年（一二四四）三月十四日、この日は善導和尚御忌日《おんきにち》との説があるので、持仏堂で善導大師の御影をかけて一昼夜念仏を修した。この十四日説は故空阿弥陀仏の説だと記しているが、空阿も法然門弟の一人である。証空は雲戒《うんかい》という僧の老母に授戒したが、この老母の臨終の善知識《ぜんちしき》は念仏房がつとめている。念仏房はまた九条道家《みちいえ》にも授戒している。

(3)『伝法絵流通』と大原談義

『伝法絵流通』から躭空の法然の弟子としての位置を紹介しておく。法然亡きあと定生房が大谷禅房の主となっていたが、元仁元年（一二二四）八月三日亡くなる。五日には信空により定仏が後継者に命ぜられた。躭空は、定生房の七七日《しちしちにち》の中陰《ちゅういん》法要の導師をつとめ、『法華経』『金光明経』浄土三部経を開題供養している。『選択集』を付与された隆寛《りゅうかん》が嘉禄三年（一二二七）に、信空がその翌年亡くなっている。嘉禎三年の頃に、法然の伝記執筆者としてもっともふさわしい弟子は、信空や大谷禅房の後継者である定仏や定生とも親交の深かった躭空以外にいないことが理解できる。『法華経』『金光明経』を供養したということは、法然の廟堂《びょうどう》においては朝家の安穏も祈られていたのである。延暦寺を本山と仰ぐ法然の弟子たちにとっては当然のつとめであった。

大原談義の文献上の初見は『伝法絵流通』である。以下その内容を紹介する。

法眼《ほうげん》顕真が大原に籠居《ろうきょ》していたときに、法印永弁《えいべん》と「出離解脱《しゅつりげだつ》のはかりこと」と「頓証菩提《とんしょうぼだい》のいりかと（入門）」について談じた。永弁は、委《くわ》しくは法然に尋ねたらよいと述べて叡山に帰った。顕真は法然を自房の龍禅寺《りゅうぜんじ》に招き、浄土の教文と念仏往生の義について尋ねることにした。龍禅寺には、南北の名匠・遁世の人びとや大原上人、山門の僧侶たち都合十七名が参集した。その内訳は僧都明《みょう》遍《へん》・已講貞慶《じょうけい》・重源《ちょうげん》和尚・印西上人、処々の遁世の人びと、当所大原の湛斅・蓮契師弟の上人ら十余人、山門久住の智海法印・静厳僧都・覚什僧都・証真・尭禅・静然法眼・仙基律師らである。面々が諸宗に立ち入り深義論談した。法然が散心念仏の時にかない、折を得たものであることを詳細に解説するのを聞いた顕真は、双眼に紅涙を流すとともに自ら香炉《こうろ》をとり旋遶行道《せんにょうぎょうどう》し高声念仏を唱（称）えた。列席の南北の名匠たちも西土（浄土）の教えに帰し、上下諸人も各異口同音に三日三夜間断なく念仏を唱えた。「総《すべ》て信男信女三百余人、参礼の聴衆かすをしらす」というありさまとなった。そして、湛斅の発起により勝林院・来迎院等においては不断念仏が始められ、これより不断念仏は洛中・辺土の道場で修せられて盛んとなった。また、やがて顕真は召し出され天台座主に補せられ僧正に任ぜられた。顕真は末代の高僧であり、本山の賢哲である。諸宗の碩徳たちも率して法然を讃嘆した。このような経過により、一天四海、念仏を以て口遊《くちずさみ》にとするようになったのだという。

この場面では、なんといっても、顕真が法然の念仏を受容してのちに天台座主となったとすることに大きな意味がある。軌空は、先師法然の念仏が天台座主も称《とな》える「天台宗の念仏」であることを強調しておきたかった。『伝法絵流通』や増上寺《ぞうじょうじ》所蔵の『法然上人伝記』残欠本の大原談義の絵画では、法然の側の座席に、法然の隣に重源、その次に湛斅・印西・念仏房との順に座らせている。このことからしても、軌空自身と山門の念仏僧と交流があったことは間違いないであろうし、彼らとその活動

図２　法然誕生の絵解き（善導寺本『伝法絵流通』第１図　久留米市善導寺所蔵）

において対立する関係になかったことを物語っている。

法然の念仏教化が仏法王法相依論にもとづく正当なものであり、法然の遠流やその滅後の墳墓破却がいかに不当なものであったのかを主張するためにも、伝記上重要な場面である。そのためにも躭空は、大原に関東の人たちにも著名な南北の僧侶に参集してもらわなければならなかったのである。

大原談義の背景には、上述した釈迦・弥陀・善導を一体にした山門の念仏信仰があった。よって、それらをふまえて、またそのような念仏信仰をも「法然の念仏」として包括してしまい、関東において「法然の念仏」こそ慈覚大師の念仏を相承した天台宗（山門）の正統な念仏であると主張するために、伝記作者躭空が「大原談義」を創作したのだと考えられる。

二　『伝法絵流通』と女性

(1) 法然と母

『伝法絵流通』では、法然の誕生と幼い頃のことについては、詞書がなく絵画のみで説明されている。田植えの風景と武家の館が描かれる。その中央上段（六行）に「如来滅後二千八十二年、日本国人皇七十五代、崇徳院《すとくいん》長承二年癸丑《みずのとうし》、美作《みまさか》国久米押領使《おうりようし》、漆間《うるま》朝臣時国一子、生するところ」（第一「法然誕生の図」／図2）と説明文がある。如来滅後何年、日本国人王何代に産れたとの説明により、インド・中国における国王と仏法、釈迦の生涯との比較で法然の生涯を説明しようとしていることが読み取れる。しかし、文章（詞書）では、絵画に無い、聖徳太子の舎利を持っての誕生の意義を述べて、太子誕生を日本における仏の誕生、正法《しょうぼう》の始まりだと解釈すべきことを強調している。

ところで、僧の母の理想化は、摂関期より僧や文人貴族のあいだで展開する。院政期には母が僧である息子を宗教的救済のよりどころとすることが顕著になっていく。『法華験記《ほっけげんき》』『拾遺往生伝』においては、老母が僧となった息子の積んでくれた功徳によって、自らの往生をとげることが理想とされ、この考えが当時の女性たちにひろく浸透していった。母を孝養し、その成仏・往生のための仏事を修すことは、僧となった息子の使命とされたのである。(17) 法然と母との関係についても、そのような立場からの叙述となっている。

保延七年（一一四一）の春、夜討ちにより父を亡くした法然は、その年の暮れに美作国菩提寺の院主観覚得業《かんがくとくごう》の弟子となる。まもなくして法然は、師匠の命で比叡山にのぼる。幼い法然と後家となった母との別れの悲しみが、詞書、絵画とその説明文（第五「母子訣別の図」）によって紹介される。

作者躭空は、

乳房のハ、にいとまを申とて、大師尺尊《しやくそん》八十九の御年、父の大王にしのひ給てひそかに王宮をいてたまひ、今小童（法然）は、生母にいとまを申て、二親を仏道に入たてまつらん。

と、釈尊の出家とくらべて法然の幼ないことが指摘される。前述の『平家物語』にみえた大江定基が、大唐に渡り彼の地において円通大師《えんつうだいし》号を賜り「本朝」の名をあげることができたのも、老母の許しがあったればこそだと紹介する。また、『摩訶摩耶経《まかまやきょう》』を引き、釈迦の生母摩耶夫人《まやぶにん》が、白象が胎内に入る夢をみて懐妊し釈迦を産むが、七日後に忉利天《とうりてん》に上生した。釈迦は成道《じょうどう》した後に、その母のために忉利天に昇り説法したことを、母が産める子に教えられる例としてあげている。

このようにして、子どもを出家させる母の悲しみ、僧となった息子の母への孝養が説かれるので、その後の母の生活が思いやられる。しかし、法然の母自身の仏道修行や念仏信仰、誕生にまつわる奇瑞については語られてはいない。『伝法絵流通』では、あくまでも僧の母であって、祖師（権者《ごんじゃ》、仏菩薩の化現《けげん》）の母ではない。母の描き方からも、『伝法絵流通』が先師上人の伝記であり、いわゆる浄土宗（教団）の祖師伝ではないことが了解できる。

⑵上西門院説戒

『伝法絵流通』巻二は、法然の都における宗教活動を説き明かす巻である。その最初に、法然が鳥

図3　法然の上西門院説戒を大蛇も聴聞する（『法然上人伝』〈残欠二巻本〉東京都増上寺所蔵）

羽天皇第二皇女である上西門院《じょうさいもんいん》（一一二六～八九）に七日間説戒したことを述べる。上西門院は平治元年（一一五九）院号宣下をうけ、永暦元年（一一六〇）仁和寺《にんなじ》法金剛院において落飾、真如理《しんにょり》と称したが、文治五年（一一八九）七月二十日、六十四歳で没した。説戒の第七日結願《けちがん》の日に前栽の叢《くさむら》から蛇が出てきたが、説戒の功力により天に昇った。軌空は、上代に聖が『無量義経』を暗誦すると、五百の蝙蝠《かわほり》（こうもり）がこの経の功徳により五百の天人となり忉利天に生まれたとの話を出して、希代の勝事であるとする（第二十三「上西門院受戒の図」／図3）。

上西門院は『法華経』の持経者《じきょうしゃ》で後白河法皇より早く読むことができたという（『愚管抄』巻六）。『無量義経』は、その内容が『法華経』序論に相当することより『法華経』の開経《かいきょう》（序説として説かれる経）とされる経典である。軌空がその功徳との関係で、法然からの受戒の功験を説いていることに注目しておきたい。関東との関係でいえば、源氏は為義・義朝・頼朝と三代にわたり女院に接近することで政治的進出をはたした。ことに義朝・頼朝父子と上西門院とは深い関係にある。頼朝の母熱田大宮司の女《むすめ》は上西門院に仕えていたし、頼朝も上西門院に仕えて上西門院蔵人《くろうど》となり、右兵衛権佐《うひょうえのごんのすけ》に任じられている。義朝・頼朝の栄達は、上西門院をぬきにしては考えられないとの指摘もある。(18)

法然の授戒について、「八条女院、慇(ママ)福門女院、宣陽門女院、七条女院、准后宮、大臣、諸卿、戒文を授くる者」と記している。『伝法絵流通』において、法然より受戒したという女性は、後白河院と高倉天皇に関係する女性である。すなわち、上西門院と八条院は後白河院の姉妹であり、殷富門院《いんぷもんいん》と宣陽門院《せんようもんいん》は後白河院の娘で高倉天皇の妹である。また、七条院は藤原信隆の娘で建礼門院に仕えていたが、高倉天皇の典侍《てんじ》となり守貞親王と後鳥羽天皇の母となった。『伝法絵流通』では、法然の女性への授戒を、日本の国王（天皇）の妹や国王の母へのものであったとするのである。なお、田村圓澄氏は、この八条院以下の記事は、念仏教団の布教が朝廷に及んだ時期の追加とみるべきだとされる。(19)

(3)法然の女人往生譚

『伝法絵流通』巻四は、法然の女人にたいする念仏往生譚から始まる。

ある時に宮仕えしているとみられる尼女房たちが、あまた法然のもとへ参じた。罪深い我らのごとき五障《ごしょう》の女人も、念仏を申したならば、極楽へ往生できるというのは本当か、くわしく聴聞したいとやって来たのである。

女性の往生については、諸仏の浄土から嫌われ「此日本国ニたにも貴くや（ん）ことなき霊地霊験の砌にハ皆悉く嫌たり」ということを示すために、法然は次のように説いた。

比叡山はこれ伝教大師の建立、桓武天皇の御願所なり。大師、自ら結界《けっかい》して谷を堺し、峰を限りて、女人の形を入られざれば、一乗の嶺、高く顕はれて、五障の雲たなびく事なく、一味の谷深くして、三従《さんじゅう》の水流るゝことなし。薬師医王の霊像は、耳に聞て目にはみず、大師結界の霊地は、遠く見て近く臨まず。高野山は弘法大師結界の峰、真言上乗《じょうじょう》繁盛の地なり。三密《さんみつ》の月輪《がちりん》あまねく照すといえども、女人非器《ひき》の暗《やみ》をばてらさず。五瓶《ごびょう》の智水ひさしく流るといえども、女人垢穢《くえ》のあるをばすゝがず。聖武天王（ママ）の御願十六丈金堂の舎那《しゃな》の前には、遙かにこれを拝見すれども、扉の内には入られず。天智天皇の建立五丈石像の弥勒の前は、仰いでこれを礼拝すれども壇上には障《さわり》あり。ないし、金峯《きんぷ》の雲の上、醍醐の霞の底までも女人さらにかげをささず。

法然は、女性は罪深いゆえに一切の處から嫌われていることを理解させる。

その上で、一切の女人は、弥陀の名号願力によらなければ女身を転じることができない。弥陀の本願以外には往生することができないことを教えた。よってその座にいた尼女房たちは「念仏門」に入り、このことを伝え聞いた女房たちも念仏に励むようになったとの話である。「上人の仰けるハ、弥

図4　女人、法然の法談を聴聞する（善導寺本『伝法絵流通』第50図　久留米市善導寺所蔵）

陀の本願を憑むより外ニハ、女人更《さら》に往生の望をとくへからす」という法然自身の言葉を掲載している。絵画（第五十「女人法談聴聞の図」／図4）には、法然とその教えを聴聞する女房たちが描かれている。法然自身やその門下において、女性にたいする布教にいかに力を入れていたのかを、窺うことができる話である。

だがしかし、この女人教化の話は『伝法絵流通』が編纂された当初より掲載されていたものではない。後に増補されたものである。そのことを検討しておく。

『伝法絵流通』では都における法然の宗教活動は巻二に叙述された。法然が女性に関係するのは戒師としてであり、躭空は法然が女性に念仏往生を勧めたことは記載していない。この話を掲載するのは、『伝法絵流通』のほかには

『法然上人伝記』(『九巻伝』)である。国華本『法然上人伝法絵　下』や高田本『法然上人伝法絵　下巻』の展開と比較してみても不自然で、教化の必要上、現行の四巻仕立てにされたときに、巻四冒頭に「ある時……」と増補されたと推察できる。

上述したように『伝法絵流通』における法然は、天台宗の僧侶であり、その念仏は慈覚大師の念仏を相承した山門の正統な念仏だと説明される。躭空は、先師上人(法然)の生涯を、本山と仰ぐ比叡山やその本尊にたいして、このような対立した表現をする人物としては描いていない。法然とその門下の山門の念仏僧の貴族社会の女性への教化については、大原上人湛斅や印西、それに念仏房たちの活動と同様のものであったと『伝法絵流通』では説示している。

したがって、『伝法絵流通』の成立した時期には、いまだ比叡山・高野山・東大寺・醍醐寺・金峯山などにおける女人結界を批判したうえで、女性にたいして念仏往生を勧めるような教化活動は展開されていなかった。「法然の念仏」を勧進するのに、このような活動が開始されるのは、法然を我朝の念仏の祖師とする「浄土宗」が確立する十三世紀の末になってからのことである。『無量寿経釈』は法然の著書であるが、後世の増補部分がある。[20] この部分も法然の貴族社会での活動からして、増補されたものと考えるべきである。

さらにいえば、『伝法絵流通』『九巻伝』とも『拾遺古徳伝』掲載の『無量寿経釈』を読み下しての創作である(後述)。躭空自身が『無量寿経釈』より創作した可能性はない。『古徳伝』成立以後に増補された場面だと考えざるをえない。

院政期以後、貴族の霊地参詣の晴儀において、その経路において遊女が推参《すいさん》することは、常の習いであった。遊女は、彼女たちの芸能を賞翫《しょうがん》した貴族らから被物《かずけもの》を賜ることが恒例となっていた。[21] この慣習に基づいて創作されたのが、法然流罪の旅の途中での室泊の遊女結縁譚である（第四十二「室泊遊女結縁の図」）。したがって、『伝法絵流通』の遊女結縁譚は、法然が遊女を教化するためだけの話ではない。

『伝法絵流通』には、「上人往生の夢に驚いて、参給ける」仁和寺の尼と、第五十一「御往生の図」において兼日に往生の告を蒙る人びととして名前が列挙されているなかに、尼念阿弥陀仏と坂東尼がみえる。女性の法然への帰依者がいたことは間違いないが、特別に教化対象として、伝記作者や布教者の側に意識されていたのか否かは、第二章で考えてみたい。

三　浄土宗の布教と女性

(1) 親鸞と法然の念仏

『伝法絵流通』は親鸞の関東の門流において絵解きされていた。その一本が上記『法然上人伝法絵下』（『国華本』）である。[22]『伝法絵流通』や『国華本』の病床御物語の図と御往生の図では、信空・隆寛・聖覚と弟子たち（勢観房源智・親守（盛）大和守見仏・右京権大夫隆信沙弥戒心・空阿）とを明確に区別している。この絵画からは随時の弟子は信空、法然の同門が権律師隆寛、法然・信空・隆寛のよき理解者として安居院《あぐい》聖覚が描かれている。また、弟子たちがいかにも年の若い青年僧として描かれている。親鸞は登場しないが、親鸞が東国の門弟たちのために聖覚の『唯信鈔《ゆいしんしょう》』や隆寛の『自力他力《じりきたりきの》事《こと》』『一念多念分別事《いちねんたねんふんべつのこと》』を書写し、注釈を加えていたことと一致する。

この絵画の説明としては、隆寛に学び信空の弟子となった信瑞《しんずい》が、その著書『明義進行集《みょうぎしんぎょうしゅう》』において、法然は、「我が後に念仏往生の義すぐにいわむとする人は聖覚と隆寛なり」と述べて、正しい継承者だとすることとが一致する（巻三「第七安居院聖覚」）。[23] 信瑞は関東の御家人に念仏を勧めており、建長八年（一二五六）諏訪《すわ》一族の上原敦広《うえはらあつひろ》の二十五カ条の質問に答えたのが『広疑瑞決集《こうぎずいけつしゅう》』である。本書は、その殺生祭神《せっしょうさいしん》を否定し清浄祭祀《しょうじょうさいし》を勧める神祇観とともに、在地領主のための治政論としても注目されている。[24]『法然上人行状絵図』は、得宗被官《とくそうひかん》の筆頭として権力を振るった諏訪盛重《もりしげ》（蓮仏）が信瑞に帰依したこと。また、信瑞の贈呈した法然伝により北条時頼が増信し、念仏往生をとげたことを、盛重が信瑞に手紙で知らせたとの話を掲載している（巻第二十八）。

親鸞は、阿弥陀仏の木像や画像ではなく阿弥陀仏の名号《みょうごう》を本尊としていた。門弟たちには、主に十字の名号本尊「帰命尽十方無碍光如来《きみょうじんじっぽうむげこうにょらい》」を蓮台の上に書き、その上・下に経論や経釈を書いて与えた。門弟たちはそれに加えて、善導や法然らの祖師先徳の肖像をも本尊としていた。それらにも讃銘が書かれているが、親鸞が門弟の求めで、これら本尊の解説をしたのが『尊号真像銘文《そんごうしんぞうめいもん》』である。正

嘉二年（一二五八）八十六歳のときの書写本を紹介したい。(25)

◇「日本源空聖人真影」。建暦壬申（二年）三月一日の「四明山《しめいざん》権律師劉官《りゅうかん》（隆寛）讃」がある。四明山とは比叡山の別称である。三月一日は法然の五七日《ごしちにち》にあたる。『伝法絵流通』において隆寛が供養導師をつとめたとすることより、そのときの表白《ひょうびゃく》とされる。

◇「比叡山延暦寺宝幢院《ほうどういん》黒谷源空聖人真像」。『選択集』を引く。この法然の真像名よりしても、親鸞が法然を天台僧として門弟に説明していたことがわかる。

◇「法印聖覚和尚の銘文」。この銘文は親鸞が文暦二年（一二三五）六十三歳のとき書写した『唯信鈔』の後に、藤原隆信入道（戒心）と親盛大和入道（見仏）が法然の面前で、報恩謝徳の仏事を修した。そのとき導師をつとめた聖覚の表白文として付記されている。隆信と見仏は、躭空が法然の門下として強調している念仏者である。親鸞が躭空以下『伝法絵流通』に登場する山門出身の法然門下達とは、親しい関係にあったことは間違いないであろう。

また親鸞は、聖覚が法然から聞いた言葉を紹介することで、法然の教えを説示している。「聖覚和尚のたまわく、わが浄土宗は弥陀の本願の実報土《じっぽうど》の正因として、乃至十声・一声（略本「十声」）称念すれば、無上菩提にいたるとおしえたまふ」「聖覚和尚は、聖人をわが大師聖人とあおぎたのみたまふ御ことばなり。（中略）源空聖人は釈迦如来の御つかいとして、念仏の一門をひろめたまふとしるべし」といった具合にである。

濁世《じよくせ》の富楼那《ふるな》、天下の大導師・名人といわれた説法唱導の大家である聖覚は、関東との関係にも深いものがあった。二階堂行盛《にかいどうゆきもり》による北条政子追善のための造寺供養の導師をつとめている（『吾妻鏡』嘉禄三年七月二十五日条）。関東において、法然の念仏を勧進するのに、藤原通憲《みちのり》（信西《しんぜい》）の孫、澄憲《ちようけん》の子という名門出身の天台の学僧聖覚の唱導をもって語るのが最も効果的な方法であった。親鸞の著述にみられる本師法然にたいする態度や、聖覚・隆寛といった先学の著述への信頼は、『伝法絵流通』と実によく一致するのである。親鸞が東国の門弟たちに語った法然の生涯と念仏は、『伝法絵流通』に基づいたものであったと考えて大過ないと思われる。

ところで、法然の念仏を勧めるにあたって、布教課題として女性の五障三従や変成男子を取り上げている書物はなにかというと、親鸞の二つの和讃《わさん》である。すなわち『浄土和讃』で「三十五の願のこゝろなり」として、

弥陀《みだ》の大悲《だいひ》ふかければ　仏智《ぶちち》の不思議《ふしぎ》をあらはして
　変成男子《へんじやうなんし》の願《ぐわん》をたて　女人成仏《によにんじやうぶち》ちかひたり(26)

と『無量寿経』の阿弥陀仏の第三十五願を紹介しているものと、『浄土高僧和讃』において、善導の『観念法門』により、

弥陀《みだ》の名願《みようがん》によらざれば　百千万劫《ひやくせんまんごふ》すぐれども
　いつつのさわりはなれねば　女身《によしん》をいかでか転《てん》ずべき(27)

とうたっているものである。

この和讃は、親鸞が法然の念仏による女性の往生を語るさいに、『無量寿経』や善導の著書により「変成男子」「五障三従」「女人成仏」の意味を説明していたものとして理解すべきである。上述した親鸞の教化態度からしても、その女人往生論が山門の立場を逸脱したものではなかったと思われる（図5）。

関東の御家人に念仏を勧めていたのは親鸞の門弟たちである。正応四年（一二九一）には北条得宗家の内管領《うちかんれい》平頼綱の助成により『教行信証《きょうぎょうしんしょう》』が開版されている。しかし、最古の注釈書である覚如の長男存覚《ぞんかく》の『六要鈔《ろくようしょう》』の延文五年（一三六〇）の奥書によると、門弟には難解であり、その内容も理解されていなかった。[28] ましてや、布教活動に使用されることはなかった。

(2)祖師伝の成立

関東の親鸞門流において、親鸞没後しばらくは、法然の念仏は慈覚大師の念仏を相承した山門の念仏として勧進されていた。それが、善知識《ぜんちしき》（念仏の指導者）を中心に各地に道場が設立されて、教化活動の拠点が確立されていくと、天台宗や真言宗と競合する「浄土宗」が宗団として組織されてくる。法然と帰依者との問答形式が採用されて、祖師法然の言葉を重んじる教化活動が展開されるようになるのである。この背景には『西方指南抄《さいほうしなんしょう》』や醍醐三宝院《さんぽういん》所蔵の『法然上人伝記』（『醍醐本』）、『黒谷上人語燈録《くろだにしょうにんごとうろく》』など法然の法語・遺文が編集されたことがある。[29]

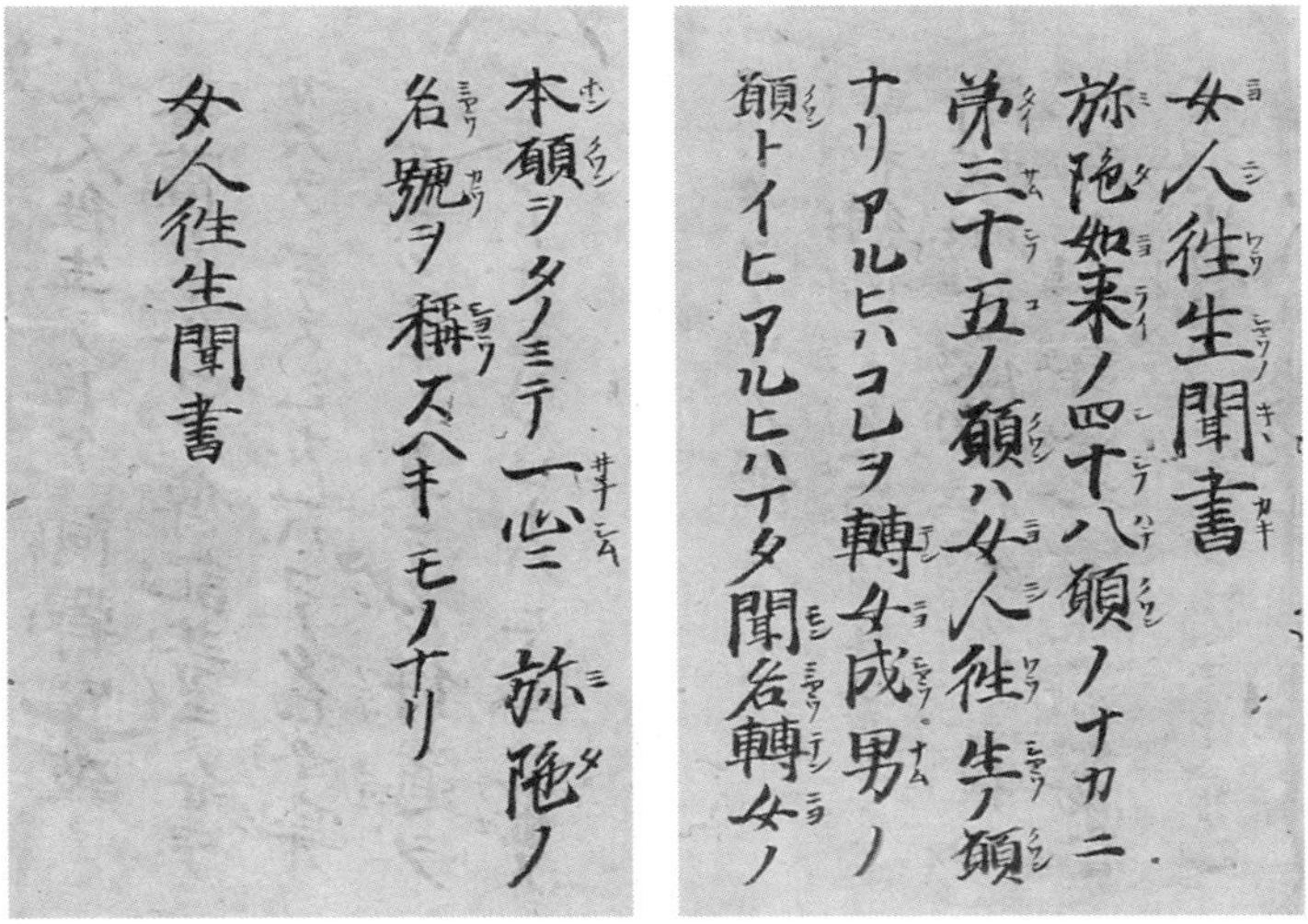

女人往生聞書
弥陀如来ノ四十八願ノナカニ
第三十五ノ願ハ女人往生ノ願
ナリアルヒハコレヲ転女成男ノ
願トイヒアルヒハ又聞名転女ノ

本願ヲタノミテ一心ニ弥陀ノ
名號ヲ稱スヘキモノナリ
女人往生聞書

巻末　　巻首

図５　存覚著『女人往生聞書』（室町時代写本　龍谷大学学術情報センター大宮図書館所蔵）
存覚が仏光寺了源の求めにより女人往生の義について解説した談義本の一冊。「祖師黒谷の源空聖人、大経の講釈（無量寿経釈）のなかに詳しくこのことを釈せられたり」と『伝法絵流通』の女人往生譚、善導大師の『観念法門』、親鸞の『和讃』を引用する。

法然の法語・遺文により創作された、法然と帰依者との問答が掲載される最初の伝記が『法然上人伝法絵　下巻』（『高田本』）である。高田専修寺《せんじゆじ》には顕智《けんち》が永仁四年（一二九六）に書写した詞書だけの下巻が伝来する。『国華本』系統の『伝法絵流通』が底本となっていることは、かって指摘した。(30)

『高田本』においては、法然が流罪の道すがら自ら人びとに語りかけていること。高弟として信空のみをことさらに強調すること。聖覚の勝尾寺での唱導が、法然の在家の人たちへの念仏教化を高く評価する内容となっていること。そして、法然の臨終往生の段では「浄土の宗義につきて凡夫直往の往路をしめし、選択本願をあらはして、念仏の行者の亀鏡《ききょう》にそなふ。餘恩没後にあたりていよいよさかりに、遺徳在世にひとしく変ずる事なし」と讃歎することなどが、特筆すべきことである。

親鸞門流における法然伝の展開からも、法然を我朝の念仏の祖師とする「浄土宗」が成立する経過を窺うことができる。浄土宗の念仏として「法然の念仏」が勧進されるようになって、大きく改変されるのが、法然誕生譚、大原談義、大仏殿説法の段などである。

親鸞門流の祖師伝として制作されたのが『高田本』の影響下に成立した『法然聖人絵』である。この絵伝は、南北朝の頃に本願寺に出入りしていた弘願《ぐがん》が所持者であったことから『弘願本』とよばれている。『伝法絵流通』と共通の序文のあとに、

末法ひさしくなりぬれば、顕教《けんきょう》もさとる人なく密教《みっきょう》もまれなり。これによりて上人さとりやすき念仏をひろめて、衆生を利益《りやく》せんかために、この浄土宗を建立し給へり。

という。

法然の浄土宗の特色を、伝教大師が桓武天皇の力で比叡山にのぼり興したのが天台宗、弘法大師が嵯峨天皇の力で東寺を賜わり高雄・高野山を開いたのが真言宗、この念仏宗（浄土宗）は一向に九条殿（兼実）のはからいで法然が建立したものだとする。兼実の法然への助力については、第一番に後白河法皇が諸宗の碩学《せきがく》に『往生要集』を読ませたさいの推挙をあげる。法然の講義に感嘆した法皇は隆信に法然の真影を写させ、蓮華王院《れんげおういん》の宝蔵に納めたという。『選択集』が九条殿の勧進でできたこと、また遠流にさいしても兼実は土佐に代官を派遣して所領のあった讃岐に上人を置いたこと、法然の帰洛は兼実病悩の善知識となるためであったが、勝尾寺滞在中に亡くなったのでそのまま逗留したことを述べている。

(3)浄土宗と女性

浄土宗の祖師として法然の生涯が語られるようになると、その誕生についても祖師にふさわしい瑞《ずい》相《そう》があり、権化の再誕であることが説かれる。『弘願本』では、法然の両親が子供のないことを愁《うれ》え、夫妻は心を一つにして仏神に祈り、ことに観音に申して孕《はら》むことができた。母は苦痛もなく出産したが、そのときには空より幡《はた》二流《ふたながれ》が降り下った。四、五歳にもなると成人のようで、ややもすれば西に向う癖があったと記載する。

権化の誕生であることが強調されるが、母の仏道修行や、亡くなった夫時国のために母が妻として追善供養したといった記事はでてこない。『弘願本』でも、法然が母に対して、「我は比叡山にのぼりて、二親の後世をとぶらひたてまつるべし。ゆめゆめ悲しとも、おぼつかなしとも、おぼしめすべからず」と語っているだけである。

ところで、『高田本』では、住蓮・安楽の礼讃と死罪について、

ワサワイ三女《サムチヨ》ヨリオコルトイフ本文《ホンモン》アリ。隠岐《オキ》ノ法皇《ホフワウ》ノ御熊野《オムクマノ》マウテノヒマニ、小御所女房達《ココシヨノニヨハウタチ》ツレ〳〵ヲナクサメムタメニ、上人ノ御弟子《オムテシ》蔵人《クラムト》入道安楽房《アンラクハウ》ハ日本第一《ニチホンタイ》ノ美僧《ヒソウ》ナリケレハ、コレヲメシヨセテ、礼讃《ライサン》セサセテソノマキレニ灯明《トウミヤウ》ヲケシテ、コレヲトラヘテ、種《シユ》々ノ不思議《フシキ》ノ事トモアリケリ。

という。後鳥羽法皇が逆鱗《げきりん》のあまり二人を死罪にしたと記載している。原因を女房たちの誘惑によるものとし、女難であったことを強調している。別の段で善導大師は目をあげて女人を見なかったことも紹介している。

『弘願本』では、法然と聖光・源智・明遍・禅勝房・敬仏房や流罪途次での修行者や地頭西仁《さいにん》との問答をとおして、法然の念仏の教えが平易に聴衆に伝わるように絵伝が工夫されている。

しかし、女性との問答はみられない。問答がみえないのは、女性への教化活動にたいして熱心ではなかったためだろうか。実はそうでもないのである。

＊村里《ムラサト》ノ男女《ナムニヨ》大小老若《ラウニヤク》マイリアツマリケリ。ソノ時念仏ノ御ス丶メ、イヨ〳〵ヒロク、上下結縁《ケチエン》カスヲシラス（『高田本』摂津経島の段）。

＊在家《サイケ》ノモノトモハ、サホト思ハヌトモ、念仏申スモノハ極楽ニウマル、ナレハトテ、ツネニ念仏ヲタニ申セハ三心ハ具足《クソク》スルナリ。サレハコソイフカヒナキモノトモノ中ニモ神妙《シンヘウ》ノ往生ハスル事ニテアレ。タ丶ウラ〳〵ト本願ヲタノミテ、南无阿弥陀仏トオコタラストナフヘキ也（『高田本』播磨国室泊の段）。

とみえる。老若男女については区別しないで「在家」と称している。決して女性を拒んだり、特別な存在とはみなしていないのである。

田舎の文字も読めない庶民の女性が、仏典に説かれる罪業観に深刻に悩み、その救済を念仏信仰に求めていたとは考えられない。親鸞は「ただ念仏して弥陀に救けまひらすべしと、よき人のおほせをかふりて信ずるほかに、別の子細なきなり」（『歎異抄《たんにしよう》』第二章）と述べている。(31)庶民が念仏を信じるようになるのは、親鸞が法然を信じたように、善知識を信じてのことであった。武蔵《むさし》国阿佐布《あざぶ》の了海《りようかい》（元応元年〈一三一九〉没）の談義本《だんぎぼん》（唱導教化のためのテキスト）に『他力信心聞書《たりきしんじんききがき》』がある。(32)

我等ガ念仏スルハ、過去ヨリ生ツキテトナフルモノニモアラズ。知識勧進ノコトバニ、コノ本願他力ノ念仏ヲ信ズレバ、カナラズ往生スルゾトオシヘタマフヲ聞テ、サテトナフル念仏ナリ。

と、庶民の念仏について語っている。念仏往生の教えに初めて接する女性にたいして、わざわざ仏教の罪業観を植付ける必要はなかったのである。

のちの「一枚起請文《いちまいきしようもん》」が、源智に授けたとして『弘願本』に掲載されている。「ただ往生極楽のためには南無阿弥陀仏と申すだけでよいのだ、奥深いことを申したなら釈迦・弥陀二尊の哀れみに外れ、阿弥陀仏の本願に漏れるのだ」といった布教活動が道場などでは展開されていたのである。その道場における集会は、存覚の『破邪顕正抄《はじやけんじようしよう》』には「念仏勤修《ネムフチコンシュ》ノ日《ヒ》ハ、一道場《イチタウチヤウ》ノ分《フン》、大旨《タイシ》ハ一月《イチクワチ》ニ一度《イチト》ナリ」とみえるが、月に一、二度、法然や親鸞の命日に集っていたのである。[33] 貴族社会の女性とは異なり、仏教の知識をもたない在家止住の女性があつまる村里の道場では、「変成男子」「五障三従」の意味を語る必要もなかった。弥陀の第十八願を説くだけで充分であって、教化活動に支障をきたすようなことはなかったと推論できる。

四　法然の大仏殿説法

(1)法然と重源

『伝法絵流通』の東大寺大仏勧進の段では、法然は東大寺勧進奉行藤原行隆より勧進を依頼されたが(第二十五「勧進内議の図」)、法然自身はその器でないとして「同行」の俊乗房《しゆんじようぼう》（重源《ちようげん》）を推挙した。重源は、勧進のさいには奉加《ほうが》の人数を知る手立てとして、顕真の発案で『法華経』の文字を一文字阿弥陀仏の上に置いて授けることにした。また、重源が善導大師の真像を法然に奉ったので、道俗男女が初めて礼拝できるようになったという（第二十六「善導和尚真像礼拝の図」）。
また、大仏殿説法の段（第三十四「大仏殿説法の図」）では、「観経曼陀羅《かんぎょうまんだら》」が唐より伝来したとき、東大寺において法然がその開題称揚《かいだいしょうよう》のついでに、天台の大乗十戒をも解説したことを述べている。この場面では重源については何等言及されていない。

『伝法絵流通』の大仏殿説法の段は、日本国の仏法による王法興隆の象徴である東大寺大仏殿において、南都の戒律よりも天台円頓戒の優越を主張することが目的で制作された段である。そのために、前段において法然の南都諸師よりの修学、大原談義での重源・明遍《みょうへん》・貞慶《じょうけい》ら南都僧の法然への帰依、大仏勧進が法然・顕真という天台僧の助力により達成できたものであることを強調した絵解きをしているのである。

『伝法絵流通』の成立は、ちょうど鎌倉阿弥陀大仏の勧進の時期と一致する(34)。躭空が、山門出身の法然門下達の関東における勧進活動の展開を念頭に創作したものと推察できる。

ところが祖師伝として制作された『弘願本』（巻三）になると、法然が「門弟」のなかの器用の仁である重源を推挙したという。そして、東大寺説法については、浄土宗の念仏勧進のためであったとし、「かくてやうやく東大寺すすめつくりて、修（俊）乗房入唐して唐より善導の御影、極楽の曼陀羅わたして、半作《はんさく》の東大寺の軒のしたにて、三部経並に善導の御影を、上人に供養させまいらせける」と、重源が法然に依頼したものだとする。そして、興福寺・東大寺の大衆が涙をながし、随喜讃嘆したと語っている。

法然が東大寺や興福寺の大衆に念仏を勧めるために、弟子の重源が善導御影・極楽の曼陀羅を唐より持ち帰ったのであり、浄土三部経とともに東大寺で供養することを依頼したのだとするのである。

(2)『漢語燈録』と『無量寿経釈』

法然と重源との交流を記載する最初の文献は、『伝法絵流通』である。法然の念仏を組織として布教伝道する「浄土宗」が成立する過程において、重源を法然の弟子とし、東大寺での念仏教化譚が創作されたのであった。にもかかわらず、現行の通説では文治六年(一一九〇)二月、俊乗房重源の要請により、工事なかばの東大寺大仏殿の軒下で、阿弥陀仏の画像と「観経曼陀羅」を背にして浄土三部経を講説した。そのときに筆録されたのが、『無量寿経釈』『観無量寿経釈』『阿弥陀経釈』だとされている。よってここでは『無量寿経釈』成立の問題点について指摘しておきたい。
たしかに『阿弥陀経釈』の近世刊本には、文治六年二月一日に東大寺で法然が講じたとの奥書がある。また、元禄十一年(一六九八)に恵空《えくう》筆写の古本『漢語燈録《かんごとうろく》』所収の『阿弥陀経釈』の末尾部分に東大寺での三経講説について述べている。しかし、これ以前に刊行された寛永九年(一六三二)版・承応三年(一六五四)版にはこの末尾部分がない。近世に付加されたものだと考えるべきである。[35]
『漢語燈録』は了慧道光《りょうえどうこう》(一二四三〜一三三〇)が『黒谷上人語燈録』として編集した法然の遺文・

法語・消息等を集録したもののうち、漢語の類《たぐい》十七章を十巻に収録したものをいう。文永十一年（一二七四）十二月八日付けの序文を持つが、成立年代には疑問がもたれている。集録者了慧は、望西楼とも号した浄土宗鎮西義《ちんぜいぎ》の学僧である。玉山成元氏の研究によれば、相模国鎌倉の宍戸常重《ししどつねしげ》の子息で、比叡山にのぼり尊慧《そんえ》に師事して顕密二経を学び『法華経』に通達した。のち浄土宗鎮西義の三祖良《りよう》忠《ちゆう》の弟子となり、弘安三年（一二八〇）に『末代念仏授手印《まつだいねんぶつじゆしゆいん》』を授けられた。円頓戒の研究者で、自身も慈明・良忠・覚空の三名から円頓戒を相承している。(36) 源空―聖光―良忠―了慧との浄土宗（鎮西義）四代の相承の血脈《けちみやく》を作り、『聖光上人伝』『然阿（良忠）上人伝』を著して、浄土宗二代・三代としての聖光・良忠の生涯を叙述することで、浄土宗三代確立の過程を対外的に明確にした学僧である。

(3)鎮西義の祖師伝

聖光の門流において成立した祖師伝が琳阿本《りんな》『法然上人伝記』（『琳阿本』）である。『伝法絵流通』『弘願本』と同じ序文を持ち、親鸞門流の『高田本』『弘願本』をふまえて制作された。この伝記の特色は派祖として聖光を仰ぎ、派祖聖光と祖師法然との関係が詳しく説明されて、浄土宗の正統な門流であることが主張されていることである。覚如の『拾遺古徳伝』（『古徳伝』）に影響を与えているので、『古徳伝』の成立が奥書に記すように正安三年（一三〇一）とすれば、それ以前の成立である。『琳阿本』とよばれているのは、南北朝の頃に本願寺に出入りしていた向福寺《こうふくじ》琳阿の所持本であったことからである。琳阿は西本願寺所蔵『善信《ぜんしん》（親鸞）聖人絵』の所持者でもある。
祖師の誕生については、『弘願本』にはなかった、「妻のゆめに剃刀《かみそり》をのむと見てはらみぬ。夢みるところをもつて、夫にかたる。夫のいはく、汝かはらめる子、さためて男子にて、一朝の戒師たるへき表事なり」と母が夢に剃刀を呑む夢をみて孕んだ子で、それは男の子で一朝（日本国）の戒師となるべき表事（予兆）であり、母は仏法に帰依し、出胎のときにいたるまで葷腥《くんせい》（なまぐさいもの）を食べなかった、ということが付加されている。

『琳阿本』は、その成立時期が、十三世紀末のちょうど良忠の門下が京都で活躍する頃にあたる。天台宗で相承されてきた円頓戒を正面に据《す》えて、京都の貴族層のなかで活動を開始する鎮西義の祖師伝として読むと興味深いものがある。そのことを巻三の「大原問答」から指摘してみる。

天台座主であった顕真が法然のもとに使者を出し、坂本で対談し、生死解脱の道を問うた。法然が帰ったあと、座主は「法然房は智恵深遠なりといへとも、いささか偏執《へんしゆう》のとか（科）あり」と感想を述べる。後に座主は顕密の教えは承知しているが、浄土の教えや道綽《どうしやく》・善導の経釈に暗いことを恥じて、大原に隠居し、百日ほど浄土の章疏《しょうしょ》を見る。

浄土の法文を学んだ顕真は、自房の大原龍禅寺に法然を招請した。

> 上人の御方には東大寺の上人いなかれ給へり。座主の御かたには光明山《こうみょうせん》の僧都明遍、東大寺三論宗の長者なり。侍従已講貞慶、笠置《かさぎ》の解脱房なり。

とみえるように、法然の側と天台座主の側の二手に分かれての「問答」であったとする。そして湛斅と印西の二人が法然への「いひくち」（質問）を担当した。法然が浄土宗の義理・念仏の功徳・弥陀の本願の旨を明らかにしたので、質問者の湛斅は信伏した。碩学たちも法然を褒めて、「形を見れば源空上人、まことは弥陀如来の応現か」と讃嘆した。本山天台宗の念仏と浄土宗の念仏との論争であり、それに浄土宗の念仏が勝ったとしている。

大仏殿説法はその巻五にみえる。重源が唐より「観経曼陀羅」と「浄土五祖の御影」を伝えたので、法然が東大寺の半作の軒下でそれらを供養するとの風聞がたった。三論・法相の多くの学侶や、腹巻をした二百余人の大衆が法然を取り囲むなかで、法然は三論・法相の深義を滞りなく述べるとともに、凡夫出離《ぼんぶしゅつり》の法は口称念仏《くしょうねんぶつ》のほかにはない。念仏を謗《そし》る輩は地獄に堕ちることを講説した。聴聞の大衆以下は後生をたすけさせ給え上人と拝んだ。一人の悪僧が念仏誹謗のものは地獄に堕ちるとは何《いず》れの経にみられるのかと質問した。法然が『大仏頂経《だいぶっちょうきょう》』の説だと答えると、この悪僧もまた後生をたすけてほしいと帰依した。以後、南都北嶺においては、

浄土の教えに帰依し念仏せすといふ事なし。

という。

この『琳阿本』では、『弘願本』のように、重源を法然の弟子とはしないし、東大寺で浄土三部経を講説したとはしていない。このことからも、重源を法然の弟子とし、その弟子の依頼で東大寺で三

部経を講説したとの伝記が、親鸞門流の道俗教化の布教活動のなかで創作されたものだと推察できる。

五　女人教化譚の成立

(1)覚如と浄土宗

覚如が常陸《ひたち》国の鹿島門徒の要請により制作したのが『拾遺古徳伝』である。従来の研究では、親鸞の吉水《よしみず》入室・『選択集』相伝・真影図画ばかりが強調されている。が、それは法然の念仏を勧進するのに、親鸞の門流がいかに相応しいかを説くためであって、親鸞の教義を弘めるためではない。覚如に依頼したのは、血脈《けちみやく》ならびに法脈《ほうみやく》ともに親鸞の直系である覚如が適任と考えられたためである。

『古徳伝』で重要なことは、親鸞は越後流罪の勅免があったとき、ただちに帰京すべきであったが、法然が入洛の後まもなく往生した。今、都に帰っても仕方がないので、師の教えをひろめるために「東関の境、ここかしこに多《さわ》の星霜をそかさねた」こと。上洛してからは、法然の中陰の追善供養に漏れたことを恨みとして、先師報恩謝徳のために「聖忌」を迎えるごとに「声《しょう》明《みょう》の宗匠《そうしょう》を屈し、緇《し》徒《と》の禅襟《ぜんきん》をととのえて、月々四日四夜、礼讃《らいさん》念仏とりをこな」ったとの、弟子としての親鸞の行実である（巻九）。覚如は永仁三年（一二九五）に『善信（親鸞）聖人絵』を著したが、親鸞を祖師（阿弥陀仏の化現）として描こうとしていることもあり、関東の門弟たちにとって、覚如の親鸞伝には納得できないものがあったのであろう。

巻四の「大原問答」は、『琳阿本』の展開と考えられ、詞書の分量もほぼ同じである。但し、法然の尊称「上人」を「聖人」に書き替えた箇所がある。後世の写本はすべて「聖人」とする。

　僧正（顕真）かねて所々の智者を招請しつゝ、勝林院《しょうりんいん》の丈六堂《じょうろくどう》に集会して聖人（法然）を屈請す。すなわち重源已下の弟子三十余人を相具してわたりにたまひぬ。上人（ママ）の方には重源をはじめとして次第にいなかれたり。座主僧正の方にも諸宗の碩徳僧綱已下幷に大原の聖人等又着座す。

となっている。『古徳伝』においては、会場が顕真の自房である龍禅寺ではなくて、勝林院丈六堂となっている。また、法然が重源以下の弟子三十余人を相具し参列したとする。「彼れ是れ両方三百余人、二行に対座す」と述べて、法然とその弟子である重源らと、天台座主・諸宗の碩徳・僧綱や大原の聖人たちとの一大論争であったとしている。

覚如は法然の詞を、

　（その時聖人云く）、源空発心《ほっしん》已後、聖道門《しょうどうもん》の諸宗についてひろく出離の道をとぶらふ（訪）に、かれもかたくこれもかたし。これすなわち世澆季《ぎょうき》にをよび、人痴鈍《ちどん》にして機教《ききょう》あひそむけるゆえなり。しからばすなわち有智・無智を論せず、持戒・破戒をきらはず、時機相応して順次に生死をはなるべき要法ハ、たた浄土の一門、念仏の一行なり。

と引用して、聖道門の諸宗の教えよりも、法然の浄土門、念仏一行の教えのいかにすぐれているのかを説明する。

このように、大原問答を一つ例にとるだけでも、親鸞とその門弟たちが「法然の念仏」を勧進していた頃と、覚如の時代の浄土宗の布教活動とでは隔世の感があるのである。覚如が「唐家には導（善導）和尚、和国には空（法然）聖人、それ浄土宗の元祖なり」（巻六）と述べているように、浄土宗（法然）の念仏をより一層に勧進するために、親鸞門流にふさわしい祖師伝として『拾遺古徳伝』が制作されたのであった。

ところで、南北朝期になると、近江湖東地方においては、関東の親鸞直弟である性信《しようしん》や真仏《しんぶつ》の系統に属する人たちが布教活動を展開している。(37)性信の横曽根《よこそね》門流では愚咄《ぐとつ》を中心に、真仏の系統では仏光寺了源《りようげん》が活動している。その教義面の支柱となっていたのが覚如の長男存覚《ぞんかく》である。存覚は本尊の裏書《うらがき》を依頼されて執筆するが、そこには「源空聖人は先ず吾朝念仏の高祖」「親鸞聖人は其の当流相承の尊師」と書いた。(38)愚咄や了源の門下においては、法然を高祖（開祖）とし、その弟子親鸞からの法脈が強調されていたのであり、親鸞の血を引く本願寺歴代との師弟関係が主張されることはなかった。法然の真影を本尊として勤修する知恩講は室町時代まで営まれており、室町期の『知恩講私記』の写本が真宗寺院に伝来する。(39)

親鸞門流の念仏者は、覚如が親鸞廟所を寺院化し、親鸞―如信―覚如という三代伝持をいくら主張しても、なんら憚ることなく、親鸞面授の直弟からのそれぞれの法脈を大切にしていた。仏教全般にわたる広範な知識があり、念仏の法を天台・真言両宗を中心とする顕密諸宗の教義との比較のもとに、その優越性を平易に説明してくれる存覚に厚い信望を寄せたのである。覚如の本願寺を中心に、親鸞を宗祖とする浄土真宗の教化伝道活動が活発に展開されていたというような事実はないのである。

⑵覚如と女人往生願

『拾遺古徳伝』巻四では、『弘願本』『琳阿本』の大仏殿説法の段を継承している。法然は大仏殿においても、「出離の道」について言を飾り理を尽して、次のような説法をしたとする。

出離の道においては、浄土にあらずば生死を離れがたく、念仏にあらずば浄土に生じがたい。末代に至ってはなおさらのこと、またいわんや凡夫においてはである。ゆえに、弥陀称名の一行を諸仏が同じくすすめ、三国（インド・中国・日本）ともにもてあそび、とりわけ疏《しょ》をつくり釈《しゃく》を儲《もう》けているのである。貴寺の高僧の多くは二宗（三論・法相）の先達《せんだつ》か、（そうではなかろう）しかれば当寺（東大寺）の禅徒、何ぞあながちにこれを貶することができようか。……およそこの念仏は、信ずる者は極楽に生じて永却《ようごう》に楽果を証すが、謗ずる漢《やから》は地獄に堕ちて長時に苦悩をうける。孰《だれ》かこれを誹謗することができようか、誰かこれを信じないではおられようか。

『古徳伝』では、学侶と大衆以下、霊寺こぞって法然に帰依したことを述べたあと、「次に三部経に付たる事」として『無量寿経』『観無量寿経』『阿弥陀経』の経釈（漢文体）と「次に五祖に付きたる事」として、曇鸞《どんらん》・道綽《どうしゃく》・善導・懐感《えかん》・少康《しょうこう》のいわゆる浄土五祖の御徳を紹介している。

この『無量寿経』の経釈のなかに、第十八願を釈したあとに第三十五願の解説がなされているのである。覚如はわざわざ大部の経釈のなかより第三十五願女人往生の願を抄出掲載している。詞書での説明がないので、たぶん絵解きをする人が必要により解説したのであろう。関東の親鸞門流の道場では、日本国の仏法興隆の象徴である東大寺大仏殿において、法然が女人往生の説法をしたとの絵解きがなされていたのである。

周知のように、室泊の遊女が極楽往生の道をたずねるために、我も〳〵と法然のもとへとやってきて、法然が遊女を教化するのは、この『古徳伝』からである。

東国においても、女人罪業観と念仏往生の問題が、その教化伝道上、課題の一つとなってきたことが窺われる。また、関東の親鸞門流が畿内・西国に進出し、『伝法絵流通』『弘願本』から法然の竪幅《たてふく》絵伝が制作され、浄土高僧像・光明本尊《こうみようほんぞん》・名帳《みようちよう》・絵系図《えけいず》などによる教化活動が展開されるのも、この頃からである。[40]

『漢語燈録』所収の『無量寿経釈』には書名につづいて、「天台黒谷沙門源空記」(寛永九年版)とみえる。法然が天台黒谷沙門の立場から『無量寿経』を講説したものとして収録されている。変成男子説を前提にした女人往生論であることは事実である。近世の浄土宗で、教義として女人往生が説かれるのはこの『無量寿経釈』に基づいてである。かりに『漢語燈録』の編集の年を文永十一年(一二七四)とすれば、それ以前に法然の念仏を布教するのに、『無量寿経』や善導の経釈に基づく女人往生論を説いていたのは親鸞である。したがって法然の教えとして、『無量寿経釈』の女人往生の願が最初に紹介される法然の伝記絵巻が、覚如制作の『古徳伝』であったとしても、なんら不思議なことではないのである。

(3)女人教化譚の成立

鎮西義では、法然滅後百年を経過すると『法然上人伝記』(『九巻伝』)が制作される。『九巻伝』は近世の詞書のみ伝来するが、親鸞門流の『拾遺古徳伝』の影響下に編纂された。法然の生涯については『伝法絵流通』を基本とし、『琳阿本』の記事を尊重しているのが特色である。

『古徳伝』の大原問答の段では、重源を法然の弟子としていたが、『九巻伝』巻二下では、

爰に上人、東大寺の大勧進俊乗房重源ハ、いまた出離の道を思ひ定めさるか故に、此のよしを示すに、則弟子三十余人を相具して大原にむかふ。上人の方には重源已下次第に坐す。座主の方には山門の碩徳、弁に大原の上人連坐す。

と述べていて、重源が法然に出離の道を問うたというが、『古徳伝』の「重源已下の弟子……」を変改して、重源を弟子とは語っていない。また、『古徳伝』の座主の方には「諸宗の碩徳僧綱已下」を、「山門の碩徳、弁に大原の上人連坐す」として、座主側の参集者を山門と大原の上人たちに限定している。したがって、明遍・貞慶など南都僧が削除されている。この部分は醍醐本『法然上人伝記』と

同じ説明である。『醍醐本』により改めたのであろう。
顕真を『伝法絵流通』同様に末代の高僧、本山の賢哲といい、本山天台宗延暦寺の高僧としている。顕真は座主職を務めたのち、建久三年（一一九二）十一月十一日、東塔南谷の円融房において称名念仏して往生をとげた。このことを法然の化導によるものだと語る。

大仏殿説法については、巻二下「浄土曼陀羅」において建久二年の頃のことだとして、『伝法絵流通』『琳阿本』にみられる天台大乗十戒の話を増補して掲載している。そして法然が、我が山（比叡山）は大乗戒であるが、この寺（東大寺）は小乗戒だと解説した。大衆が気色ばみ騒ごうとしたが、先に法然の霊夢を東大寺の古老がみていたこともあり、ことなきを得たとする。

このように、『九巻伝』の大原問答・東大寺説法では、法然の念仏を勧進するにしても、山門・南都諸宗と表立った対決姿勢は示さず、むしろ浄土宗が天台宗を母体として生まれた念仏教団であることを明確に主張するための段となっている。

『九巻伝』巻四上は、「羅城門礎事」「浄土宗興行事」「信寂房の事」「教阿弥陀仏事」「女人往生願の事」「作仏房往生事、附《っ》けたり神明和光事」の六段からなる。

その「女人往生願の事」には、『古徳伝』の『無量寿経』第三十五願の経釈を読み下して、上述『伝法絵流通』同様に、法然の宮仕えしている女性たちにたいする説法を掲載している。

『九巻伝』巻六下においては、遊女教化の説法も創作され、遊女結縁往生譚が成立している。(41)遊女は法然に「朝には鏡に向て容顔をかい《（掻）》つくろ《（繕）》ひ、夕には客にちかづきて其意をとらかす」と、我が身の罪業深いことを告白し、念仏による救済を求めた。法然は、

弥陀如来、汝がごときの罪人の為に、弘誓《ぐぜい》をたて給へる其中に女人往生の願あり。しからばすなはち、女人はこれ本願の正機也。念仏は是往生の正業也。敢《あえ》て卑下する事なかれ。

と、阿弥陀仏の女人往生の願を説明したうえで、念仏往生を勧めている。

遊女が罪業観に苦しみ、法然は遊女を「汝がごとき罪人」と決めつけている。この場面と、宮仕えの尼女房たちが、法然に、「罪ふかき我らごときの五障の女人でさえも念仏を申したならば極楽に往生できるのか」と質問し、法然が第三十五願を説くこととは、『九巻伝』として一貫した女性罪業観である。『伝法絵流通』の遊女観からしても、『伝法絵流通』の女人往生譚は、『古徳伝』『九巻伝』の時代の増補であるといえる。

そして『九巻伝』を底本にして、法然の伝記絵巻として集大成されたのが『法然上人行状絵図』（『行状絵図』）である。法然伝の集大成ともいうべき浩瀚《こうかん》な規模を誇り、そこでは、法然と浄土宗（鎮西義）と知恩院との結びつきが強調されている。鎮西教団が、大谷の墓堂を寺院化した知恩院を中心に、貴族社会に基盤を築くことに成功したことが編纂背景にある。

『行状絵図』巻第十八は三段よりなる。第一段詞書では念仏往生の亀鏡である『選択集』を紹介し、絵画では法然が住房で七名の門弟に講述している。第二段では浄土宗の立場と教義の要点を平易に解

説した『往生大要抄』を載せ、絵画では法然が奥の部屋で講義をし、それを年若い弟子一人が縁側で聴聞している。第三段には『無量寿経釈』を釈したときの第三十五願女人往生願の釈を掲載する。絵画には、邸内に牛車が引き入れられ、その側で牛と随伴の男性が待っている。部屋の中で老いた尼と美しい若い女房たち六名が聴聞している様子が描かれている（図6）。

経釈に続いて、ある時に尼女房たちが法然の吉水御房を訪ねてきて、「罪ふかき女人も、念仏だにも申せば、極楽にまいり候なるは、まことにて候やらん」と質問したことを載せている。法然は女性は第十八願だけではなお疑いを持つために、そのうえに第三十五願で女人往生の願が立てられていることを教えたことを、「上人、大経（『無量寿経』）の尺（釈）の心をねむごろに申のべられて、第十八願のうへにうたがひをたたむために、とりわき女人往生の願をたて給へる事、まことにたのもし、かたじけなきよし、仰られければ、歓喜の涙をながし、みな念仏門にいりにけるとなむ」と記している。

この『無量寿経釈』は『九巻伝』からの引用で、『古徳伝』掲載のものである。聖聡《しょうそう》（一三六六～一四四〇）の『大経直談要註記《だいきょうじきだんようちゅうき》』（慶安四年刊本）や近世の『無量寿経釈』の刊本とくらべても明らかである（一例をあげれば、『古徳伝』『九巻伝』『行状絵図』では「醍醐の霞の底までも」が、『大経直談要註記』以下ではすべて「霞の中」になっている）。

『行状絵図』において、法然の女人教化譚が完成したのである。法然が建暦二年（一二一二）に往生してからは、すでに百年が経過している。天台宗を母体として浄土宗が念仏教団としての基盤を築

図6　法然、女人往生を説く(『法然上人行状絵図』巻18段3　京都市知恩院所蔵　写真提供：京都国立博物館)
尼女房らが吉水御房を訪ね、「罪深い女性でも念仏を称えれば極楽に往生できるというのは、本当ですか」と尋ねた。法然が「阿弥陀仏は女性を本願の正機として、女人往生の願を立てられています。ただ念仏を称えなさい。」と答えたので、こぞって法然に帰依した。この場面を持つ祖師絵伝の制作により、浄土宗は宮廷社会の女性の心をとらえた。その遺跡が今の知恩院勢至堂で、徳川将軍家ゆかりの女性の位牌が安置され、近世には将軍家所縁の女性を供養する常念仏の道場となる。

き、「法然の念仏」が教義として確立されて、法然の女人往生論が成立するのである。このことは、仏教の女性にたいする罪業観、職業にたいする卑賤観が浸透した社会において、浄土宗教団が本格的に女性にたいする教化活動に取り組んでいたことを物語るものである。よって、法然の女人教化譚は、遊女教化譚と同様に、浄土宗の布教伝道活動の中から生まれた宗祖法然の教えであると結論できよう。

(1) 拙著『本地垂迹信仰と念仏』第三部第四章「法然上人『伝法絵流通』と関東」(法藏館、一九九九年)。及び、宮崎圓遵著作集第七巻『仏教文化史の研究』(永田文昌堂、一九八九年)所収の「中世仏教における絵解きについて」「聖徳太子伝の唱導と絵解き」「真宗伝道史雑想」等参照。
(2) 三田全信『成立史的法然上人諸伝の研究』(平楽寺書店、一九六一年)、中井真孝『法然伝と浄土宗史の研究』(思文閣出版、一九九四年)。
(3) 平雅行『日本中世の社会と仏教』(塙書房、一九九二年、三九六頁以下)。
(4) 田村圓澄『法然上人伝の研究』(法藏館、一九七二年、一〇六頁)。
(5) 福井康順編『慈覚大師研究』(早稲田大学出版部、一九六四年、一九八〇年復刊)、及び井上光貞『新訂日本浄土教成立史の研究』(山川出版社、一九七五年)等参照。
(6) 菊地勇次郎『源空とその門下』(法藏館、一九八五年、二五頁)。
(7) 西口順子「院政期における別所浄土教の考察」(『史窓』一五号、一九五九年。のち同『平安時代の寺院と民衆』に再録、法藏館、二〇〇四年)。
(8) 日本思想大系『往生伝　法華験記』、三三四頁。
(9) 日本古典文学大系『古今著聞集』、九一頁。

(10) 新潮日本古典集成『発心集』、二八〇頁。
(11) 新日本古典文学大系『平家物語　下』、三九〇頁。渡辺貞麿『平家物語の思想』(法藏館、一九八九年)参照。
(12) 佐藤哲英『叡山浄土教の研究』(百華苑、一九七九年、六四一頁)。
(13) 新日本古典文学大系『平家物語　下』、三九八頁。
(14) 高橋正隆「善導大師遺文の書誌研究」(藤堂恭俊編『善導大師研究』、山喜房佛書林、一九八〇年)。
(15) 裏辻憲道「善導大師像の一考察」(『仏教芸術』第六号、一九五〇年)。
(16) 伊藤唯真「初期浄土宗における善導信仰について」(注14『善導大師研究』、のち著作集第四巻『浄土宗史の研究』に再録、法藏館、一九九六年)、中野正明『法然遺文の基礎的研究』(法藏館、一九九四年)等参照。
(17) 勝浦令子『女の信心――妻が出家した時代――』(平凡社選書、一九九五年、一七四頁以下)。
(18) 五味文彦『院政期社会の研究』(山川出版社、一九八四年、三七六頁)。
(19) 田村圓澄『法然上人伝の研究』(注4)。
(20) 岸一英「逆修説法と三部経釈」(『浄土宗典籍研究　研究篇』、藤堂恭俊博士古稀記念会、一九八八年)。
(21) 阿部泰郎『聖者の推参』第三章「推参考」(名古屋大学出版会、二〇〇一年)。
(22) 梅津次郎「新出の法然上人伝法絵について」(『国華』七〇五、一九五〇年。のち同『絵巻物叢考』に再録、中央公論美術出版、一九六八年)。
(23) 大谷大学文学史研究会編『明義進行集　影印・翻刻』(法藏館、二〇〇一年、一五八頁)。
(24)『国文東方仏教叢書』第二輯第一巻法語部上(覆刻版、名著普及会、一九七八年)。伊藤唯真「中世

武士の撫民思想と念仏者の治世論」（『日本文化と浄土教』、井川定慶博士喜寿記念会、一九六四年、のち著作集第四巻注16に再録）。
(25)『定本親鸞聖人全集』第三巻、親鸞八十三歳書写（略本、四一頁以下）、八十六歳書写（広本、七三頁以下）が伝来する。
(26)『定本親鸞聖人全集』第二巻、三八頁。
(27)同右、一〇九頁。
(28)『真宗聖教全書』二宗祖部、四四一頁。
(29)藤堂恭俊「各種法然上人伝に引用されている法然の詞」（『佛教大学研究紀要』四二・四三、一九六二年）。
(30)拙著『神祇信仰の展開と仏教』第三部「法然の絵巻と遊女」（吉川弘文館、一九九〇年）。
(31)日本古典文学大系『親鸞集　日蓮集』、一九三頁。
(32)『真宗史料集成』第五巻、五三六頁。
(33)『真宗史料集成』第一巻、七四四頁。
(34)拙著『本地垂迹信仰と念仏』第三部第四章「法然上人『伝法絵流通』と関東」（注1）。
(35)岸一英「逆修説法と三部経釈」（注20）。
(36)玉山成元『中世浄土宗教団史の研究』（山喜房佛書林、一九八〇年、二一八頁以下）。
(37)拙著『本地垂迹信仰と念仏』第三部第五章「近江湖東における親鸞門流の展開」（注1）。
(38)『存覚上人一期記　存覚上人袖日記』（龍谷大学善本叢書3、同朋舎、三一二頁）。
(39)『真宗聖教全書』五拾遺部下、七一五頁。
(40)小山正文「法然上人絵伝　総説」（『真宗重宝聚英』六、同朋舎、一九八八年）、同著『親鸞と真宗絵伝』（法藏館、二〇〇〇年）参照。

（41）拙著『神祇信仰の展開と仏教』（注30）。

第二章　老病と臨終の絵解き――東国布教と女性――

はじめに

(1)老病と死苦

人は必ず老い、やがて死ぬ。病気で苦しんで死にたくない、周囲に厄介をかけずに平穏にポックリ死にたいとの思いは、昔も今も変わりはない。しかし、医学が進み病気や死に対して宗教が説得力をもたなくなった現代と、死んだら仏の世界へいけるのだと思って信心や供養をしていた時代とでは、死が間近に迫ったときの対応は明らかに異なる。

本章では、鎌倉期東国社会において展開された浄土宗の布教活動を、「老病と死苦」に焦点をあてながら、女性の役割とその念仏信仰について考えてみたい。

第一「老病と臨終の絵解《えと》き」では、法然の老病と弟子たちの看病、臨終行儀《りんじゅうぎょうぎ》と慈覚大師《じかくだいし》の袈裟《けさ》、『知恩講私記《ちおんこうしき》』の成立について検討する。祖師の老病と臨終場面の絵解きをとおして、念仏者が死病を患い、臨終を迎えるにあたっての念仏信仰の範を示していること、そして、廟堂《びょうどう》に真影《しんえい》をかかげ祖師として法然を尊崇敬慕する知恩講が、親鸞《しんらん》門流の祖師講として成立したものであるか、否かを検討してみたい。

第二「法然の夢告《むこく》と女性」では、法然の夢をみた尼・女房・少女の夢想を紹介したい。法然伝における老病と臨終の語りは、法然の往生の夢を見た仁和寺《にんなじ》の尼が驚き、その病床に駆けつけたことから始まる。また、別当入道《べっとうにゅうどう》の孫（女性）が上人の葬送が清水寺の塔に入る夢をみたことより、八幡宮と法然、釈迦・弥陀・法然が一体であることが説かれている。

第三「鎌倉幕府と浄土宗」では、往生の告《つげ》をこうむった女性のなかに関東出身の尼が二人いるが、走湯山（伊豆山・熱海市）を拠点とした関東における「浄土宗」の流布についての考察を深めるとともに、嘉禄元年（一二二五）六十九歳でその生涯を閉じた北条政子《ほうじょうまさこ》の『吾妻鏡《あずまかがみ》』にみられる老病と薨《こう》去《きょ》の記事を紹介したい。

まとめとして、第四「東国女性の念仏往生」では、上野国山上《こうずけのくにやまがみ》（群馬県勢多郡）において行仙《ぎょうせん》が編した『念仏往生伝』にみられる東国女性の往生人を検討する。そして、浄土宗の念仏は仏事儀礼が生活のなかに定着していない東国社会においては、死後の世界、仏の世界である「浄土」への憧れよりも、病苦・死苦からの解放を願った信心として受け入れられたものであることを明らかにしたい。

⑵祖師の生涯

法然の生涯を記載する文献において、法然の死亡した状況がいかに記載されているのか。法然が、何時《いつ》、何処《どこ》で、何が原因となり死亡したのか。また、その臨終儀礼はどのようなものであったのかについては、管見の限り、布教活動に使用された伝記史料でしか窺うことができない。

伝来の伝記史料は宗祖、救済者としての生涯を描く。したがって、浄土宗の布教活動のなかで創作された生涯として理解する必要があるが、成立年代や評価は研究者により随分と見解が異なっている。簡単な紹介と引用にさいしての略称を次に示しておく。

(a) 法然上人の生涯を絵解きするために制作された絵伝『伝法絵』

＊久留米善導寺《ぜんどうじ》所蔵『伝法絵流通』（略称『善導寺本』）。嘉禎三年（一二三七）に願主躭空《たんくう》が鎌倉八幡宮本社周辺において詞書を執筆した旨の記載がある。もと二巻仕立てのものを、四巻仕立てにした室町後期の写本である。書名の「流通」には教えを伝え弘めるという意味がある。絵図中に詞書《ことばがき》を説明文のように配置し、躭空は奥書《おくがき》に「この絵画を披見《ひけん》し、その詞を説くものは阿弥陀三尊を礼拝し、『無量寿経』の文を読むべし」と記している。法然の尊称は「上人」。

＊『法然上人伝法絵　下』（『国華《こっか》本』）。鎌倉後期の写本で上下巻の下巻のみの残欠本《ざんけつぼん》。『善導寺本』の第三・四巻にあたり、同じく絵図中に詞書を説明文のように配置し、本文中に「……是也《これなり》」との絵を指示する詞が散見する。尊称は「聖人」。

＊津市高田専修寺《せんじゅじ》所蔵『法然上人伝法絵　下巻』（『高田本』）。流布の「伝法絵」の詞書を永仁四年（一二九六）に筆録したもの。尊称は「上人」「聖人」を混称。

（b）親鸞・聖光《しょうこう》門流の祖師絵巻

＊『法然聖人絵』（『黒谷上人絵』、『弘願《ぐがん》本』）。もと五巻以上の絵巻であるが、四巻が伝来して、詞書に『高田本』を採用していて誤字まで一致。「釈弘願」の書き入れがあることより『弘願本』と通称される。尊称は「上人」「聖人」を混称。

＊『法然上人絵伝』（『琳阿《りんな》本』）。東京芝妙定院《みょうじょういん》所蔵。江戸時代中頃に転写された九巻本の絵巻の模本、題名は無い。序文は『弘願本』の影響をうけ、弟子として聖光を強調する。巻末に、南北朝時代に活躍した「向福寺琳阿」の書き入れがある。尊称は「上人」。

＊『拾遺古徳伝《しゅういことくでん》』（『古徳伝』）。親鸞の孫覚恵《かくえ》の子で、親鸞の子孫を宗主《そうしゅ》とする本願寺派の基礎を築いた覚如《かくにょ》が正安三年（一三〇一）に制作。絵は『琳阿本』を多く採用。流罪《るざい》記事は『教行信《きょうぎょうしん》証《しょう》』『親鸞伝絵』と一致。尊称は「聖人」。

＊『法然上人伝記』（『九巻伝』）。「語《かた》り物」（読み物）に仕立てた近世の写本が伝来する。鎮西義《ちんぜいぎ》（聖光門流）の京都進出にあたり、親鸞門流の『古徳伝』を意識して編纂された。序文より法然滅後百年を経過しての成立である。尊称は「上人」。先行の絵伝と『行状絵図』の間におくと、『行状絵図』の絵と詞がよく理解できる。

＊『法然上人行状絵図』（『行状絵図』）。全編二三七段からなる法然伝の集大成ともいうべき浩瀚な規模を誇る。法然と浄土宗（鎮西義）と廟堂《びょうどう》知恩院の結びつきを主張している。

（c）『法然聖人臨終行儀』（『臨終行儀』）・『聖人の御事諸人夢記』（『諸人夢記』）。『西方指南抄《さいほうしなんしょう》』本末の（六）（七）に収録。『西方指南抄』は、当時流布していた法然の法語・消息・行状などを三巻六冊に編纂したもの。親鸞が康元元年（一二五六）から翌正嘉元年に書写した自筆本が高田専修寺に伝来する。尊称は「聖人」。

（d）『源空聖人私日記《げんくうしょうにんしにっき》』（『私日記』）。『西方指南抄』中末（一〇）に収録。流布の法然伝を要約したもの。尊称は「聖人」。

（e）『御臨終日記』（『臨終日記』）。醍醐三宝院《さんぽういん》所蔵『法然上人伝記』に収録する近世初期の写本。末尾に義演《ぎえん》筆写の奥書がある。尊称は「上人」。

（f）東寺宝菩提院《ほうぼだいいん》所蔵『知恩講私記《ちおんこうしき》』。鎌倉期の古写本で安貞三年（一二二九）八月書写の記載がある。成立時期については本章で考える。尊称は「上人」。

一　老病と臨終の絵解き

(1) 老病と弟子の看病

正月二日

法然上人の「老病」については、『善導寺本』『臨終行儀』ともにほぼ同文の表現である。①次年（建暦二年）正月二日より、老病と日来《ひごろ》の不食、いよいよ増気《ぞうき》。②凡《およ》そこの両三年、耳も聞えず、心も耄々《もうもう》として前後不覚にましく〳〵けるが、さらに昔の如《ごと》く明々になりて、念仏つねよりも増盛なり（『善導寺本』）。

この老病譚が、いつの頃より語り始められたのかは不明である。しかし『国華本』では切断のため①欠だが、②以下は同文である。また『高田本』（図7）、醍醐本『御臨終日記』も同じである。詞書として『古徳伝』『九巻伝』『行状絵図』にも忠実に継承されている。

異なるのは『私日記』で「同三年正月三日、老病空に蒙昧の臻《いたる》を期す。待つ所、凴《たの》む所、寔《まこと》に悦《よろこば》しきかな、高声念仏不退《こうしょうねんぶつふたい》なり」とする。『琳阿本』が詞書に採用しているが、建暦二年としていて、三年は二年の誤記である。

ところで、建暦二年までの法然の行実は、承元元年（建永二・一二〇七）七十五歳の二月、住蓮《じゅうれん》・安楽《あんらく》処刑、院宣《いんぜん》により土佐配流、八月に召還の院宣があったが、前年の建暦元年十一月まで摂津の勝尾寺に滞在したとする。そして流罪中は、各地で庶民に精力的に念仏の教えを説き、ことに勝尾寺では一切経《いっさいきょう》を施入《せにゅう》し、その開題《かいだい》供養の導師には聖覚が招かれ、法然の念仏を讃歎している。

建暦二年以前に法然の老い（図8）が語られることはなかったのに、『臨終行儀』では「おおかたこの二三年のほど、老いぼれてよろづ物忘れなどせられけるほどに、今年よりは耳も聞き、心も明らかにして……」と、七十歳を越えた老齢の法然には、老人特有の身体的症状が出ていたのに、にわかに昔を彷彿《ほうふつ》させるような姿になられたと記している。

行実と矛盾するのは、この場面の絵解きの中心が、年ごろ習いおかれた法文《ほうもん》をときどき思い出して

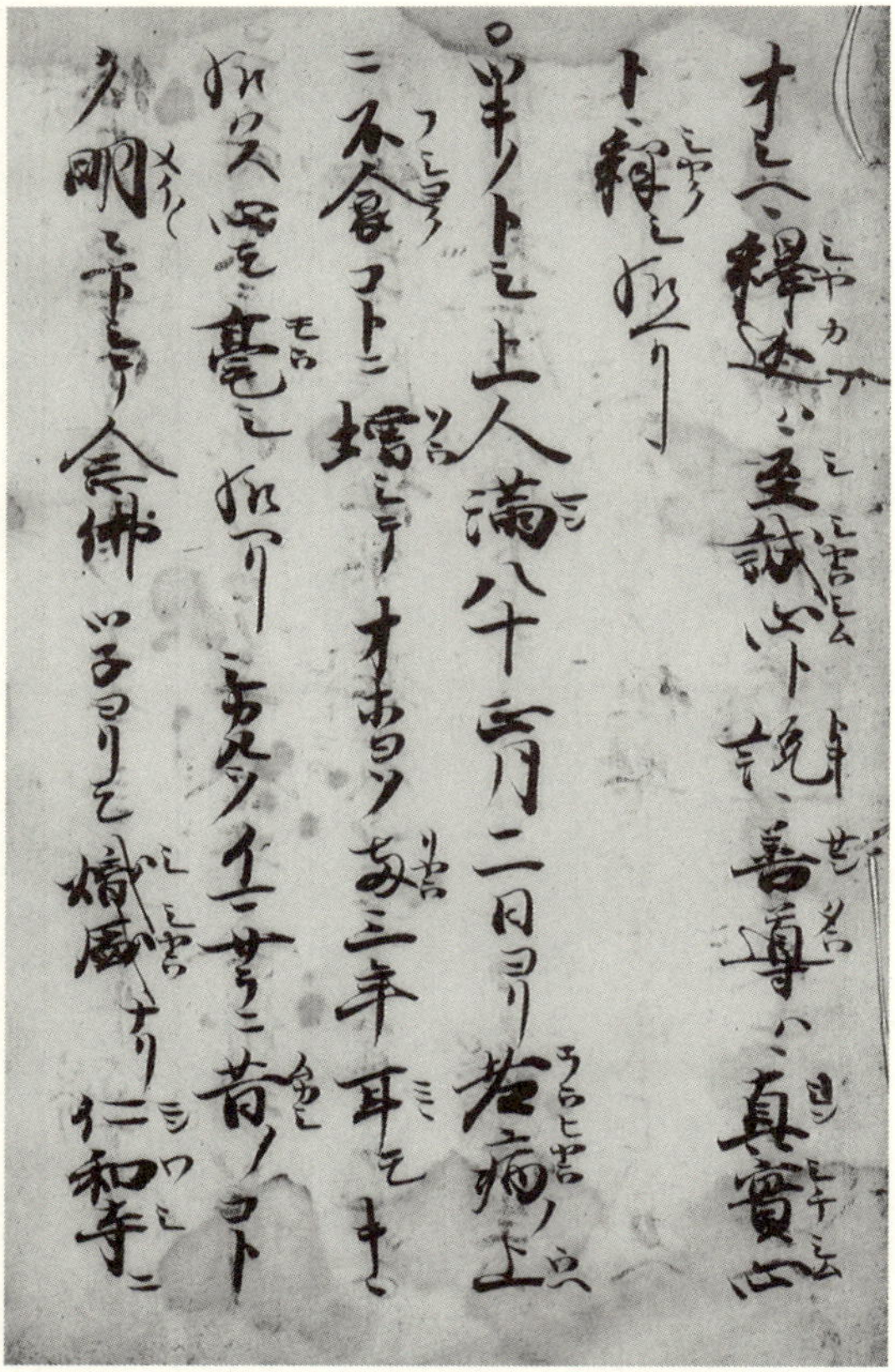

図7　「法然上人伝法絵　下巻」津市高田専修寺所蔵

図8　絵巻にみる法然の老病（『法然上人伝記絵巻』巻中、重文、内題は「法然聖人伝絵巻第八」東京国立博物館所蔵 Image:TNM Image Archives Source:http://TnmArchives.jp/）

は弟子どもに談義《だんぎ》されたと語るように、臨終の迫った祖師最期の教化の場として、浄土宗の念仏信心を説くことにあるためである。

『臨終行儀』では、法然の老いと念仏生活を「この十余年は、耳はおぼろとなり、囁《ささや》き事などは聞こえなくなっていたが、今年になって昔のように聞かれて例の人（通常の人）のようである。世間の事は忘れられたが、つねに往生の事を語られ念仏されて、高声に一時称えられることもあった。夜間、眠られているのに舌・口が動き仏の御名を唱えられていて、その小声が聞こえた。舌・口は動いているのに声が聞こえない事はつねにあった」と披露して、念仏を耳に聞いた人たちはことごとく奇特の思いをなしたと語っている。

正月三日　『善導寺本』の第五十一図「病床御物語」には、莚畳《むしろだたみ》の上に法然、その背後に一人、外に三人の僧、それと向かいあう四名の僧と少し離れて尼を描き、絵画上方に次のような説明文がある。

仁和寺に侍《はべ》りける尼、上人の往生の夢に驚きて参じ侍りける。病床のむしろに、人々問いたてまつりける。御往生の実否は如何《いかん》と。答て云《いわ》く、我本《われもと》、天竺《てんじく》国に在しとき、衆僧に交りて頭陀《ずだ》を行じき。今日本にして天台宗に入てかゝる事にあえり。抑《そもそも》、今度の往生は一切衆生結縁《いっさいしゅじょうけちえん》のためなり。我本居《こ》せしところなれば、たゞ人を引接《いんじょう》せんと思う。

『臨終行儀』では三日戌《いぬ》の時のことだとし、弟子の「極楽へは往生したまふべしや」との問いには、「我はもと極楽にありし身なれば、さこそはあらむずらめ」と答えたとする。

『私日記』にもみえ、諸伝は共通して、法然の今度の往生は一切衆生の結縁のためであること。法然は極楽の住人であり、また天竺の人であったが、人々を念仏往生により救済するために化現したが、日本では天台宗に入り、往生を迎えることになったと説明する。権者《ごんじゃ》の化現であることは、『善導寺本』以下、諸伝において三井僧正公胤《こういん》の夢に現れた法然の「源空の本地《ほんじ》は大勢至菩薩である。衆生化《け》度《ど》のためにこの界に度々《たびたび》来るなり」との夢告を載せている。したがって、天台宗の僧侶であっても、法然は権者であるので、帰依《きえ》者は天台教団には束縛されない浄土宗の祖師（宗祖）として崇敬できるのである。
天台僧として臨終を迎えたことが強調されなくなるのは、親鸞・聖光といった特定の人物を派祖と仰ぐ「浄土宗」が組織され、天台宗から一歩距離をおいた布教活動が展開する十三世紀後半からである。それ以後に制作された法然伝では、『古徳伝』では「今粟散片州《ぞくさんへんしゅう》の堺に生を受けて念仏宗を弘む。衆生化度のためにこの界にたび〳〵来りき」。『九巻伝』の「日本にしては天台宗に入りて一代の教法を学し、又念仏門に入りて衆生を利す」、『行状絵図』になると「今度の往生は決定《けつじょう》歟《か》とたづね申に、われもと極楽にありし身なれば、さだめて帰りゆくべしとのたまふ」としている。

『善導寺本』によると、十一日には、上人が高声《こうしょう》念仏を人々に勧めて、阿弥陀仏を恭敬し名号を唱える人は一人もむなしからずと、その功徳を種々に讃歎するとともに、弟子たちには「阿弥陀仏は常に影向《ようごう》したまう、これを拝さざらんや」と語りかけたという。

正月十一日

『臨終行儀』では、辰時《たつ》に聖人が起きて合掌し高声念仏された。聞く人はみな涙を流し、これは臨終の時かと怪しんだ（疑った）。また、弟子には、観音・勢至菩薩・聖衆《しょうじゅ》が前に現じられているが、汝らは拝まないのかと問われることもあったという。弟子らが「臨終の例」として三尺の阿弥陀像を据《す》え、「拝みまいらせたまふべし」と話かけると、聖人はこの阿弥陀仏のほかにも仏がおられると指をさしたという（図9）。

このような出来事について、事情を知らない人もいるのでその由緒を記すとして、「およそこの十

図９　法然の臨終と阿弥陀仏像（『法然上人行状絵図』巻37段３　京都市知恩院所蔵　写真提供：京都国立博物館）『法然上人行状絵図』においては、２日老病・11日弟子とともに高声念仏・同日に３尺の阿弥陀仏を拝み仏の来現をみる以下、絵と詞書により老病と臨終までを詳しく展開する。

余年、念仏の功が積もり極楽のありさまを見られ、仏菩薩の姿をつねにご覧になっていた。しかし、生前中には人に語られることがなく、世の人はゆめ〳〵知ることがなかった。大方、真身の仏を見られるのはつねのことであった。また弟子らが、臨終の例として仏の御手に五色《ごしき》の糸をかけることをすすめると、聖人はこれは大様のことのいわれで、必ずしもすることではない」と述べられたことを紹介している。醍醐本『臨終日記』でも「大様の事なりと云いて、終に取らず」とあり、自身はそうしなかったが、通常の人の行儀としては否定していない。

(2) 臨終と慈覚大師の袈裟

正月二十日

『善導寺本』では、いよいよ法然の様態が悪化し、臨終を迎えられることを看病の人たちも覚悟するのは二十日頃からである。上人の念仏は高声にねんごろとなり、助音の人々の声はおのずとほのかになり、上人の音声はますます虚空法界《こくうほうかい》にも響くものとなった。また、七、八年以前にある雲客《うんかく》（兼隆《かねたか》朝臣）は、上人より「往生のゆうべには光明遍照《こうみょうへんじょう》の四句の偈《げ》（『観無量寿経』第九真身観）を唱えるべし」との夢告を受けたことがあったが、二十四日より二十五日午の正中にいたるまで、念仏高声にして、夢告のように四句の文を誦された。そして、法然の臨終の様子を次のように伝えている。

天日光明をほどこす、観音の照臨《しょうりん》もとよりあらたなりといへども、紫雲虚《そら》にそびえて勢至の迎接《ごうじょう》おりをえたり。爰《ここ》に音楽窓にひゞく。帰仏帰法の耳をそばたて、異香室にみてり。信男信女の袖をふるゝ間、慈覚大師附属の法衣《ほうえ》を著して、頭北面西にして、念仏数遍唱えたまうの後、一息とゞまるといへど、両眼瞬《またたく》がごとし。手足冷えたりといへども、唇舌うごかす事数遍なり。行年四十三より、毎日七万遍にて、退転なしと云々。　　（第五十二図「御往生・来迎・紫雲」／図10）

【絵中の詞】光明遍照《こうみょうへんじょう》　十方世界《じっぽうせかい》　念仏衆生《ねんぶつしゅじょう》　摂取不捨《せっしゅふしゃ》　南無阿弥陀仏　々々々。

『臨終行儀』では、二十日の出来事を時を追って詳しく紹介している。

巳《み》時、大谷の房に紫雲がたなびき、午《うま》時、四句の文を三返唱えられた。

未《ひつじ》時になると、聖人はことに眼を開かれ、しばらく空を見上げて少しもまじろがず、西方へ見送られることが五六度あった。看病の人たちは、たゞ事ではない、これは証相《しょうそう》の現じて、聖衆が来られたのではないかと疑った。しかし世の人は何とも心得ずにいた。

聖人の死にむかってやつれていかれる様子を、

聖人は老病日にかさなり、物を食べられなくなられて久しい。色、形も衰えて弱くなってきて、目を細められていて、ひろく見られることはなくなった。それがたゞ今、やゝ久しく仰がれて、あながちに開き見られたので怪しきこと（臨終かと）と思っていると、ほどなく顔の色もにわかに変じて死相がたちまちに現じてきた。御弟子どもはこれは臨終かと疑い、驚き騒いだので例のごとくなったのである。あやしくも、今日は紫雲の瑞相《ずいそう》があったうえに、このような出来事もあるよと御弟子たちは申していた。

と解説している。

聖人は念仏の勤めを怠られない上に、二十三日より二十五日にいたる三カ日の間は、ことに常よりもつよく高声の念仏を申された。或は一時、或は半時ばかりされたのには、人はみな驚き騒いだことも二、三度あった。弟子たちは、番番《ばんばん》に交代して、一時に五、六人が念仏される声を助けた。

『臨終行儀』には、聖人の臨終の様子を次のように記載している。

二十五日午時

すでに午時にいたり、念仏される声が少し低くなってきた。さりながら、時々、また高声の念仏がまじわって聞こえてくる。これを聞きつけ房の庭の前に集来した結縁《けちえん》の輩は数知らずと

し、

聖人、ひごろ伝へ持ちたまひたりける慈覚大師の九條の御袈裟をかけて、枕を北にし、面を西にして、ふしながら仏号をとなへて、眠るがごとくして、正月二十五日午時のなから（半）ばかりに往生したまひけり。そのゝちよろずの人々競い集まりて拝み申すこと限りなし。

と記す。

『私日記』にも「午時ばかりに行儀違《たが》はず、念仏の声ようやく弱し、見仏《けんぶつ》の眼眠《ねむる》が如し。紫雲空に聳《たな》びき、遠近の人々来り集る。異香室に薫じ、見聞の諸人仰て信ず。臨終すでに到りて、慈覚大師の九條袈裟、これを懸けて、西方に向て唱て云く、光明遍照……」。

醍醐本『臨終日記』にも「正く臨終の時は、慈覚大師の九條袈裟を懸け、頭北面西にして、光明遍照……と誦し、眠が如く命終る、その時午正中なり」とみえ、諸本においてほとんど差異がない。

参考までに、『善導寺本』における慈覚大師と法然の関係記事をあげると、慈覚大師が清和《せいわ》天皇に授けた戒を、法然が高倉天皇に授けた。聖覚は勝尾寺において、慈覚大師の念仏と法然の念仏を讃歎した。慈覚大師の念仏を守護した赤山明神《せきざんみょうじん》は、法然の念仏を守護する。作者躭空は、法然が慈覚大師の遺風を相承《そうじょう》していることを讃歎している、というようなことが指摘できる。

法然は「天台宗」という組織のなかの僧侶で黒谷上人《くろだにのしょうにん》（聖人）とも呼ばれた。『選択本願念仏集』を執筆し「浄土宗」を開宗し、その「教え」を確立した。天台宗の僧侶としてその生涯を終えたが、

図10　御往生・来迎・紫雲（善導寺本『伝法絵流通』第52図　久留米市善導寺蔵）

それは一切衆生結縁のための方便であったということができる。そして、法然の老病と臨終をとおして、念仏者が死病を患い、臨終を迎えるまでの念仏信仰の模範を示して、高声念仏による眠るがごとき安らかな死、往生が可能なことを明らかにしているのである。

(3)『知恩講私記』の成立

『知恩講私記』と『高田本』

『知恩講私記』は先行研究においては、著者を隆寛と推定し、成立は法然上人滅後十年前後の頃としている。法然の廟堂で遺弟《ゆいてい》らが月忌《がっき》に知恩講を修したときの講式で、初段から五段にかけて法然の五徳、諸宗通達・本願興行・専修正行・決定往生・滅後利益の徳が讃歎され、讃徳文の全段をとおして一種の法然伝になっている。[1] 法然伝の系譜からみれば『醍醐本』に近いが、当時の所伝によって独自の構想の下に作られたもので、『四巻伝』（『善導寺本』）『琳阿本』『古徳伝』『勅伝』（『行状絵図』）なども、入滅の記事ではこの講式を引用、または参照している。安貞二年（一二二八）八月信阿弥陀仏書写の奥書のある古写本が東寺宝菩提院に伝来する（『浄土宗大辞典』ほか）。

はたして、この解説は正しいのだろうか。筆者は安貞二年の奥書は当時のものではないことから、親鸞門流においては「伝法絵」系統の法然の伝記が展開していること、『知恩講私記』と『善導寺本』の関係の近いこと、また親鸞の『和讃』も「伝法絵」系統の法然の伝記を要約した可能性があるといったことから、『知恩講私記』は『伝法絵流通』における法然の生涯を讃歎したものであるとの見方もできるのではないかと考えている。

入滅の記事では諸法然伝がこの講式を引用しているというのは、第四段の記事のことである。

(ア)第四決定往生の徳を讃ずれは、広く旧伝を考えるに多く瑞相《ずいそう》を載せけり。しかるに先師上人種々の霊異《りょうい》、連々の奇瑞、人口《こうじつ》実に備ふ。世皆知る所なり。

(イ)いまだ墓所を点ぜざるに両三人の夢にみらく、彼の地に相当して、天童行道《ぎょうどう》し蓮華開敷《かいふ》す。分明なり。

(ウ)三四年来は耳目蒙昧《もうまい》なり。しかして大漸《たいぜん》の期に近づき、音聞き色を見ること、たちまちに以てとはじまる。人は口実に備うというが、『知恩講私記』は『北野天神縁起』と『天神講式』、『聖徳太子伝記』と『太子講式』との関係からしても、すでに先行する法然の生涯を記載する祖師伝によって制作されたものであろう。諸法然伝がこの講式を引用しているのではなく、先行する法然伝によりこの講式が述作されたと考えるのが妥当ではないだろうか。

（イ）の両三人の夢は『善導寺本』『国華本』にはみえず、『西方指南抄』に収録する『諸人夢記』（後述）が初見であり、（ウ）も『善導寺本』や『臨終行儀』の要約であることからしても、はたして隆寛を著者とし滅後十年前後の成立とするなら、その頃に法然を権者で念仏の祖師とする伝記諸本が成立していたと仮定することは可能なことであろうか。

というのは、『高田本』には、『善導寺本』を尊重しながらも『国華本』『臨終行儀』『諸人夢記』に基づく記述がある。その影響を受けた記述を含めて『高田本』と『知恩講私記』は驚くほどに一致し、（ウ）に続く老病と臨終の記事は『高田本』を漢文に書き改めたものといってよいほどである。その一例を示しておく。(2)

＊『高田本』

廿四日トリノ剋ヨリ以去、称名躰ヲセメテ、無間ナリ無余也。助音ノ人〱ハ窮崛（ママ）ニオヨフトイエトモ。暮齢病悩ノ身、勇猛ニシテコエヲタ、サル事、未曾有《みぞう》ノ事ナリ。……音声ト、マリテノチ、ナホ唇舌ヲウコカス事十余反ハカリナリ。面色コトニアサヤカニシテ、形容エメルニニタリ。

＊『知恩講私記』

廿四日酉剋以□、称名追躰、無間無余、助音人々雖及窮屈、暮齢病悩身、勇猛不絶声、未曾有事也。……音声止後、猶動唇舌十余遍許也、面色殊鮮、形容似咲。

知恩講と報恩講

法然の真影《しんえい》を本尊として勤修《ごんしゅ》する知恩講は、本願寺において蓮如《れんにょ》の頃まで営まれていたことは、『本願寺作法之次第』（五三）に「蓮如上人の御代には、毎月二十五日（法然の命日）の勤めののちに知恩講式（ママ）をあそはされ候き」とみえているし、(3)室町期の古写本が真宗寺院に伝来する。

「知恩報恩《ちおんほうおん》」とは、三宝・国王、両親・衆生などの恩徳を知って、これに報いるとの仏教語である。菅原道真も願文《がんもん》において『法華経』は「知恩報恩において無量無辺の功徳がある」（『菅家文草《かんけぶんそう》』巻第十二）と使っている。(4)親鸞は『教行信証』において、「正信念仏偈《しょうしんねんぶつげ》」を作ったことを述べるのに、「知恩報徳のために、宗師《しゅうし》の釈（曇鸞《どんらん》の『浄土論註《じょうどろんちゅう》』）をひらき見るに……恩を知りて徳を報ずる理をまず啓《もう》す」と記している。(5)その「正信偈」において「本師源空は仏教に明らかにして、善悪の凡夫人を憐愍《れんみん》せしむ。真宗の教証を片州に興《おこ》し、選択本願を世にひろむ」と讃歎するとともに、他力の人のこうむる「現生十種益《げんしょうじゅっしゅのやく》」の一つに知恩報徳の益のあることを説いている。

覚如が『古徳伝』において「空聖人（法然）は浄土宗の元祖」だと述べ、法然入滅を流罪中に知った親鸞が「師訓《しのおしえ》をひろめ、滅後《めつご》の化義《けぎ》をたすけん」と決意して上洛しなかった。しばらくして入洛すると、親鸞は勝地を占い五条西洞院《にしのとういん》の辺に住み、先師聖人没後の中陰《ちゅういん》の追善《ついぜん》にもれたことは恨みであると、その聖忌を迎えるごとに声明《しょうみょう》の宗匠を屈して、緇徒《しと》の禅襟《ぜんきん》（衆僧）をととのえ、月々四日四夜の礼讃念仏《らいさんねんぶつ》を執り行なっていた（図11）。これはひとえに先師報恩謝徳のためだと説明してい

図11　親鸞帰洛後、先師報恩謝徳のため月々4日4夜の礼讃念仏を行う
(掛幅絵伝「法然上人絵伝」第3幅　広島県光照寺所蔵)

る。

南北朝時代の親鸞門流においては、宗祖は「黒谷上人源空」、門流の祖が「本願寺聖人親鸞」であるとして両祖師を尊崇していた（傍点筆者）。そのことを象徴するのが、本願寺に出入りしていた絵解き僧である弘願や琳阿が「黒谷上人絵伝」と「本願寺聖人絵伝」の両方を所持していたことである。[6]

　法然の講を「知恩講」、親鸞の講を「報恩講《ほうおんこう》」と称するのは、宗祖法然と派祖親鸞との関係を物語っているのではないだろうか。そのように考えると、門流の祖師伝により祖師の講式を制作するのは当然のことである。早急に結論の出る問題ではないので、さらに考察を深めたい。

二　法然の夢告と女性

(1)往生の夢告と女性

『西方指南抄』収録『聖人の御事諸人夢記』には、『伝法絵流通』の「兼日に往生の告をこうむる人々」に名前が列挙されている人たちへの法然の夢告だけではなく、『伝法絵流通』に登場しない夢告も含めて詳しく紹介されている。また、『諸人夢記』は、聖光門流の法然伝である『九巻伝』巻七下「諸人夢想事」に「上人往生の前後にあたりて、諸人霊夢を注し送る事、勝計すべからず、暫く略してこれをいはゞ……」として抄出紹介されていて、その「諸人夢想事」は『行状絵図』第三十八の詞書に採用されている。

少女の夢　「三条小川に住む陪従《べいじゅう》信賢の後家尼のもとの少女」。二十四日の夜、ことに心を澄まし高声念仏しているのを乗願房《じょうがんぼう》という聖が宿り聞いた。夜が明けて少女は乗願房に「法然聖人は今日二十五日、かならず往生される」と語った。どうして知ったのかと尋ねると、今宵の夢に聖人のもとに参ると「我れは明日往生する、もし今宵汝《なんじ》が来なかったら、我れを見ることができなかった、よく来た」と述べられた。少女が「我が身に痛み思う事がある。我れいかにしてか往生し侍り」と問うと、聖人は「まづ出家してながく世間の事を捨て、静かなところで一向に後世のつとめをいたすべし」と教えた。今日午時に聖人が往生されたのは、夢にかなうことであると申した。

＊『善導寺本』「兼日に往生の告」以下の法然伝に列挙されている記載名と比較してみると【善】「陪従信賢」、【国】「三條小川倍（ママ）従信賢」、【高】「倍（ママ）従信賢」、【古】「陪従信賢」である。人名だけだと伝記の読者は信賢の夢と理解してしまう。また、【九】【行】では三条小川の陪臣信賢の「後家の養女」としている。

女房の夢

「白河の准后宮のそばに仕える三河という女房」。二十四日の夜、聖人のもとに参り拝むと、四壁に錦の帳をひき、色さまざまにあざやかなうえに、光があり煙がたち満ちていた。よくよく見ると、煙ではなく紫雲というものかと不思議に思い、聖人が往生されたのかと思ううちに夢からさめた。夜が明けて僧順西に語った。今日午時に聖人が往生されたことを聞いた。

＊記載名は【善】「白川准后宮」、【国】「白河准后宮女房」、【高】「白河准后宮女房」、【古】「白河准后宮女房」としていて、【善】では准后宮の夢と理解される。【九】【行】では花園准后の女房の三河の局とする。

尼の夢

「鎌倉出身の尼来阿弥陀仏《らいあみだぶつ》」。信心深くして、仁和寺に住む。二十四日の夜にみた夢に、世に貴い聖が来た。その形は絵像の善導の姿に似て、善導かと思ううちに、「法然聖人は明日往生したまうべし。はやく行きて拝み奉るべし」と告げられた。東山大谷の房に参ると、その日の午時に往生された。この夢を説明して、来阿弥陀仏のこの夢は、聖人の往生なされる以前に、聖人が往生されることを聞及ぶ人々が多くいたので、さらに疑いないことである。返すぐこの事は不思議な事である。二十五日に聖人の往生を拝もうと参集した人は盛んなる市のようであった。その中のある人は、二十三日夜の夢に聖人が来て「我は二十五日の午時往生すべき」と告げられると思うと夢さめたと語り、そのことを確かめに参ったと語った。ほかにも、昨夜この夢告があったというものもいて、参集の人のなかには、このような夢を語る人が多くいたが詳記しないという。

＊なお【善】【国】【高】【古】に「坂東尼《ばんどう》」の記載はあるが、来阿弥陀仏の名は見えない。また【九】では、仁和寺の尼西妙《さいみよう》（本《もと》は関東なり）の夢として記載し、【行】は比丘尼《びくに》西妙が往生の夢をみたと簡単に記載し、夢の善導には言及しない。

「尼念阿弥陀仏」の二十五日《（ママ）》辰《たつ》時の夢。夢うつつとなく、遙か艮《うしとら》の方を見ると、聖人が墨染《すみぞめ》の衣を着て空にいた。傍らに白装束の唐人のような人がいた。大谷より聖人と俗人とが南に向かわれるときに、俗人が「この聖人は通事《つうじ》にておわす」と語ると思うと夢さめた。

「尼念阿弥陀仏」の二十三日卯時の夢。晴れた空の西方を見ると白い光があり、扇のように末が広く根元が狭かったのが大きくなり虚空に満ちた。光の中に紫雲があり、光りある雲と同じく東山大谷の方にあった。大谷に参じた多くの人々がこれを拝んだ。これはいかなる光かと問うと、ある人が法然聖人が往生されたのだと語ったので拝んだ。人々のなかには「世に香うばしきかな」と語る人もいると思ううちに夢からさめた。

＊「二十五日」は誤記であろう。【善】「尼念阿弥陀仏」、【国】「鎌倉尼念阿弥陀仏」、【高】「尼念阿弥陀仏」、【古】「尼念阿弥陀仏」と記す。【九】には見えず、【行】に「弟子念阿弥陀仏は、同二十三日の夜、上人往生の紫雲ならびに白き光虚空に満ち、異香をかぐと見る」として継承している。

なお、前述の『善導寺本』「別当入道の孫」の夢は、『諸人夢記』には「建暦二年二月十三日の夜、故惟方《これかた》の別当入道の孫、夢にみるやう」として掲載している。『善導寺本』以下の法然伝と『諸人夢記』の人名表記とを比べると、『国華本』と『諸人夢記』とのみ一致するものがあり、かなり親密な関係にあることが明らかとなる。このことからも、『臨終行儀』『諸人夢記』は、法然絵伝の「老病と臨終」の場面を絵解きするさいの指南書《しなんしょ》であったことが確かめられる。

(2)墓所・七條袈裟・尼往生の夢

墓所の夢　「大谷房の近住の尼と女房」。聖人が往生された大谷の房の東、岸(崖)の上に平地があり、その地を建暦二(元)年十二月の頃に地主が聖人に寄進したので墓所と定めて葬送した。その北に人の房があり、宿っていた尼が先年の夢に、かの墓所の地を天童《てんどう》が行道《ぎょうどう》するのをみた。また、同房主は去年十一月十五日の夜に、この南地の墓所に青蓮華《しょうれんげ》が生いて開敷し、花が少しずつ坊に散りかかる夢をみた。また、同房にいた女は去年十二月の頃、南地にいろいろな蓮華が咲き開く夢をみた。今年の正月十日（ママ）彼の地を墓所と定めて穴を掘っているのを房主が驚き、「日頃の夢の三度までありしが、ただ今思い合わすに合いたる」と語り不思議がった。

先に紹介した『知恩講私記』第四段（イ）はこの夢のことを語ったものである。『九巻伝』では十二月の夢を房の隣家の女人の夢とする。それに続き清水寺の二人の僧が十二月九日の夢に、夜叉《やしゃ》らが群衆して地を引き、礎《いしずえ》の下に地神がいて、この礎を頂戴するとみてさめた。また、穴を掘るのは二月十日のことだとする。『行状絵図』では、地主が自身の墓所としていたのを、上人が入洛されたので、券契《けんけい》などを寄進状に添え譲ったもので、廟堂を建て石の唐櫃《からびつ》に納めたとする。また、隣家の女人を「清信女」と改め、入洛されたのでとの説明を加えるのは、『行状絵図』においても入洛を十一月十七日としているためである。

七條袈裟の夢

「華山院《かざんいん》の前右大臣家の侍江内《こうない》と親しい女房」。三日連続して夢に見た。正月二十三日夜の夢には、西山より東山に五色の雲が一丁ほどながく棚引《たなび》いた。大谷の聖人の御房に参り拝むと、墨染《すみぞめ》の衣・袈裟を着られていた。袈裟の緒《お》は結び垂れて、如法経《にょほうきょう》の袈裟の緒のようであった。請用《しょうよう》で出で立ちたまうと見てさめた。二十四日夜の夢には、昨夜の五色の雲が少しも散らず、大筏《だいいかだ》のように大廻りに廻り、東頭の雲が西頭となり遠く棚引いた。聖人も昨日のようにしておられるとみてさめた。二十五日には、この雲は西へ赴き、聖人が七條袈裟をかけ、臨終の作法のようにして、雲に乗って飛ぶように西へ行かれるとみてさめた。胸騒ぎがし驚いたが、我が口も心も、あたりまでもまことに香ばしかった。世の常の香にも似ず、めでたいものであった。

法然は慈覚大師の九條袈裟を懸けて往生したことは諸伝一致する。この七條袈裟を懸け臨終の作法のように雲にのり西へ行ったとの夢とは、矛盾する。よって、諸伝への継承が注目されるのだが『九巻伝』は採用していない。『行状絵図』は夢を見たのは女房ではなく、青侍《あおざむらい》江内自身であるとし、夢の内容は記載せずに、二十四日夜に往生の夢をみて翌日早旦に人々に語ったとする。

以上、女性がみた法然の夢を紹介した。女性の見た夢により、法然の意思が明らかにされているのである。彼女らは、神々の託宣《たくせん》を伝える巫女《みこ》と同様の役割を果たしている。

尼往生の夢

女性への夢告ではないが「丹後《たんご》国しらふの庄の別所《べっしょ》の一和尚」の夢に、法然に帰依し往生をとげた仁和寺の尼が登場する。和尚は昔、天台山の学徒であったが、遁世《とんせい》ののち(法然)聖人に帰依し弟子となり、京に上り五条坊門富小路《ぼうもんとみのこうじ》に住した。ある日の昼寝の夢に、空に紫雲が聳えるなかに尼がうち笑《え》みて、「法然聖人の御教えにより極楽に往生し候ぬるを、仁和寺に候つる」と告げられた。

和尚は九条の聖人のもとに参じ、見た夢を申し上げたので、聖人はさる人もあろうかと仁和寺に人を遣わされると、昨日午時に往生されたとのことであった。聖人によると、『法華経』千部自読の願をおこし七百部ばかり読んだが、残りをいかに果たすべきかと問われたことがあった。そのとき聖人は「年寄りたる御身にめでたく読ませたまひて候へども、残りをば一向念仏にならせたまへ」と名号《みようごう》の功徳を説き聞かされたという。聖人は、この尼公が経を置き、一向専称し、年月を経て往生極楽の素懐を遂げられたものだと仰せられた。

この一和尚の夢の話だけが法然在世中に仁和寺の尼が帰依し往生を遂げた話で、ほかの往生の夢告とは随分と異なっている。『九巻伝』には採用されず、『行状絵図』巻十九(第五段)には、和尚をもと志楽庄弥勒寺《みろくじ》の僧とし、話の前後を逆にして仁和寺の尼の往生譚として掲載している。

ところで、上記のように「尼」といえば「仁和寺の尼」というぐらい、しばしば登場している。仁和寺における念仏信仰を紹介しておきたい。

仁和寺僧の念仏往生については、『北野天神縁起』諸本の霊験譚や『一遍聖絵』巻十一に掲載されている。(7)『北野天神縁起』(『建保本』)では、僧念西は延久三年(一〇七一)にたいした重病でもなく、いささかの病悩により、端坐合掌《たんざがつしよう》、高声に念仏を数百度唱えて、眠るが如く順次往生《じゆんじのおうじよう》をとげたという。善導の『般舟讃《はんじゆさん》』は法然在世中は流布していなかったが、建保五年(一二一七)に仁和寺法金剛院(待賢門院御願《たいけんもんいん》)の経蔵に伝来するのが発見され、開版されて証空や親鸞門流に流布した。『善導寺本』では、仁和寺法親王が法然に深く帰依されたとし、法然の清水寺説戒の段では、法親王の夢想によると清水寺の滝は大日如来の鑁字《ばんじ》の智水《ちすい》であること、また、滝に詣でることにより現世安穏・後生極楽を得ることになるとの歌を詠まれたことを紹介している(第二十七図「清水寺説戒・滝」)。

三　鎌倉幕府と浄土宗

(1)伊豆山と「浄土宗」法華経と念仏

法然の帰依者のなかに関東出身の尼来阿弥陀仏と念阿弥陀仏がいた。唯一の鎌倉時代の往生伝である『念仏往生伝《ねんぶつおうじようでん》』（残欠本）には、法然に帰依し念仏往生をとげた伊豆山（走湯山）の尼妙真を掲載している。編者行仙は、上野国山上《やまがみ》（群馬県勢多郡）に住した念仏者で、弘安元年（一二七八）の没である。(8)

伊豆御山の尼、妙真房（没年・年齢記載無し）。勇猛精進《しようじん》の比丘尼なり。『法華経』を読誦《どくじゆ》、兼ねて秘密行を修す。後、法然上人に対し、たちまちに余行を捨て一向に念仏す。その功漸《ようや》くいたり、常に化仏《けぶつ》を拝す。余人これを知らず。ただ同行《どうぎよう》一人に甚深を語る。ある時告て「我れ明日、申《さる》剋往生すべし」と云う。剋限にいたり、端坐合掌、念仏して気絶す。

伊豆山（走湯）権現《ごんげん》を「伊豆御山」と尊称しているのは、頼朝挙兵以来、幕府祈願所として崇敬が厚いことによる。

伊豆山権現が頼朝挙兵成就《じようじゆ》をいかに加護したのかは、『吾妻鏡』の治承四年（一一八〇）の記事から読み取れる。七月五日、頼朝は挙兵に先立ち、走湯山の住侶文陽房覚淵《かくえん》を招き、「法華経一千部読誦ののち、その中丹《ちゆうたん》を祈願するつもりでいたが、事態が火急なこととなり、転読分《てんどくぶん》八百部で仏陀に啓白しようと思う。いかがなものか」と問うと、覚淵は「冥慮《めいりょ》に背くことはない」と答え、仏前に香花を手向《たむ》け旨趣を啓白したという。以下、伊豆山の僧尼の『法華経』・念仏信仰について考察したい。

尼妙真は『法華経』を読誦し、秘密の行（密教）を修す勇猛精進の伊豆山の尼であったということより、思い浮かぶのが、頼朝の御台所《みだいどころ》（政子）の御経師《ごきょうじ》であった法音尼《ほうおん》である。八月十八日条によると、頼朝は年ごろ浄不浄《じょうふじょう》を論ぜず、毎日勤行していた。しかし、自今《じこん》以後、戦場では心ならず怠慢することを嘆いた。政子は、自分の御経師である伊豆山の一生不犯《ふぼん》の尼である法音に、日々の勤行を依頼することをすすめた。所作《しょさ》の目録を遣わすと、尼は領 状《りょうじょう》した。

その目録によると『般若心経』一九巻（八幡・若宮・熱田等への各一巻、法楽《ほうらく》のため）。『観音経』一巻・『寿命経』一巻・『毘沙門経《びしゃもんきょう》』三巻・「薬師呪《やくしじゅ》」二十一反・「尊勝陀羅尼《そんしょうだらに》」七反・「毘沙門呪」一百八反（已上は所願成就と御子孫繁盛のため）とともに、「阿弥陀仏名」千百反（一千反は父祖頓 証菩提《とんしょうぼだい》のため、百反は藤原（鎌田）正清得道《とくどう》のため）を依頼している。

専光房と浄蓮房　専光房良暹《りょうせん》は、頼朝の年来の師檀とされ、頼朝は十月十二日に祖宗《そそう》を崇めるために小林郷北山に宮廟を構え鶴岡宮を遷したが、その別当職《べっとうしき》に任じられている。翌治承五年元旦の頼朝参詣の際には『法華経』を供養し、頼朝の亡母忌月仏事にも請僧として出仕し、頼家誕生の際の出産の祈禱の験者《げんざ》をつとめた。文治元年（一一八五）義朝の首が鎌倉に到着し、南御堂《みなみみどう》（勝長寿院《しょうちょうじゅいん》）に安置供養する仏事の沙汰《さた》もしている。熊谷直実《くまがいなおざね》の突然の出家に際しては、建久三年

（一一九二）十二月十一日の条によると、すでに法体《ほったい》となり上洛を企てる直実に出家の功徳を説き、草庵に誘い浄土宗の法門を談じ、彼の鬱憤《うっぷん》をなだめて遁世逐電《ちくでん》することを諫めている。

浄蓮房《じょうれん》は、三代将軍実朝のために浄遍（静）僧都とともに御所において法華・浄土宗の旨趣を談義している。和田朝盛《とももり》は彼の草庵において出家した。また元仁元年（一二二四）執権北条義時の中陰中に三浦駿河前司義村の修した臨時仏事の導師をつとめ、「一日頓写《とんしゃ》法華経六部」を供養するとともに、その墳墓堂（新法華堂）供養の導師もつとめている。寛喜元年（一二二九）春彼岸の初日（二月二十一日）には、義村の要請により、二代将軍頼家の娘竹の御所や泰時の室らを招待して、三崎海上において「来迎講」（「迎講《むかえこう》」）を催している。この浄蓮房が浄土宗の史料に登場する源延《げんえん》だとすれば、『浄土宗《じょうどしゅう》略要文《りゃくようもん》』奥書（『漢語燈録』）に「建仁四年（一二〇四）二月十七日、黒谷上人伊豆山源延のために集られる所の要文なり」とみえている。(9)

このように、伊豆山の僧や尼により法然の念仏、浄土宗の教えが展開していることが窺えるのであるが、彼らは「浄土宗の教え」を説くが、自身は一向専修の念仏者ではなく、依頼されれば『法華経』を供養するし、様々な祈禱も勤修している。

尼妙真と熊谷直実

尼妙真の話にもどすと、法然の没年は建暦二年（一二一二）正月二十五日なので、妙真が法然に帰依した一向念仏者とすると、それ以前の帰依になる。また「対して」を面授《めんじゅ》と理解すれば、法然の行実からして京都における帰依となる。

図12　尼妙真の往生
（『法然上人行状絵図』巻24段6、京都市知恩院所蔵　写真提供：京都国立博物館）

往生した年月の記載もなく事実関係の確認ができないのであるが、本伝を継承する『九巻伝』巻四下「尼妙真往生事」では「専ら法花を読誦し、兼ては秘密を修行せり。事の縁によりて上洛せし時、法然上人に参りて、念仏往生の道を承りて後は、たちまちに余行を捨ててひとえに念仏を行ず。その功やゝたけて化仏《けぶつ》を拝する事常にあり……」とする。また『行状絵図』巻二十四（第六段）においても「法華の持者、真言の行人なりき。事のたよりありて上洛のとき、上人の教化にあつかりて後、なかく余行をすてゝ、ひとへに念仏を行す」とする（図12）。

先に紹介した『吾妻鏡』では、直実の浄土宗の信仰に大きな影響を与えたのは良暹であったが、『九巻伝』巻四下「熊谷入道往生事」

では、走湯山に滞在した京下りの尼であったとして、

右大将家（頼朝）を恨み申事ありて、俄《にわか》に出家して、法名を蓮生《れんせい》とぞ申ける。はじめは伊豆国走湯山に参籠《さんろう》しけるが、上人の念仏弘通の次第を、京都より下れる尼公《あまぎみ》の語り申けるをきゝて、やがて上洛して先ず澄憲《ちょうけん》法印のもとへ向ひて、見参《けんざん》に入べきよしを申入て……。

と記載している。この記事は、走湯山の尼妙真が法然上人へ帰依したという伝承に基づいて作成されたものであろう。ともあれ、浄土宗の東国布教において、尼の法然への帰依・念仏信仰が強調されていたことは興味深いことである。

(2)北条政子——不例と死——

不例と陰陽師

『吾妻鏡』によると、北条政子が勝長寿院の奥地に持仏堂《じぶつどう》（「廊《ひさし》の御堂」）のある新御所と、年来の素願であった娘大姫追善《おおひめついぜん》のための弥勒《みろく》像を本尊とする新御堂を造営したのは貞応二年（一二二三）八月、六十七歳のときである。その持仏堂において亡くなるのは二年後の嘉禄元年（一二二五）七月十一日である。

政子の病気により死亡にいたる経過は、嘉禄元年五月二十九日の「二位家御不例《ふれい》」の記事から始まる。「不例」とは病気のことで、気が増すこと「増気《ぞうき》」であった。増気は医師の薬、陰陽師の神祭、僧侶の祈禱により減じるものとされた。

六月二日には、北条泰時の沙汰として、六名の陰陽師により天地災変祭《てんちさいへん》・呪詛《じゅそ》祭・属星《ぞくしょう》祭・鬼気《きけ》祭・三万六千神祭・熒惑《けいこく》祭・大土公《だいどくう》祭・泰山府君《たいざんぶくん》祭・天曹地府《てんそうちふ》祭などの神祭が行なわれた。翌三日に不例はいささか減じたが、再び様態が悪化したのか五日に重ねて御祈り等が行われている。そして八日子《ね》刻には信濃僧都道禅《どうぜん》を導師として「御逆修《ぎゃくしゅ》」の仏事が勤められた。七日からの増気により、十二日には泰時の沙汰として三万六千神祭があった。

陰陽道の神祭や僧侶による祈禱などによっても気は減じることがなく、悪化するばかりで、看病人たちは臨終を迎える場（「新御所」）への移動の日を相談した。十五日（甲辰《きのえたつ》）が渡御《とぎょ》の日とされたが、「甲辰日」は憚《はばか》るとの陰陽師の勘申《かんしん》により二十一日に延引された。十六日辰剋には「絶入《ぜつじゅ》」（息が絶え入ること）となり諸人が群をなすこともあったが、さいわいにも復本《ふくほん》した。

渡御の日である二十一日（庚戌《かのえいぬ》）の記事が興味深い。医師行蓮《ぎょうれん》が戌《いぬ》日は憚りあると反対したのである。隠岐入道（二階堂行村）を奉行として、国道以下の陰陽師六人を召して行蓮の説の尋問がなされた。その結果、行蓮の説には根拠がないことが判明した。

その場では一笑にふされたのであるが、政子の様態は晩に及んでもなお絶入であった。時房と泰時は「路次において定めて事あるかの由」を心配して、重ねて陰陽師六人に尋ねた。彼らは一同に二十六日（乙卯《きのとう》）を択んだ。泰時は「乙卯」は「四不出日《しふしゅつにち》」にあたると心配すると、「四不出日は出行を忌む、今は御移徙《いし》の儀なり、憚《はばかり》あるべからず」と説明したので治定《ちじょう》した。しかし、「絶入」状態が続いたためか、二十六日の移徙はなかった。

臨終と葬礼

七月六日に医師の交替記事がある。これまで九条道家の子三寅《みとら》（二歳、四代将軍頼経）の鎌倉下向に同行して下ってきた権侍医頼経が療治を加えていたが「御不例の体、その憑《たの》みおわさざるの間、治術の及ぶ所に匪《あら》ざる由」と辞退したことにより、去夜より前権侍医和気定基《わけのさだもと》が療治にあたっているという。

新御所への渡御は翌八日辰《たつ》刻に「二品《にほん》東御所に渡御せしめたまう、これ御違例すでに危急の故なり」とみえ、日の吉凶に関係なく行なわれ、十一日丑《うし》刻に亡くなった。『吾妻鏡』に臨終行儀の記載がないのは、「絶入」が続き亡くなったためとも考えられるが、

丑の刻、二位家薨《こう》ず、御年六十九。これ前大将軍の後室、二代将軍の母儀なり。前漢の呂后《りょこう》に同じく天下を執り行はしめたまふ。もしはまた神功皇后《じんぐうこうごう》再生せしめ、我が国の皇基《こうき》を擁護せしめたまふかと云々。

との死亡記事からして、編者の判断により、政子を神格化するためにあえて記載しなかったとも考えられる（初出は『六代勝事記《ろくだいしょうじき》』）。政子死亡の披露は翌十二日寅刻にあり、多くの男女が出家したが、最前に二階堂行盛が素懐をとげた。戌刻に御堂御所の地で火葬されたが、葬礼の事は前陰陽助親職《ちかもと》朝臣の沙汰によったが、自身は参らず門生有秀があたった。

義時と臨終の念仏

『吾妻鏡』によると、北条義時は、その前年である元仁元年（一二二四）六月十三日、六十二歳で亡くなっている。その病気と出家・臨終の経過を記すと、六月十二日辰剋義時病悩、日頃は心神違乱することがあっても殊なる事ではなかったが、今度はすでに危急におよんだ。陰陽師を請じ卜筮《ぼくぜい》をさせると、一同に「大事あるべからず、戌剋には減気に属される」と占った。しかし、減気のために、天地災変祭・三万六千神祭・属星祭・如法泰山府君祭を勤めさせた。祭具物などはことに如法に準備し、十二種の重宝、五種の身代り（馬牛・男女・装束など）などが整えられた。

しかし、その効果はなく、いよいよ危急となった。十三日には病痾は獲麟《かくりん》（臨終）におよび、重時を使いとし将軍頼経に許しを得て寅剋に落飾《らくしょく》、ついにもって御卒去（御年六十二）されたと記している。

それにつづき、臨終を迎えた義時が善知識《ぜんちしき》の助けにより念仏を唱えたことが「昨朝より相続して弥陀宝号を唱えられ、終焉《しゅうえん》の期におよぶまでさらに緩《おこた》りなし。丹後律師（頼暁《らいぎょう》）、善知識としてこれを勧めたてまつる。外縛《げばく》の印を結び、念仏数十反の後寂滅す。誠にこれ順次往生と謂《い》うべきか」と記載されている。

この臨終の儀礼は、後白河法皇崩御《ほうぎょ》を伝える『吾妻鏡』建久三年（一一九二）六月十六日の「大原の本成房上人を召し善知識として、高声の御念仏七十反、御手に印契を結び、臨終正念、居ながら睡がごとく遷化《せんげ》」との記事と一致する。墳墓は頼朝の法華堂の東の山上が択ばれ、葬礼の沙汰は陰陽師知輔朝臣が行なった。

北条政子と義時の死亡記事を紹介したのであるが、『吾妻鏡』による限りにおいては、院政期貴族社会と同様に、増気は医師の薬や陰陽師の神祭、僧侶の祈禱により減じるものとされた。ただし、死相、凶相《きょうそう》が確認されると、彼らは祈禱や治療を中止し、陰陽師の卜筮により臨終の時期が占なわれ、病人は臨終行儀の施設へと移され「仏の世界」へ旅立つ儀礼が行われた。その移動中に亡くなり臨終行儀ができないことを怖れた看病人たちは、陰陽師にしばしば卜筮させた。看取《みと》る人は、その病の苦しみ、臨終の様子から、病人が怨霊《おんりょう》となり祟《たた》ることをなによりも怖れ、病苦が短く、やすらかに死を迎えることに安堵《あんど》したのであった。(10)

四　東国女性の念仏往生

(1)「鎌倉の二品比丘尼への御返事」

法然と北条政子

『西方指南抄』巻中末二（一二）に、法然が政子に宛てたとされる「鎌倉の二品比丘尼への御返事」が収録されている。内容は、「念仏の功徳」についての質問に対する返答であり、念仏が現当二世の祈りとなることを述べたものである。

関東における念仏批判については、「念仏を信ぜざる人々の申候なる事」「専修念仏を申とゞめむとつかまつる人は……」「念仏のものをみれば腹立ち……」と記載し、そして、彼ら誹謗《ひぼう》者への対応については「あながちに信ぜざらむ人をば、御すゝめ候べからず」「念仏の人にあひて論じ、あらぬ行の異計の人びとにむかひて執論すべからず」と説いている。また、専修念仏が現当の祈りとなることについては、「ただ念仏ばかりこそ、現当の祈禱」「六字をとなふるに、一切をおさめて候なり」「専修の念仏は、現当のいのりとなり候なり」とくり返し説いている。

法然のこの念仏の功徳についての返事が、「一切の聖教」を照らし合わせてのものであることが「源空、この朝にわたりて候仏教をも、随分ひらきみ候えども」「随分に震旦《しんたん》・日本の聖教をとりあつめて」と、これもくり返し述べられている。

法然は建暦二年（一二一二）正月に亡くなったので、史実とすれば、それ以前の成立でなければならない。はたして、法然の在世中に関東において専修念仏が流布し、その教化活動が偏向したものであるとして幕府や在地領主、諸宗から非難されて、

人々が堂を建て、仏を造り、経を書き、僧を供養する事は「雑善根」であるが、批判しないで、むしろ心乱れず慈悲をおこして勤めるように勧めなさい。ただ、念仏の行は行住坐臥《ぎょうじゅうざが》、時処諸縁《じしょしょえん》をえらばず、身口の不浄も嫌わない行であるので、「楽行往生《らくぎょうおうじょう》」と申し伝えています。

と語る必要がある状況にあっただろうか。先に示した走湯山の「浄土宗」の状況、『吾妻鏡』にみえる政子・義時の信心や供養、病と臨終の経過、さらに二人の中陰仏事や追善のための写経・造塔供養

からしても、そのようなことは一向に考えられないのである。

法然の消息

法然と政子との交流は否定しなければならないのであるが、それではなぜこのような消息が『西方指南抄』に、法然の消息として収録されているのかということである。

実はこの消息においては、『選択本願念仏集』における法然の解釈を、法然の語った言葉として執筆されているため、法然の消息と理解されてきたためである。

たとえば、念仏誹謗者は、法然は熊谷入道や津戸三郎《つのとの》は無智であるので余行をさせず、念仏ばかりを称えることを勧めているのだと批判している。これにたいして法然は、念仏の行は有智・無智をえらばす、弥陀の昔誓われた大願はあまねく一切衆生のためである。阿弥陀仏が無智の人のために念仏を願とし、有智の人のために余行を願とされなかったのは、十方世界の衆生のための教えだからであり、有智・無智、善人・悪人、持戒・破戒、貴・賤、男・女をへだてず、仏の在世の衆生、釈迦末法万年の後に三宝みなうせて後の衆生まで「ただ念仏ばかりが現当の祈禱とはなり候」と述べている。これは『選択本願念仏集』第三「念仏往生本願篇」を消息文に仕立てたものである。

また、弥陀の化身である善導和尚が、ことに一切聖教を鑑《かんが》みて専修念仏を勧められたのも、一切衆生のためだと語り、往生の道を尋ねる人には「有智・無智を論ぜず、ひとえに専修念仏をすすめ候なり」と答えている。そのような一切衆生のための教えである専修念仏を止めようとする人は、前世で念仏三昧の得道の法門を聴聞しなかったためであり、後世にはまたさだめて三悪道に堕ちることになる。このことは聖教に広く見えているとして、善導の『法事讃《ほうじさん》』下巻を引用しているが、これも第十六章「弥陀名号を以て舎利弗《しゃりほつ》に付属篇」を消息文としたものである。

そのほかの『西方指南抄』に収録する「法然の消息」も『選択本願念仏集』の教えを説くための「談義本《だんぎぼん》」としての性格が指摘できるのである。それが法然伝の詞書として採用されると、宛人の往生伝となることがある。この政子宛返事も『行状絵図』巻二十五（第一段）では、鎌倉の二品禅尼（金剛戒）の帰依はもっとも深いものであり、蓮上房尊覚《そんかく》を使いとして、念仏往生の事を尋ねられたことに対する返事だとして掲載している。

(2)東国女性の往生

信心と往生

『念仏往生伝』（残欠本）からは十七名の往生人の記録が読み取れる（図13）。そのうち女性の往生人は上記の尼妙真を含めて七名であるが、その信心と臨終の様子を紹介したい。

◇武蔵国吉田郷の尼。建長五年（一二五三）十二月十日没。六十八歳。

《信心》生年四十七にて出家、念仏の功を積む。

《臨終》生年六十八の建長五年十一月六日より持病おこる。同九日、子息の入道に「去る九月十一日暁、恒河《こうが》の聖衆囲繞《いにょう》す、夢の如し幻の如し。また昨日より常に青蓮華合て眼前にあり」と語る。十二月十日「合眼の時、善導和尚が枕上に立ち、また青蓮華合を見る。この時心いよ〳〵清冷《せいれい》に

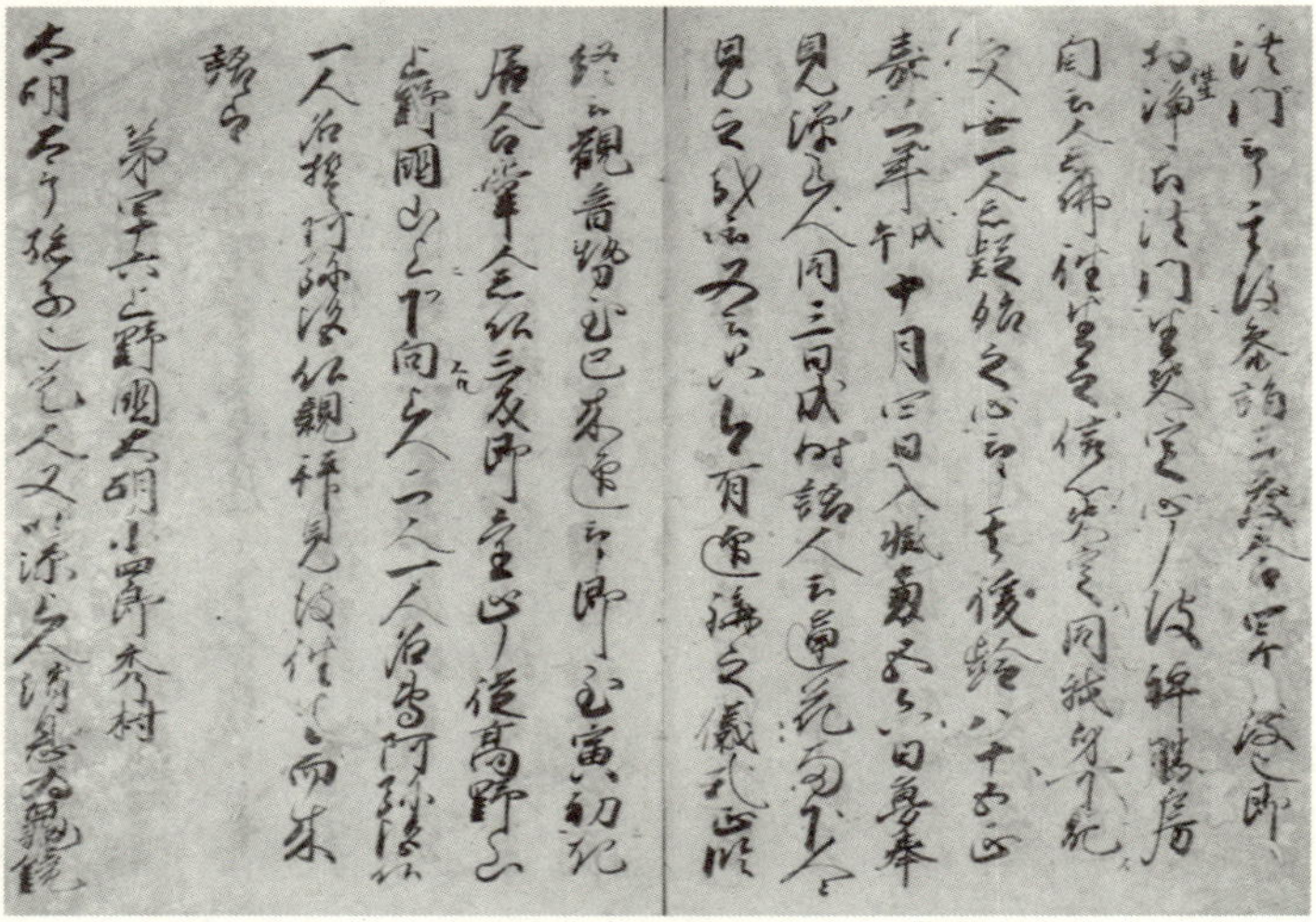

図13　『念仏往生伝』（称名寺所蔵　神奈川県立金沢文庫保管）

して身ますます平安」と、戌剋には「臨終ただ今にあらず。卯時、これその期なり。その故は、仏菩薩常の迎講の儀式の如く尚遠く立ち給うが故なり」と語る。子剋には「居し念仏して、臨終ようやく近し、仏すでに近し」と語り、そののち高声念仏不退にして、卯の始に音止みてのち、念□の口、なお二十余遍動き、気止る。在世のあいだの種々の異相、外人《ほかびと》に語らず、自ら記して秘す。

◇上野国淵名《ふちな》庄波志江《はしえ》の市、小中次太郎の母。

建長六年（一二五四）春没。八十二歳。

《信心》兼ねて一七日《いちしちにち》、高声念仏をおこたらず。

《臨終》最後の臨終は、端坐し合掌す。金色の光明、遙《はる》か西方より来りて韋墻《いしょう》六重を徹して照らす。また人々は紫雲の瑞を見て称美する。
◇同所（上野国）布志嶋《ふすじま》の尼。（後半欠）。
《信心》年来の念仏者で、信心ことに深し。剰《あまつ》さえ、もし病者あらば、念□以て（以下欠）。
◇武蔵国阿保の比丘尼。（没年・年齢記載無し）。
《信心》多年の念仏者である。

《臨終》臨終の期にいたり、自ら「浄土の蓮華、すでに雨下る」と語る。また「我が前、瑠璃地《るりち》となり、人間《じんかん》水の如し」と。光明が来て照らし、諸人は音楽を聞く。
◇比丘尼青蓮。建長（見セ消チ、傍書「保」）三年（一二五一）九月八日没。七十七歳。
《信心》上野国の住人、のち夫の縁により武蔵国に住む。世□の隙に常に『法華経』を読誦して一千部を満つ。夫夭亡《ようぼう》ののち出家、五十九歳以後は善知識の勧めで一向に称名する。七十三の齢にいたって夜光明を見たが、日輪の如く南方より来て照した。……空に声あり「摂取《せっしゅ》の光明、所処をえらばず」と。そののち信心堅く、□外人に語らず。

《臨終》七十七歳の夏、五月のころ、舎弟の僧と子息の尼に「八月二十八日より老病□催し、九月七日にいたって所悩平愈《へいゆ》す。ほぼ尋常となり沐浴潔斎《もくよくけっさい》す」と語る。知識の僧に「仏、すでに来迎す」と語り、僧が「仏、何方にあるか」と問うと、指をもって空をさした。また戌時、西方に光明ありと述べた。或は□指数を取り、或は合掌□額念仏する。八日□時にいたり、自ら起居し五色の糸を取り、名号を唱えて声ごとに礼を作した。すなわち十念十礼である。そののち□念仏三十返眠が如く気止む。

◇同国（上野国）細井の尼。文応元年（一二六〇）夏のころ没（年齢記載無し）。

《信心》新平三入道の妹尼で、天性道心あり。盛年のころ、夫の手を辞し兄入道について世間を渡る。

《臨終》老後、天下に同じ病により死ぬ人多し。この尼もすでに病を受けて危急に及んだ。二手を挙げて物を受け取ろうとする体《しぐさ》をするので、看病の人が理由を問うと、「蓮華雨下る。その体微妙にして、人間の花に異なる。よって受け取ろうとするところ」と答えた。最後は言葉なく、花を受ける手はなおまた以前のようであったので、人々は往生人と称した。

特色として指摘できることは、一つは往生人の「年齢」についてである。七名の女性のうち、小中次太郎の母以外の六名は尼（出家者・在家尼）である。四名の没年が記載されているが、その期間は建長三年（一二五一）から文応元年（一二六〇）までである。三名は年齢も記載されているが、吉田郷の尼は六十八歳、小中次太郎の母は八十二歳、比丘尼青蓮は七十七歳と驚くほどの高齢である。記載がない細井の尼も「老後」とあるので高齢での往生である。年齢・没年の記載はないが、布志嶋の尼や阿保の比丘尼も「年来の念仏者」「多年の念仏者」ということより、二人とも往生は老齢となってからのことである。日々の生活を念仏とともに送り、人生を全うした女性を往生人として記録しているのであり、一人も若年で死亡した女性を往生人として掲載していないのである。

二つは、臨終の儀式と念仏、また往生人の見た仏の来迎や瑞相、人々が往生人と認める奇瑞についてである。儀式においては、「迎講」や「五色の糸を取り、名号を唱う」こと。また、臨終の念仏では、先に紹介した法然の臨終場面「一息とどまるといへど……手足ひへたりといへども、唇舌うごかす事数遍なり」とか「仏号を唱えて眠るがごとく」とよく似た表現がみられ、高声念仏にして不退、端坐合掌して往生を遂げている。臨終の瑞相にしても、「紫雲の瑞」「種々の異相、外人に語らず」「金色の光明」「諸人音楽を聞く」といった奇瑞を紹介しているが、これらは法然の臨終場面の叙述と類似している。

本章において「布教」史料として提示した史料のほとんどには「ふりがな」がふってある。何度も読みかえすことで、信心を深めていったのであろう。いずれにしても、法然の臨終や女性への夢告とよく共通していて、これら女性の往生の記載は、浄土宗の布教活動において説かれた念仏信仰に基づくものだと確信できるのである。

在家の念仏者に「修行」の意識はない。東国社会に受容された浄土宗の念仏の特色は、たんに死が近づき「往生」のためにだけ称《とな》える念仏ではなく、念仏信仰が日々の生活とともにあることである。その意味では、生活のなかに諸宗の仏事儀礼が基盤として存在した貴族社会と、生活のなかに仏事儀礼が希薄であった東国の田舎とでは、「専修念仏」の布教活動も異なるのはごく当たり前である。東国の田舎の人々においては、院政期に成立した往生伝や浄土教美術にみられる「極楽浄土」への憧憬《しょうけい》よりも、本論で考察したような老病と死苦からの解放を願った信心として「浄土宗の念仏」が求められ、受容されたものであると指摘できるのである。

（1）櫛田良洪「新発見の法然伝記――『知恩講私記』――」（『日本歴史』二〇〇号、一九六五年）。伊藤唯真「古法然伝の成立史的考察――特に『知恩講私記』を繞って――」（『法然上人伝の成立史的研究』第四巻、知恩院、一九六五年。のち著作集第四巻『浄土宗史の研究』に再録、法藏館、一九九六年、四頁）は、嘉禄の法難以前、法然滅後しばらくたった建保の半ばすぎ以後の成立とされる。

（2）『影印高田古典』第三巻（真宗高田派宗務院、二〇〇一年、四八九頁）。

（3）『真宗史料集成』第二巻、五七〇頁。蓮如と浄土宗については、北西弘「真宗史上の法然聖人」（『佛教大学総合研究所紀要』第二号、一九五五年）参照。

（4）『菅家文草』巻第十一「為弾正尹親王先妣紀氏修功徳願文。貞観十年八月廿七日」（日本古典文学大系『菅家文草』、五九二頁）。

（5）『定本親鸞聖人全集』第一巻、八四頁。

（6）真宗における法然伝の展開については、小山正文『親鸞と真宗絵伝』（法藏館、二〇〇〇年）が詳しい。

（7）拙著『本地垂迹信仰と念仏』第一章「北野天神縁起にみられる本地垂迹信仰の展開」（法藏館、一九九九年、四八頁）。

（8）日本思想大系『往生伝　法華験記』に収録する。『念仏往生伝』の先行研究に、宮崎圓遵「金沢文庫新出の往生伝」（『龍谷史壇』第一三号、一九三四年。のち著作集第三巻『中世仏教と庶民生活』に再録、永田文昌堂、一九八七年）、家永三郎「金沢文庫本念仏往生伝考」（『中世仏教思想史研究増補版』、法蔵館、一九五五年）、近藤義雄「金沢文庫本『念仏往生伝』成立の背景」（『信濃』第三〇巻五号、一九七八年）、小此木輝之『中世寺院と関東武士』（青史出版、二〇〇二年）がある。また編者行仙の思想については、菊地勇次郎『源空とその門下』（法蔵館、一九八五年）収録の「武家平氏の浄土信仰」「『一言芳談』のなかの源空と禅勝房」、大隅和雄『信心の世界　遁世者の心』（日本の中世2、中央公論新社、二〇〇二年）参照。

（9）『定本法然上人全集』第一巻、三四七頁（山喜房佛書林、一九七七年、三四七頁）。菊地勇次郎『源空とその門下』（注8）収録の「伊豆山の浄蓮房源延」「同補考」参照。

（10）山中裕・鈴木一雄編『平安時代の信仰と生活』（〈国文学解釈と鑑賞別冊〉至文堂、一九九一年）。同『平安時代の儀礼と歳時』（至文堂、同年）。

■初出一覧■

第一部「天神」日本国の災害と道真の霊
「天満天神信仰の成立と変遷――鎮国と衆生守護――」
伊藤唯真編『日本仏教の形成と展開』（法藏館、二〇〇二年）
「日本太政威徳天と災害――『道賢上人冥途記』の成立――」
大隅和雄編『文化史の構想』（吉川弘文館、二〇〇三年）
「国土の災害と悪鬼神――災害と俗信――」
院政期文化論集第五巻『生活誌』（森話社、二〇〇五年）
第一～五章「日本国の災害と道真の霊――天満大自在天神と日本太政威徳天――」
佛教大学『アジア宗教文化情報研究所紀要』第二号（二〇〇六年）

第二部「空也」六波羅蜜寺の信仰と空也
「六波羅蜜寺と市聖空也」
伊藤唯真編『浄土の聖者　空也』（吉川弘文館、二〇〇五年）

第三部「法然」浄土宗の布教と法然伝
「法然の念仏と女性――女人教化譚の成立――」
西口順子編『中世を考える　仏と女』（吉川弘文館、一九九七年）
「法然の老病と臨終の絵解き――東国布教と女性――」
中井真孝編『念仏の聖者　法然』（吉川弘文館、二〇〇四年）

あとがき

本書に採録した論文は、いずれも通信教育部のスクーリングで演習・講読の史料として、また特殊研究の講義題目としたもので、講義ノートから出発している。問題意識が定まらない、散漫な講義に付き合っていただいた上に、考えを深めるヒントを数多くいただいた学生・卒業生の皆さんに感謝したい。

遅々とした研究の歩みのなかでお世話になった方々は数多い。なかでも天神信仰の成立と展開については、同志社大学の竹居明男・早稲田大学の吉原浩人の両教授から多くの示唆に富むご教示を得た。また、わたしにとって、忘れることができないのが平成十一年五月十日に逝去された立正大学名誉教授高木豊先生のご鴻恩である。追悼文集に寄せた一文をもって本書「あとがき」としたい。

生涯一度の会話

昭和五十二年十月十五日（土）開催の佛教史学会第二十八回学術大会（会場大谷大学）では、鎌倉仏教特集が組まれ、今堀「専修念仏信仰と神祇不拝」、佐々木馨・今井雅晴両氏の報告のあと、高木先生が「鎌倉仏教の諸問題」と題して特別講演をされた。先生五十歳、小生二十七歳のときである。報告しているとき、先生が会場の後方の席で原稿に手を入れられていたのを鮮明に覚えている。

講演では、黒田俊雄氏の顕密仏教・顕密体制提示に言及され、南都仏教を顕密仏教の一環としてとらえてよいのではと指摘された。そして、浄土教、とりわけ親鸞の神観念・神への態度について「私のような外側にいる者から見て思いますのは、親鸞の神をあなどるな、すてるなという内容いかんということであります。これにつきましては、先程の今堀太逸氏のご発表の最後の方をうけたまわりながら、私としては、一つ考察する鍵をいただいたと思った次第です」と述べていただいた。

三月に修士論文を『大学院紀要』に掲載したばかりで、初めての学会発表、名前を出していただいた若輩が（それも三度も）どれだけ感激したか、想像していただけると思う。懇親会では緊張のうえ呑みすぎ、挨拶どころか、近づくことさえできなかった。その後、先生に通信指導を仰ぎ、先生からはご著書・論文を送っていただいた。また、先生編集の『論集日本仏教史〈鎌倉時代〉』には「鎌倉仏教と大明神」執筆の機会をいただいた。忘れられないのは、きれいに和綴した「春日権現験記絵詞書考――春日明神霊験譚の集成――」をお贈りいただき、返事を考えていたら、二冊目が来て、感想を述べるようにと記されていたことである。これにはまったく恐縮してしまった。

先生とお話できたのは、二十一年後の古稀記念の会場であった。『本地垂迹信仰と念仏』を上梓し、すぐに感想をくださる先生が、君が出席するというので待っていた。返事が書けないかも知れないが、仏教史をやる研究者は一つの時代だけではなく、各時代にわたり論じる必要がある。そのことを僕は年来強く思っていた。それを君が果たそうとされたことが嬉しい、といっていただいた。生涯一度の肉声でのご教示となった。ご病気を知らず、最終の「のぞみ」に乗るためご挨拶の途中失礼してしまった。一生の後悔である。

近年、抜刷の礼状に「よく育ってくれました」と書いていただいた。先生の記念論文集には間に合わなかったが『立正安国論』の旅客が善知識親鸞の門徒であること、法然を後鳥羽院の時代の悪僧とすることの意味を論じ、ご批判を仰ぎたかった。今となっては、四条蛸薬師で独酌された酒肆を探し求め、『歩いた道・書いた物』を本尊に銘酒を手向けることしかできない。寂しい限りである。

（『専心学道——高木豊先生追悼文集——』立正大学日蓮教学研究所内編集委員会、二〇〇〇年）


本書出版にあたっては、旧稿の点検と整理を佛教大学大学院の山西泰生・高橋大樹・中村一晴の三氏に引き受けてもらった。ことに山西氏には最後仕上げの段階まで、一言一句にこだわった適切な助言をいただいた。史学科の後輩で中世文学にも造詣が深い佛教大学通信教育部総務課長の松島吉和氏には、抜刷を渡すといつも忌憚のない、ときには辛辣な感想をもらい感謝しているが、この度も諸方面にわたり懇切なアドバイスを戴いた。また、思文閣出版の林秀樹編集長には多大なご支援を賜り、立入明子さんには編集担当者として数々のご苦労をおかけした。合わせて感謝申し上げたい。

二〇〇六年八月二一日

今堀太逸

⦿著者略歴⦿

今堀　太逸（いまほり　たいつ）

1950年　大阪府交野市生まれ
1973年　佛教大学文学部史学科卒業
1980年　佛教大学大学院文学研究科博士後期課程満期退学
現　在　佛教大学文学部教授　博士（文学）
　　　　浄土宗総本山知恩院史料編纂所編纂員
主要著書：『神祇信仰の展開と仏教』（吉川弘文館）
　　　　　『本地垂迹信仰と念仏——日本庶民仏教史の研究——』（法藏館）

権者《ごんじゃ》の化現《けげん》——天神《てんじん》・空也《くうや》・法然《ほうねん》——

佛教大学鷹陵文化叢書15

2006（平成18）年９月20日　発行

定価：本体2,300円（税別）

著　者　今堀太逸

発行者　佛教大学通信教育部長　井上修一

発行所　佛教大学通信教育部
　　　　603-8301　京都市北区紫野北花ノ坊町96
　　　　電話　075－491－0239（代表）

制　作
発　売　株式会社思文閣出版
　　　　606-8203　京都市左京区田中関田町2-7
　　　　電話　075－751－1781（代表）

印　刷
製　本　株式会社図書印刷同朋舎

© T. Imahori

ISBN4-7842-1321-X　C0314

佛教大学鷹陵文化叢書

仏教・共生・福祉 水谷幸正著
21世紀に向けて仏教と「いのち」を考える
ISBN4-7842-1017-2 定価1,995円

幕末・維新を考える 原田敬一編
動乱の幕末を考えるいくつかの視座を提示
ISBN4-7842-1038-5 定価1,785円

吉備と京都の歴史と文化 水野恭一郎著
岡山と京都の歴史を多岐にわたり追求
ISBN4-7842-1052-0 定価1,995円

日本の通過儀礼 八木　透編
儀礼を通して人々の交わりとそのすがたをさぐる
ISBN4-7842-1075-X 定価1,995円

孝子伝の研究 黒田　彰著
内外の基礎資料をもとにした実証的な研究
ISBN4-7842-1085-7 定価3,150円

中国の古代都市文明 杉本憲司著
進化する考古学的調査や発掘を通して文明の変遷を考える
ISBN4-7842-1103-9 定価2,100円

江戸時代の図書流通 長友千代治著
出版文化の広汎な流通を豊富な図版(130点余)を通して明かす
ISBN4-7842-1119-5 定価2,310円

院政とその時代 王権・武士・寺院 田中文英著
国家権力形態の転回の画期をかたちづくった各権門の動向を扱う
ISBN4-7842-1149-7 定価2,310円

オンドルと畳の国 近代日本の〈朝鮮観〉 三谷憲正著
日朝の関係史を近代日本のさまざまな言論表現を通してさぐる
ISBN4-7842-1161-6 定価1,890円

近世の学びと遊び 竹下喜久男著
地域内外の人的交流を通して学びと遊びの諸相を明かす
ISBN4-7842-1184-5 定価2,625円

慚愧《ざんき》の精神史 「もうひとつの恥」の構造と展開 池見澄隆著
顕界と冥界の「みえない―みられる」関係より慚愧の表出をさぐる
ISBN4-7842-1209-4 定価1,995円

法然絵伝を読む　中井真孝著

絵伝を読み解き法然の生涯とその周囲の人々の信仰と行状を明かす
ISBN4-7842-1235-3　定価1,890円

言葉の力　坪内稔典著

子規・漱石研究で知られる「ニューウエーブ」俳句第一人者のエッセイ
ISBN4-7842-1264-7　定価2,415円

未知への模索　毛沢東時代の中国文学　吉田富夫著

中華人民共和国誕生から文革までの毛沢東時代について問い直す
ISBN4-7842-1291-4　定価2,415円

■続刊■

中国銅銭の世界　宮澤知之著　平成19年３月
陰陽道の神々（仮）　斎藤英喜著　平成19年９月
維新史断章（仮）　青山忠正著　平成20年３月

46判・220～480頁

◆既刊図書案内◆

法然伝と浄土宗史の研究　思文閣史学叢書　中井真孝著

都市的な顔と田舎的な体を具有する浄土宗の性格が形成された過程を「法然上人伝」「中世浄土宗寺院」「近世本末関係」を軸に解明する待望の論集。
〔内容〕 法然上人伝の研究／中世浄土宗寺院の研究／近世本末関係の研究
ISBN4-7842-0861-5　▶A５判・430頁／定価9,240円

日本近代都市史研究　原田敬一著

「人間の営みの中で都市ほど複雑で難解な作品はないだろう」という著者が“ありうべき都市像”を求める一方法として近代都市をめぐる歴史的考察にとりくんできた過程で生まれた成果をまとめたのが本書で、都市史の視角と方法の提示、及び個別都市・大阪を対象とした論考を収録。

ISBN4-7842-0953-0　▶A５判・360頁／定価8,190円

宮津市立前尾記念文庫所蔵 元勲・近代諸家書簡集成

佛教大学近代書簡研究会編

通信メディアや交通機関が発達する以前、書簡は最も重要な意思疎通手段であった。伊藤博文・桂太郎・原敬・山縣有朋ら政界人をはじめ明治・大正期に各界で活躍した139人の書簡225通を収録。翻刻のほか読み下しと個別解説を付し、巻末に全体解説(青山忠正執筆)、宛て先人名別索引をおさめた。

ISBN4-7842-1179-9　▶A５判・630頁／定価5,250円

思文閣出版　（表示価格は税５％込）